KB031571

대한민국 가꾸기

대한민국 가꾸기

초판 1쇄 발행 · 2015년 4월 20일

글 · 박동운 | 발행인 · 김윤태 | 발행처 · 도서출판 선 | 북디자인 · 전순미 | 편집 교정 · 김창현

출판등록일 · 1995년 3월 27일 | 등록번호 · 제15-201호

주소 · 서울시 종로구 삼일대로 30길 21 종로오피스텔 1218호 | 전화 · (02) 762-3335 | 팩스 · (02) 762-3371

©박동운, 2015

ISBN 978-89-6312-483-4 03300

※ 책값은 뒤표지에 있습니다. ※ 잘못된 책은 바꾸어 드립니다.

대한민국
가꾸기

박동운 지음

■ 발간에 부쳐

경제학도로서 그동안 적잖은 글을 써왔다. 나이 70을 넘어서면서부터는 쉽고 폭넓은 경제 이야기를 쓰고 싶었다. 특히 정치가들과 젊은이들을 대상으로 대한민국 가꾸기에 도움이 될 만한 책을 쓰고 싶었다. 비록 포괄적이지는 않더라도 정치가들과 젊은이들에게 세계가 어떻게 변하고 있는가를 보여주고 싶었다. 정치가들이 나라를 잘 다스리면 그 나라는 젊은이들에게 희망의 나라가 될 것이기 때문이다. 나는 대한민국이 지금의 젊은이들에게 희망의 나라가 되리라고 굳게 믿고 있다.

그렇다면 대한민국 가꾸기에 어떤 주제가 어울릴까?

나는 먼저 내가 자유주의자, 자유시장주의자임을 밝혔다(1부).

우리 경제는 지금 창업가가 나타나기를 목마르게 기다리고 있다. 그래서 한국경제를 이끈 창업가 5인을 골랐다(2부).

우리나라는 훌륭한 정치 지도자가 필요하다. 그래서 국가와 세계를 개조한 정치가 6인을 골랐다(3부).

우리 사회도 이제는 기부문화가 정착할 때가 되었다. 그래서 국내외 훌륭한 기부자 5인을 골랐다(4부).

우리나라는 변하지 않으면 안 된다. 그래서 5개국의 변화 내용을 살펴봤다(5부).

정부는 좋지 않은 정책을 도입해서는 안 된다. 그래서 역대 정부가 아쉬움을 남긴 정책 하나씩을 골랐다(6부).

한국은 노동시장 규제가 약하기로 세계 152개국 가운데 134위로 노동시장이 변하지 않고는 우리 경제의 미래는 밝지 않다. 그래서 노동시장 유연성 비교를 위해 6개국을 골랐다(7부).

우리는 지금 웰빙시대를 살고 있다. 그래서 웰빙시대를 가꾸는 데 도움이 될 만한 4개의 정책을 제안했다(8부).

주변을 살펴보면 개선되어야 할 것들, 잘못된 것들이 한둘이 아니다. 그래서 대한민국 가꾸기에 도움이 되리라고 기대되는 '올바른 말투' 등 나와 관련된 이야기도 7개를 골랐다(9부).

쪽 수를 염두에 두고 9개의 주제에 45개의 이야기를 이 책에 담았다. 이 책 후속편도 고려하고 있다. 쉼 없이 발전해가는 대한민국! '대한민국 가꾸기'에 이 책이 적은 도움이라도 되었으면 하는 바람이다.

2015년 2월

서초동 새 아파트에서 저자 박동운

목차

3부

그들은 왜 훌륭한 정치가로 존경받는가? • 093

4부

누가 베푸는가? • 149

5부

어떤 나라는 왜 변하고, 어떤 나라는 왜 변하지 않는가? • 201

6부

역대 정부의 정책은 왜 아쉬움을 남겼는가? • 241

7부

노동시장은 왜 유연해야 하는가? : 여섯 나라 이야기 • 275

8부

웰빙시대 가꾸기 • 325

9부

신변잡기身邊雜記도 '대한민국 가꾸기'에 도움이 되지 않을까? • 353

1부

나는 왜 자유시장주의자가 되었는가?

—

세계역사는 자유를 얻기 위한 투쟁의 역사다. 투쟁 과정에서 자유주의가 등장했다. 자유주의는 핵심적 가치를 개인의 자유에 두고 발전해 온 사상이다. 자유주의의 실천적 측면이 자유시장경제다. 자유주의와 자유시장경제가 우리를 잘살게 해 준다는 확신을 나는 갖고 있다. 그래서 나는 자유주의와 자유시장경제 신봉자(信奉者)가 되었다. 자유주의와 자유시장경제를 알면 한국경제의 미래를 내다볼 수 있다.

다룰 내용은 다음과 같다.

—

1. 나는 왜 자유주의자가 되었는가?
2. 나는 왜 자유시장주의자가 되었는가?●

● 나는 한국경제연구원 사회통합센터가 출간한 『나는 왜 자유주의자가 되었나?』(복거일 편저, FKI미디어, 2013.11)라는 책에서 「삶의 경험과 학문세계 탐색을 통해 자유주의자가 되다」라는 글을 썼다. 이 책은 전경련이 주는 2014년 출판 부문 시장경제대상을 수상했다. 나는 이 책에 실린 내 글의 제목을 〈나는 왜 자유시장주의자가 되었는가?〉로 바꿔 허락을 받고 조선팝에 올렸는데, 이 글을 여기에 싣는다.

1 나는 왜 자유주의자가 되었는가?

세계역사는 자유를 얻기 위한 투쟁의 역사다. 한 세대를 30년으로 볼 때 세계역사를 통틀어 전쟁 없는 세대는 한 번도 없었다고 한다. 세계역사는 오랜 투쟁의 과정을 거쳐 오늘날처럼 자유, 구체적으로 개인의 자유가 넘쳐흐르는 시대에 이르렀다.

■ 자유주의의 등장: 고대사회에서 르네상스까지

고대사회는 사람이 사람을 소유하는 노예제도가 중심이었다. 노예제도에서는 노예가 노동력의 공급원供給源이었다. 노예제도가 약 4000년 전 아브라함 시대에 존재했다는 사실은 성경이 수없이 밝혀준다. 노예제도에서 개인의 자유는 사실상 누릴 수 없었다. 노예제도는 서양의 경우 6세기 말까지 이어졌다.

노예제도가 붕괴된 후로 봉건제도가 등장했다. 봉건제도란 영주領

主와 농노農奴 간의 지배 · 예속 관계가 바탕이 되는 생산제도다. 봉건제도에서는 영주가 농노에게 토지를 임대해 주고 그 대가로 임대료를 받았고, 농노는 노동의 대가로 수확의 일정량을 받았다. 봉건 영주는 농노의 안전을 돌볼 의무가 있었다. 봉건제도에서 개인의 자유는 어느 정도 누릴 수 있었다. 봉건제도는 서양의 경우 6세기 말 또는 7세기 초부터 18세기 시민혁명이 일어날 때까지 존속했다. 다만 러시아에서는 농노제도가 20세기 초에 제정러시아가 무너질 때까지 존속했다.

그런데 5세기경에 서로마제국이 멸망한 후로 14세기 말부터 16세기 초에 걸쳐 일어난 르네상스 때까지 인류는 신神 중심의 '암흑시대dark age'를 살았다. 이 기간 동안 인류는 현재 우리가 누리고 있는 것과 같은 자유는 전혀 누릴 수 없었다.

르네상스를 시작으로 신 중심의 중세사회가 무너지고 인간 중심의 자유주의가 등장했다. 자유주의는 르네상스, 종교개혁, 신대륙 발견, 과학혁명에 힘입어 16세기 이전의 중세적 사회특성을 근대적인 것으로 바꿔놓았다. 뒤이어 1776년에 일어난 미국의 독립혁명은 "모든 사람은 평등하게 태어났다"라는 《독립선언서》를 낳고, 뒤이어 일어난 프랑스의 대혁명(1789~1794)은 "인간은 권리에 있어서 자유롭고 평등하게 태어나 생활할 수 있는 권리를 갖는다"라는 《인간과 시민의 권리에 관한 선언》을 낳아, 개인의 자유가 제도적으로 허용될 수 있는 기반이 역사상 처음으로 마련되었다. 자유주의는 핵심적 가치를 개인의 자유에 두고 발전해 갔다.

■ 산업혁명의 기여와 자유주의의 발전

이어 18세기 후반에 일어난 산업혁명은 자본주의 발달을 가져왔다. 자본주의에서는 노동이 자본가와 노동자 사이에 계약을 통해 결정됨으로써 임금노동이 등장했다. 임금노동 등장으로 노동자는 노예제도와 농노제도에서와는 달리 인격적으로 비교적 자유로웠다.

18세기 후반과 19세기 전반에 걸쳐 산업혁명이 가져온 물질적 풍요와 당시의 지배적 사상인 자유방임주의에 힘입어 자유주의는 자유를 가치의 궁극적인 목표로 삼고, 개인을 사회의 궁극적인 존재로 강조하면서 발전해 갔다. 자유주의는 자유무역을 지지하고, 대의정치와 의회제도 발달을 가져와 자본주의 발전에 힘을 더했다.

■ 자본주의 발전과 사회주의 등장

자본주의 발전이 가져온 물질적 풍요는 여러 나라에서 소득불평등 문제를 일으켰다. 이를 놓고 19세기 후반 칼 마르크스는 자본주의가 내포하고 있는 모순을 비판하고 나섰다. 마르크스는 자본주의에서는 사람이 사고파는 상품으로 취급되어 노동자는 인격적으로 자유롭지 못하다고 비판했다. 사회주의는 1917년 볼셰비키혁명을 거쳐 제정러시아에서 사회주의 정부가 수립됨으로써 실체로 등장했다. 그 후 사회주의는 전 세계 일부 지식인들과 정치가들의 지지를 받으며 날개를 달았다.

■ 신자유주의 등장과 그 기여

사회주의는 1940년대에 들어와 유럽 선진국들을 중심으로 정치 세력화되어 갔다. 이 과정에서 자유주의자 프리드리히 하이에크는 1944년에 『노예가 되는 길』Road to Serfdom이라는 책을 써서, 사회주의 체제가 지배하게 되면 인류는 노예가 될 것이라고 경종을 울렸다. 하이에크는 평생 동안 사회주의를 비판하는 작업에 매달렸다.

하이에크의 영향을 받은 마거릿 대처는 '영국에서 사회주의 정책을 몰아내겠다'는 공약을 내세워 1979년에 정권을 잡고, 사회주의에 만연蔓延된 영국을 구조개혁을 통해 자유시장국가로 살려냈다. 때맞춰 1981년에 미국에서는 로널드 레이건이 정권을 잡고, 자유시장경제의 핵심요소인 '작은 정부' 실현에 박차를 가했다. 마거릿 대처와 로널드 레이건은 '신자유주의'가 뿌리내리는 데 선도적 역할을 했다. 이에 힘입어 뉴질랜드가 1984년부터, 아일랜드가 1987년부터 자유시장경제로 돌아섰다. 2000년대에 들어와 독일, 스웨덴, 프랑스 등이 자유시장경제로 돌아섰다.

신자유주의가 바탕이 되어 사람들은 1980년대 초부터 2008년 글로벌 금융위기 발생 때까지 소득과 일자리 면에서 역사상 가장 풍요로운 시대를 살았다.

■ 글로벌 금융위기 발생과 자본주의의 위기

잘 나가던 세계경제가 2008년 미국발 글로벌 금융위기를 맞았다.

2008년 글로벌 금융위기는 돈 가지고 돈 벌려는 은행들의 탐욕, 곧 자본주의의 탐욕이 개입하기는 했지만 근본적으로는 미국 정부가 잘못된 금융제도에다 금융관리마저 잘못해서 일어난 정부실패의 결과다. 금융위기를 계기로 신자유주의는 호된 비판의 대상이 되었다.

이 무렵 『자본주의 4.0』을 쓴 아나톨 칼레츠키는 한국에 와서 행한 연설에서 신자유주의에 대한 좌파들의 비판을 놓고, "좌파들은 시계추를 무려 50년 뒤로 돌려 정부 만능, 노조 만능의 시대로 돌아가려 한다"며 "정부 만능의 자본주의 2.0(주: 1930년대의 대공황으로부터 1980년대 신자유주의 등장까지의 자본주의 시기)은 현재 시스템(주: 1980년대부터 2008년 글로벌 금융위기까지, 곧 신자유주의 시기)만큼이나 현란하게 부서졌다"고 못을 박았다.[1] 사회주의는 신자유주의의 대안이 될 수 없다는 단호한 주장이다.

2008년 글로벌 금융위기 이후 경제체제는 눈에 띄게 변한 것이 없다. 대부분의 국가들은 금융위기에서 벗어나 다시 작은 정부를 지향하는 자본주의 쪽으로 나아가고 있다. 따라서 자유주의는 자본주의와 보조를 맞춰 지속적으로 발전해 갈 것이다.

■ 개인의 자유는 왜 중요한가?

그러면 개인의 자유는 왜 중요한가? 개인의 자유는 인류 발전을

---

1 이 강연은 2011년 11월 19일에 한 것으로, 〔Weekly BIZ〕(2011.11. 20)를 인용한 것이다.

가져오는 원동력이다. 개인들은 자유의 토양 속에서만 자신들의 에너지를 마음껏 발휘할 수 있다. 개인들은 자유의 토양 속에서만 기업가정신을 발휘할 수 있다. 자유의 토양 속에서만 발휘될 수 있는 기업가정신은 경제 영역뿐만 아니라 다른 영역, 예를 들면 종교계, 언론계, 학문계 등에서도 발휘될 수 있다.

빌 게이츠를 보자. 그는 "나는 열아홉 살의 나이에 나름대로 앞날의 세계를 점치고 내가 옳다고 여긴 방향에 나의 미래를 걸었다. 결과적으로 나의 판단은 옳았다"고 썼다.[2] 그는 소프트웨어 '윈도우'를 개발하여 세계 사람들이 인터넷을 쉽게 사용할 수 있게 했고, 1994년 이후 사실상 세계 1등 부자이고, 부부가 함께 '빌 & 멜린다 게이츠재단'을 세워 세계 역사상 가장 많이 베풀어 오고 있다. 빌 게이츠는 개인의 자유를 허용하는 미국 같은 나라에서만 태어날 수 있는 사람이다. 따지고 보면, 미국의 힘은 개인의 자유에 바탕을 두고 있다.

나는 1990년 7월 구소련을 방문했다. 한 호텔에 숙소를 정한 우리 일행은 1시 넘으면 점심을 놓친다는 가이드의 말을 되새기며 오후 1시 직전 식당으로 달려갔지만 셔터문은 내려지고 있었다. 우리는 점심을 굶어야 했다. 그런데 2005년 7월 구소련이 사라진 후 시장경제로 전환중이던 러시아를 방문했을 때 우리는 아무 때나, 아무 것이나 사먹을 수 있었다. 시장경제는 내게 '개인의 자유'를 허용한 것이다.

나는 또 2005년 7월 러시아 이르쿠츠크의 한 호텔에 숙소를 정한

---

2 Gates Ⅲ, William H.(1995), *The Road Ahead*, Microsoft Press.

후 저녁에 앙가라 강 주변을 산책했다. 강 주변에는 산책을 즐기는 사람들로 가득 찼고, 스케이팅, 디스코텍, 맥주, 음료수, 보트, 낚시 등 세계 어디에서나 즐길 수 있는 시장들이 즐비하게 늘어서 있었다. 사회주의에서 시장경제로 바뀐 다음 이르쿠츠크는 어디에서나 개인의 자유가 넘쳐흐르고 있었다.

자유주의 발전으로 세계 거의 모든 사람들은 경제적 자유를 누릴 수 있게 되었다. 경제적 자유의 확대는 세계 거의 모든 곳에서 경제력 분산과 정치력 분산을 가져왔다. 이제 세계의 거의 모든 곳에서 가난한 사람들도 기업가가 될 수 있고, 보통 사람들도 대통령이나 총리가 될 수 있다. 이는 의심할 여지가 없는 자유주의의 기여다.

■ 미국이라는 나라가 없었다면 세계는 과연 자유를 누릴 수 있게 되었을까?

개인의 자유의 중요성과 관련하여 미국 이야기를 빼놓을 수 없다. 만일 미국이라는 나라가 없었다면 세계는 과연 오늘날처럼 자유를 누릴 수 있게 되었을까? 미국은 1620년에 영국에서 메이플라워Mayflower호를 타고 건너간 102명의 청교도들이 세운 나라다.

미국은 이민 초기에는 사람이 적어 공동체인 타운제도town system를 실시했다. 그러다가 인구가 증가하자 1624년에 공동체 구성원들에게 경작지 1에이커씩이 분배되었다. 이어 1626년에는 각 호마다 20에

이커씩이 분배되었다.[3] 이런 식으로 토지는 계속 분배되어 갔고, 결국 미국은 토지의 사적소유 확대를 통해 시장경제의 핵심 원리인 사적소유제도의 기초가 마련되었다.

미국은 1776년에 13개 주州가 연합하여 독립한 나라다. 건국 초기에 미국을 지배한 사상은 '하나님 앞에서의 평등'이었다. 미국은 청교도들이 세운 나라여서 '하나님 앞에서의 평등' 사상이 쉽게 뿌리 내릴 수 있었다. 이 사상은 토머스 제퍼슨이 작성한 미국 독립선언문의 첫 문장에 잘 나타나 있다.

"사람은 평등하게 태어났다man is born equal."

그 후 '하나님 앞에서의 평등' 사상은 '기회의 평등' 사상으로 발전해 갔다. 이를 계기로 미국은 '자유, 자유기업, 경쟁, 자유방임, 시장경제' 등을 강조하는 나라로 발전해 갔다. 이 결과 미국은 현재 세계에서 대표적인 자유시장국가로 자리 잡았고, 19세기부터 현재까지 자유시장경제에서만 찾아볼 수 있는 수많은 자선활동이 쏟아져 나왔다. 카네기재단, 록펠러재단, 포드재단, 빌게이츠재단 등이 그 예다.

미국의 35대 대통령 존 에프 케네디의 취임사는 명문으로 유명한데, 그 내용은 인간의 자유를 강조한 것이다. 필자가 그의 묘비에서 메모한 구절을 인용한다.

"나의 전 세계 친구들이여, 미국이 그대를 위해 무엇을 할 것인가를 묻

---

3 고승제(1992), 『미국의 중산층 연구』, 한국개발연구원.

지 말고 우리가 다 함께 인간의 자유를 위해 무엇을 할 수 있는가를 물어보십시오."

자유를 강조하는 나라 미국은 대통령 취임식 때 대통령이 성경 위에 손을 얹고 취임 선서를 한다. 미국의 16대 대통령 에이브러햄 링컨은 1863년에 흑인 노예를 해방시켰고, 마틴 루터 킹 목사는 흑인의 인권을 주장하다가 1964년에 흉탄에 쓰러졌고, 버락 오바마는 미국 최초의 흑인 대통령으로 2009년에 취임했다. 만일 '하나님 앞에서의 평등' 사상 위에 세워진 미국이라는 나라가 없었다면 세계는 과연 오늘날처럼 자유, 구체적으로 개인의 자유를 누릴 수 있고, 자유시장경제로 발전할 수 있었을까?

■ 자유주의의 실천적 측면인 자유시장경제가 우리를 잘살게 해 준다

인류의 사상 가운데 핵심적 가치를 개인의 자유에 두고 발전해 온 사상이 자유주의다. 자유주의는 르네상스, 종교개혁, 과학혁명, 자본주의 발달에 힘입어 중세적 사회 특성을 근대적인 것으로 변혁시킴으로써 개인의 자유를 확대하는 데 기여했다. 그 후 미국의 독립혁명과 프랑스의 대혁명은 개인의 자유 보장에 필요한 제도 도입의 기반을 마련했고, 영국을 중심으로 일어난 산업혁명은 자유주의 발전과 개인의 자유 확대에 기여했다. 이 과정에서 사회주의가 등장하여 지구의 약 3분의 1 지역에서 70여 년 동안 실험했지만 개인의 자유를 억압한 탓에 역사 속으로 사라지고 말았다. 그 후 개인의 자유를 허용하는 자유주의는 지속적으로 발전하여 오늘에 이르렀다.

이렇게 발전해 온 자유주의의 실천적 측면인 자유시장경제가 우리를 잘살게 해 준다는 확신을 나는 갖고 있다. 그래서 나는 자유주의자, 자유시장주의자가 된 것이다.

자유주의는 대한민국이 가야 할 방향이다.

2 나는 왜 자유시장주의자가 되었는가?•

나는 삶의 경험과 학문세계 탐색을 통해 자유시장주의자가 되었고, 자유시장경제가 우리를 잘살게 해 준다는 확신을 갖게 되었다.

■ 북으로 간 큰형이 의문을 남기다

나는 가끔 내 자신에게 이런 질문을 던진다.

'만일 내가 남쪽에서 태어나지 않고 북쪽에서 태어났더라면 오늘날과 같은 내가 과연 존재할 수 있을까?'

이 질문은 나의 성장 과정과 관련된다.

나는 시골 한학자의 5남매 가운데 넷째로 태어났다. 내가 초등학

• 이 글은 『나는 왜 자유주의자가 되었나?』(복거일 편저, FKI미디어, 2013)에 실린 것이다. 앞의 책은 2014년 전경련이 주는 '출판 부문 시장경제 대상'을 수상했다.

교 1학년이던 1947년, 나의 큰형은 20살의 나이에 혁명가의 꿈을 품고 북으로 갔다. 큰형은 이미 18세 나이에 만주 벌판을 휘젓고 다니기도 했다. 내가 20살이 되던 해 어머니는 아들을 그리워하는 마음으로 가슴에 못이 박힌 채 돌아가셨다. 어머니의 아픈 마음을 줄곧 곁에서 지켜본 나는 이념이 무엇이란 걸 어렴풋이 깨달을 때까지 '형은 왜 북으로 가야만 했을까' 오랫동안 의문을 달고 살았다. 내가 20대 초반 문학도를 꿈꾸며 헤밍웨이, 바이런 등을 읽고 나서야 나의 큰형도 1940년대의 세계적 사회주의 열병을 앓았을 것이라는 생각을 어렴풋이 갖게 되었다.

나는 고등학교를 마친 후 장학금을 받고 어느 대학에 들어갔는데, 그 대학의 비리를 규탄하는 모임에 가담했다는 이유로 2학년을 마치고 퇴학당했다. 2년 후 편입하여 전남대 문리대 영문학과를 졸업했다. 대학 졸업 후 나는 모교의 대학신문사 일을 맡게 되었다. 그 무렵 나는 한국현대사에 깊은 관심을 가졌다.

1966년 6월경이라고 생각된다. 한자로도 이름이 같아 가까운 사이가 되어 필요할 때 자문을 해 주시던 당시 《한국일보》 박동운 논설위원 님과 얘기를 나눌 기회가 있었다. 그분의 한 마디는 한 '찰나'에 역사학도를 꿈꾸던 나를 경제학도로 바꿔버렸다.

"박정희 대통령은 가정교사를 두고 새뮤얼슨의 『경제학 3판』을 공부하신다네."

당시 세계적 화두는 '후진국 경제발전'이었다. 나는 전남대 대학원 경제학과에 입학했다. 대학원 졸업 전인 1969년 나는 미국연방정부 장학금을 받고 '동서문화센터East West Center'가 있는 하와이대에서 공부할 행운을 얻었다. 북으로 간 큰형 관련 연좌제緣坐制와 처음 들어간 대학에서의 비리 규탄 경력이 미국 유학을 앞둔 나를 무척이나 괴롭혔다. 그러나 행운의 여신은 끝내 나를 버리지 않았다.

나는 하와이대 대학원에서 경제학 석사 · 박사학위를 받았다. 경제학 기초가 없었던 나는 힘든 시간을 보냈다. 그래도 나는 해냈다. "자네가 넘어지면 대한민국이 넘어지네"라는 은사님의 격려가 버팀목이 되어 주었다.

■ 밀튼 프리드먼의 『선택의 자유』[4]를 읽고 자유시장주의자가 되다

공부를 마치고 전남대 상경대로 온 나는 어깨가 으쓱했다. 젊은이들에게 새로운 지식을 심어준다는 것이 얼마나 신나는 일인가! 그러나 얼마 지나지 않아 나는 내 자신이 한낱 '지식 전수기傳授機'에 지나고 마는 것은 아닐까 걱정되었다. '어떻게 한 경제학 공부인데!'

힘든 나날을 보냈다. 책 속에 빠져들기 시작했다. 1980년 가을로 기억된다. 전 해에 출간된 밀튼 프리드먼의 『선택의 자유』가 손에 들어왔다. 부리나케 읽어갔다.

어둠속에서 밝은 세상으로 뛰쳐나온 느낌이었다. 프리드먼의 구구절절 명쾌한 자유시장경제 지지 논리는 나를 감동의 세계로 빠뜨렸

---

4 Friedman, M.&R.(1979), *Free to Choose*, Harcourt Brace Jovanovich.

다. 이를 계기로, 밀튼 프리드먼의 논문과 책들을 대부분 다 읽어 치웠다. 그러는 사이 어느덧 나는 자유주의 시장경제 옹호자가 되어갔다. 사실 나는 어느 누구에게서도 자유주의 시장경제를 배워본 적이 없다. 그래서 나는 내 자신이 '자생적自生的 자유주의자'임을 자처한다.

『선택의 자유』로부터 나는 두 가지 선물을 받았다. 하나는 내 삶 속에 오랫동안 자리했던 숙제 하나가 풀린 것이다. 프리드먼은 개인의 자유가 얼마나 소중한 것이고, 개인의 자유는 자유시장경제에서만 보장된다는 것을 일깨워 주었다. 『선택의 자유』는 소중한 개인의 자유를 포기하고 사회주의를 찾아 북으로 간 나의 큰형을 바보로 낙인찍은 것이다.

오랜 시간이 흘러, 나는 큰형의 핏줄을 제3국에서 만났다. 큰형의 핏줄들은 북에서 참으로 비참하게 살아가고 있었다. 조카들의 비참한 삶을 통해 나는 남쪽에서 태어난 것이 얼마나 다행인가를 한 번 더 확인할 수 있었다. 우리들의 선배들이 잘못하여 반쪽 낸 나라의 반쪽 하나를 지리적으로는 멀고 먼 자유시장국가 미국 편에 남겨둔 것이 얼마나 다행인가를 다시 한 번 확인할 수 있었다.

다른 하나는 내가 지식 전수기에서 벗어날 수 있게 된 것이다. 1980년에 단국대로 자리를 옮긴 나는 계속해서 자유시장경제에 관한 글들을 써내려갔다. 자유시장경제만이 우리를 잘살게 해 준다는 확신이 굳어져 갔기 때문이다.

■ 시장경제 강의를 대학에서 처음으로 개설하다

1999년 후학기에 단국대 교무처는 내가 신청한 교양과목 〈시장경제의 이해〉 개설을 허가했다. 나는 '시장경제' 강의를 대학에서 처음으로 개설한 교수로 인정받고 있다. 시장경제 안내서로 『Q&A 형식으로 엮은 시장경제 이야기』[5]를 썼다. 나는 이 책을 집필하면서 이 책으로 북한에 가서 시장경제를 강의하겠다고 마음 깊이 새기고 있었다. 6·15 기념 2주년 행사가 2002년 금강산에서 열렸는데, 나는 남한의 한 조직의 대표로 북한의 〈사회과학원 통일문제연구소〉 대표를 만나 내 책 5권을 기증할 기회를 얻었다. 북한 학자 누군가는 내 책을 읽었을 것이다.

■ 집필을 통해 자유주의를 맘껏 즐기다

밀튼 프리드먼의 명쾌한 자유시장경제 논리의 도움으로 학문세계 탐색에 종지부를 찍게 된 나는 집필을 통해 자유시장주의 여행을 맘껏 즐겼다. 그러는 동안 내 곁에 자유주의자들이 있다는 사실도 알게 되었다. 이에 힘입어 나는 교수생활 30여 년과 은퇴 후 8년 남짓을 포함한 38년 남짓 동안 많은 논문과 저서를 남겼다. 몇 가지 대표적인 저서를 중심으로 자유시장주의 여행의 즐거움을 이야기한다.

---

5 박동운(2001), 『Q&A 형식으로 엮은 시장경제 이야기』, FKI미디어.

■ 한국의 자유주의자들을 만나다

1990년대에 들어와 세계 노동계의 화두는 '노동시장 유연성'이었다. 한참 후에 깨닫게 된 사실이었지만 이는 마거릿 대처 영국 총리와 로널드 레이건 미국 대통령이 뿌리내린 신자유주의의 성과였다. 노동경제학회 중심으로 노동시장 유연성을 주창하던 나는 1997년에 청탁받지 않은 원고를 들고 당시 전경련 자유기업센터를 맡고 있던 공병호 소장과 김정호 부소장을 찾아갔다.

며칠 후 김정호 박사로부터 전화가 왔다.

"한국에서 그토록 혁명적인 글이 나올 수 있다니 반갑습니다."

공병호 · 김정호 박사는 저절로 굴러들어 온 내 원고를 〈자유와 개혁 시리즈 1〉『노동시장의 유연성』[6]으로 출간해 주었다.

■ 마거릿 대처의 빛나는 기여를 밝히다

시장경제에 대한 나의 열정은 세계사 쪽으로 향했다. 『노동시장의 유연성』을 쓰는 과정에서 경직된 노동시장을 유연하게 한 정치가가 영국의 마거릿 대처라는 사실을 깨닫고, 나는 마거릿 대처의 구조개혁에 깊숙이 빠져들었다. 이를 계기로 마거릿 대처에 관한 논문들을 집중적으로 써오다가 314쪽에 이르는 『대처리즘: 자유시장경제의 위

---

6 박동운(1997), 『노동시장의 유연성』, 자유기업센터.

대한 승리 – 구조개혁에 성공한 마거릿 대처 영국 수상 이야기』[7]를 펴냈다.

전경련은 2004년 말경 마거릿 대처가 한국을 방문할 때 이 책으로 이벤트를 마련할 계획을 세웠으나 불행하게도 마거릿 대처의 한국 방문은 치매증세 때문에 이루어지지 않았다.

■ 시장경제 논리로 성경을 풀이하다

자유시장경제에 관한 나의 열정은 그치지 않았다. 나는 '성경 속의 시장경제 이야기'를 쓸 계획으로 꼭 10년 동안 준비했다. 드디어 2009년 5개월 동안의 집중적인 집필 끝에 나는 『성경과 함께 떠나는 시장경제 여행』[8]을 출간했다.

이 책에서 나는 시장경제의 핵심요소인 '소유, 평등, 노동, 가족, 법치, 자유, 돈벌이, 사람 사는 이야기' 등을 중심으로 구약성경 첫 절부터 신약성경 마지막 절까지 인용해 가면서 성경 속의 시장경제 이야기를 펼쳐갔다. 이 책의 핵심 메시지는 다음과 같다.

'기독교가 세계종교로 발전하게 된 이유는, 기독교가 출발부터 인

---

7 박동운(2004), 『대처리즘: 자유시장경제의 위대한 승리 – 구조개혁에 성공한 마거릿 대처 영국 수상 이야기』, FKI미디어.

8 박동운(2009), 『성경과 함께 떠나는 시장경제 여행』, FKI미디어.

류를 잘살게 해 준 자유시장경제의 핵심 요소를 지지했기 때문이다.'

■ '장하준 허상'을 깨뜨리다

2010년 말경 장하준 케임브리지대 교수가 쓴 『그들이 말하지 않는 23가지』(원명: 23 things they don't tell you about Capitalism)가 한국 독서계를 뜨겁게 달궜다. 그 무렵 《동아일보》 김순덕 논설위원은 칼럼 〈장하준이 말하지 않는 것들〉(《동아일보》, 2010. 12. 13) 마지막 문장에서 다음과 같이 썼다.

"장하준이 말하지 않는 더 많은 것들에 대한민국의 경제학자들은 왜 남아공 사람만큼도 말하지 않는지 궁금하다."

단숨에 서점으로 달려갔다. 한국경제연구원 칼럼에 내가 쓴 〈장하준 교수가 잘못 말한 것들〉(2011. 1. 6)이 떴다. 글이 뜨자마자 조회 수가 삽시간에 눈부시게 팍팍 오르는 감동을 맛보았다.

장하준 교수의 책은 자유시장주의자의 자존심을 긁어놓았다. "자유시장이라는 것은 없다", "자유무역 · 자유시장으로 잘사는 나라는 과거에도 거의 없었고 앞으로도 거의 없을 것이다"며 한미 FTA를 반대한 장하준 교수의 반시장적, 좌파적 주장은 나의 자존심을 송두리째 긁어놓았다. 드디어 집필을 시작했다. 나는 2011년 1월 6일에 한경련 칼럼에 내 글이 뜬 바로 그 다음 날부터 다음 달 2월 14일까지 한 달 8일 만에 『장하준 식 경제학 비판 – 그가 잘못 말한 23가지』[9]라는 390쪽짜리 책을 마무리했다.

■ 정치가들을 향한 나의 메시지는 계속될 것이다

크리스 에버트라는 후진국 경제발전론 경제학자가 있었다. 그는 하버드대 경제학과 교수 때 책상을 그대로 들고 경제학과에서 정치학과로 학과를 옮긴 학자로 유명하다. 그가 그렇게 한 것은, 정치가들이 다루는 이슈를 큰 원으로 볼 때 경제학은 그 원 속의 한 점에 불과하다는 이유 때문이었다. 나는 경제문제를 다룰 때 정치가들을 항상 염두에 둔다.

이런 생각이 드디어 나로 하여금 『좋은 정책이 좋은 나라를 만든다』[10]를 쓰게 했다. 2012년은 19대 총선과 18대 대선이 치러진 해다. 집단주의를 지향하는 좌파들은[11] 선거 2년 전부터 야권 연합을 내세우며 정권 탈환에 총력을 쏟았다. 경제학자의 책 한 권이 정권 변화에 영향을 미치리라고는 기대하지 않았지만 경제학도로서 올바른 시대정신이 무엇인가를 깨우칠 필요는 있었다. 이 책에서 나의 외침은 다음과 같이 요약된다.

---

9 박동운(2011), 『장하준 식 경제학 비판』, 노스보스.

10 박동운(2012), 『좋은 정책이 좋은 나라를 만든다』, FKI미디어.

11 여기서 말하는 '좌파'는 이념상의 좌파이지 '종북'이 아님을 분명히 밝혀둔다.

"경제대국 대한민국은 이제 세계의 중심 국가로 발돋움해야 한다. 대한민국은 '진화하는 민주주의 국가'로 솟아올라야 한다. 국민은 '비전과 원칙, 그리고 소신'을 가진 정치가를 원한다."

자유시장경제가 우리를 잘살게 해 준다

인류의 사상 가운데 핵심적 가치를 개인의 자유에 두고 발전해 온 사상이 자유주의다. 자유주의는 르네상스, 종교개혁, 과학혁명, 자본주의 발달에 힘입어 중세적 사회 특성을 근대적인 것으로 변혁시킴으로써 개인의 자유를 확대하는 데 기여했다. 그 후 미국의 독립혁명과 프랑스의 대혁명은 개인의 자유 보장에 필요한 제도 도입의 발판을 마련했고, 영국을 중심으로 일어난 산업혁명은 자유주의 발전과 개인의 자유 확대에 기여했다. 이 과정에서 사회주의가 등장하여 지구의 약 3분의 1 지역에서 70여 년 동안 실험했지만 개인의 자유를 억압한 탓에 역사 속으로 사라지고 말았다. 그 후 자유주의는 지속적으로 발전하여 오늘에 이르렀다.

이렇게 발전해 온 자유주의의 실천적 측면인 자유시장경제가 우리를 잘살게 해 준다는 확신을 나는 갖고 있다. 그래서 나는 자유시장주의자가 된 것이다.

자유시장경제는 대한민국이 가야 할 방향이다.

2부

한국의 창업가 5인은 한국경제를 어떻게 이끌었는가?

—

한 나라의 경제발전은 대중이 아닌 창업가의 기업가정신이 이끈다. 빌 게이츠가 대표적이다. 그가 이렇게 썼다.

"나는 열아홉 살 나이에 나름대로 앞날의 세계를 점치고 내가 옳다고 여긴 방향에 나의 미래를 걸었다."

그는 '윈도우' 개발로 1994년 이후 10년 넘게 세계 1등 부자 자리를 지켰고, '빌 & 멜린다 게이츠재단'을 세워 인류 역사상 가장 많이 베풀어오고 있다.

한국경제의 발전 과정에서도 빌 게이츠 같은 창업가들을 얼마든지 만날 수 있다. 여기서는 창업 이후 현재까지 이어져오면서 국가발전에 기여한 대표적인 창업가 5인을 다룬다. 다루는 순서는 창업 연도에 맞춰 결정했다: 박승직(1896년), 유일한(1926년), 구인회(1931년), 이병철(1936년), 정주영(1946년). 한국경제는 지금 이들 같은 창업가가 나타나기를 목마르게 기다리고 있다.

다룰 내용은 다음과 같다.

—

1. 박승직: '한국 최초의 100년 기업 두산'의 주춧돌을 놓다.
2. 유일한: 세금 제대로 내고 기업을 대물림하지 않다.
3. 구인회: "남이 미처 안 하는 것을 선택하라."
4. 이병철: 73세에 반도체사업에 도전하다.
5. 정주영: 자동차 · 조선사업으로 무(無)에서 유(有)를 창조하다.

1
박승직:
'한국 최초의 100년 기업 두산'의 주춧돌을 놓다

박용곤 두산그룹 전 회장은 두산그룹이 창립 100주년을 맞은 1996년에 다음과 같이 회고했다.

"마침내 우리나라도 1세기에 달하는 기업을 갖게 되었다. 돌이켜 보면 우리 민족에게 있어 지난 1세기는 개화기를 필두로 일제 압박기 및 국토의 아픈 분단과 동족상잔, 그리고 경제개발기 등 파란만장한 격동의 세월이었다. 그러나 우리 국민은 이 같은 역경과 시련을 딛고 반만년 역사를 통해 유례가 없는 눈부신 산업화를 이룩해 냈으며, 바로 그 역사의 한 증인으로 두산그룹이 성장해 왔다."

두산그룹은 박용곤 전 회장의 할아버지 박승직朴承稷 창업자가 1896년 8월 1일에 개점한 '박승직 상점'에서 출발한 기업이다. 두산그룹은 창업 CEO 박승직의 기여로 한국의 대표기업으로 발전했고, '한

국 최초의 100년 기업'이 되었다. 여기서는 박승직 창업자를 다룬다.[1]

■ 보부상(褓負商)으로 돈을 벌다

박용만 두산그룹 회장은 두산인프라코어 부회장 시절인 2006년 8월 28일에 전남 해남의 땅끝마을에서 '배땅 프로젝트'를 마무리했다. '배땅 프로젝트'란 일제시대 보부상으로 사업을 일으킨 할아버지 고故 박승직 두산 창업주의 발자취를 더듬기 위해 박용만 회장이 기획한 행사다. '배땅'은 서울 종로 4가 배오개에서 해남 땅끝마을까지를 줄인 말이다. 박 회장은 젊은 직원들과 함께 2004년 11월 6일에 배오개를 출발하여 매주 토요일마다 20~30km씩 걸어 2005년 추석 때까지 해남에 도착하기로 목표를 정했었으나 그룹 내분으로 지연되다가 2006년 8월 28일에야 마무리했다.

박승직은 1864년 6월 22일에 경기도 광주 탄벌리에서 태어났다. 부친 박문회는 몰락한 양반 후손으로 8남매를 거느린 소작인이었다. 5형제 중 셋째인 박승직은 어려서 어머니를 잃고 할머니 밑에서 자랐다. 8세부터 한문공부를 했고, 15세에 결혼했다.

군수 민영완이 전라도 해남으로 발령을 받았는데 그는 17살 박승

---

1 박승직 이야기는 한국경영사학회가 2002년 5월에 발간한 『경영사학』 제17집 제1호에서 김성수 외 5인의 학자들이 쓴 「特輯: 梅軒 朴承稷 · 蓮崗 朴斗秉 研究」를 텍스트로 삼았다.

직을 개인비서로 쓰려고 데리고 갔다. 박승직은 해남에 도착하자마자 행상의 길을 모색했던 것 같다. 원래 해남, 강진은 제주도 산간지방 생산물의 내륙 집산지였고, 행상의 발길이 끊이지 않은 곳이었다. 박승직은 해남장터에서 장사를 배웠는데 맏형에게 꾸준히 송금하여 타향살이 3년 동안 300냥을 모았다. 3년 후에 박승직은 고향으로 돌아왔다. 그의 돈을 관리했던 맏형이 2년 후에 100냥을 박승직에게 돌려줬다.

이 돈으로 박승직은 마판상馬販商이 되어 광목과 옥양목 등을 말에 싣고 장사하러 다녔다. 그의 장사 길은 제물포에서 면포綿布를 사서 경기도 산간지방과 강원도 일대를 다니며 행상을 하는 것이었다. 강원도 산길을 다닐 때 그는 두 달 동안 오직 감자만 먹으며 근검절약했다고 한다. 그는 1888년 25세 무렵에 어느 정도 저축이 되자 30여 석을 추수할 수 있는 전답을 마련했다. 박문회 가족은 형편이 풀리게 되었다.

박승직은 서울에서 사업하고 싶어 서울에 정착한 맏형과 상의하여 1889년에 배오개에다 집을 마련했다. 서울에 정착한 후에 박승직은 경기도와 강원도뿐만 아니라 전라도의 영암, 나주, 무안, 강진 등지까지 왕래하면서 여러 종류의 포목 행상을 했고, 때로는 위탁판매도 했다. 그는 포목 행상을 하면서 정직과 신용을 생명처럼 지켰다.

■ 1896년 8월 1일에 '박승직 상점'을 개설하다

서울로 이주한 지 7년이 지나 박승직은 1896년 8월 1일에 종로 4가 15번지에 '박승직 상점'을 개설했다. 이는, 10여 년 동안 전국 방방곡곡을 누비며 오직 행상으로, 근면과 절약으로, 상인정신으로 이루어낸 자신의 꿈의 실현이자 두산그룹 100년 역사의 출발이었다. 그의 나이 33세.

박승직이 상점을 개설한 때는 우리 근대사에서 중요한 의미가 있는 시기다. 상점 개설 2년 전에 단행된 갑오개혁으로 어용御用 · 독점상점이었던 육의전六矣廛[2]이 폐지되어 일반 상인들은 자유롭게 장사를 할 수 있게 되었다. 이런 분위기에서 박승직은 상점을 개설했다.

■ 장안의 거상(巨商)이 되다

박승직은 뛰어난 상술과 넘치는 정력으로 사업에 크게 성공했다. 그는 서울지역 포목상계의 지도자가 되었고, 장안의 거상으로 알려지게 되었다.

이 덕분에 그는 사회활동도 활발하게 펼쳤다. 그는 1884년에 '한성상업회의소'를 발기하여 창립총회를 갖고 상임위원으로 활동했다. 한성상업회의소는 후에 '대한상공회의소'로 발전했다. 그는 1905년 7

---

2 육의전은 육주비전(六注比廛)이라고도 하는데 여섯 종류의 어용(御用)상점으로 국가 독점이었다.

월에 종로와 동대문 포목상들과 손잡고 동대문시장 경영을 목적으로 조선인으로만 구성된 국내 최초의 주식회사인 광장주식회사廣藏株式會社 설립에 참여했다. 그는 1907년에 장안의 주요 객주 계통 포목상인 30~40명과 연합하여 삼정계三井系의 광목 독점 횡포에 대항하기 위해 공익사共益社를 설립했다. 그는 1940년까지 공익사의 사장직을 맡았는데, 친일파라는 비난을 받기도 했다.

사업 성공에도 불구하고 그의 가정생활은 굴곡이 심했다. 그는 15세에 결혼했던 부인 김 씨와는 서울로 이주 전에 사별했고, 그 후 노 씨와 결혼하여 딸 넷을 얻었으나 1905년에 상처했다. 그 해에 그는 정 씨와 결혼하여 3남 3녀를 두었다. 그런데 딸만 있는 집안에서 정 씨와의 사이에 1910년 10월 나이 36세에 첫 아들 두병斗秉을 얻었다. 그는 아들 두병을 애지중지했고, 학교는 줄곧 일본 학교만을 다니게 했는데 이는 일본을 아는 것이 도움이 된다고 생각했기 때문이라고 얘기된다.

■ 박가분(朴家粉)이 히트를 치다

수입 면포를 주로 취급하던 '박승직 상점'에 이색 상품 '박가분'이 떴다. 이 제품은 그의 부인 정 씨가 사업을 돕기 위해 1915년 4월부터 면포 고객들에게 사은품으로 주려고 집에서 손으로 만든 화장품이다. 그런데 화장품을 사용해 본 여성들의 반응이 뜻밖에 좋았고, 방물장수를 통해 전국적인 판로가 생겨나면서 박승직 상점의 거래상품으로 어엿하게 자리 잡게 되었다. 소규모 가내 수공업으로 시작된 '박가분'은 당시 국내 화장품 시장에서 선도적인 위치를 차지했다. '박가분'은 1920년대와 1930년대 초 불경기에 박승직 상점 운영에 크게 기여했다. 그러다가 일본 상품보다 질이 떨어진다고 알려져 1930년대에 사라지고 말았다.

■ '주식회사 박승직 상점'으로 개편하다

제1차 세계대전 직후의 불경기 여파로 박승직 상점도 어려움이 많았다. 그는 궁여지책으로 상점을 1925년에 '주식회사 박승직 상점'으로 개편하여 사장이 되었다. 그는 1921년에 경성곡물신탁주식회사 감사역에 취임했고, 1925년에 '한국 상공업계의 발전에 기여하고 상공인 상호 간의 협동적 이익을 도모한다'는 취지 아래 중앙번영회라는 단체를 만들었다. 이 단체는 1930년에 '경성상공협회'로 변경되었는데 박승직은 1931년에 회장에 취임했다. 1919년 고종 장례식 때와 1926년 순종 장례식 때에 박승직은 상인봉도단商人奉悼團을 조직하여 단장이 되었다.

■ 소화기린맥주주식회사의 주주가 되다

소화기린맥주주식회사는 일본인의 소유였는데 일본이 유화정책으로 박승직과 김연수 두 명의 조선인을 주주로 참여시켰다. 1934년부터 첫 시판이 이루어진 소화기린맥주는 1939년에 최고의 판매액을 올리는 등 맥주산업의 시작을 알렸다. 박승직은 소화기린맥주의 대리점을 개설해 위탁판매를 시작했는데 맥주도 배급제였다.

1945년에 해방이 되자 일본인들이 물러갔다. 그러자 소화기린맥주의 한국인 종업원들이 자치위원회를 구성하고, 주주였던 박승직에게 지배인이 되어줄 것을 간청했다. 그러나 그는 81세라는 고령을 이유로 사양하고, 대신 그 책무를 장남인 두병에게 맡겼다. 이를 계기로 훗날 동양맥주가 탄생했다.

■ 상점 개설 후 48년 만에 휴업하고 5년 후에 타계하다

일본은 1941년 12월에 하와이의 진주만을 기습하여 미국을 상대로 전쟁을 일으킨 후에 장기전 체제로 들어갔다. 이에 따라 국내경제는 악화일로를 걷게 되었다. 박승직 상점의 운명도 시대적 상황에 좌우되지 않을 수 없었다. 매출과 순이익이 뚝 떨어졌다. 박승직은 불황에 대비하여 1942년부터 사업을 정리해갔다. 박승직은 모든 사업을 중단하고 1945년 8월 13일에 창고에 쌓인 상품을 공정가격으로 처분한 후에 휴업에 들어갔다. 개점한 지 48년 만의 휴업이었다.

박승직은 휴업 중인 박승직 상점을 1946년에 '두산상회'로 다시 개업하여 두산의 여명기를 열었다. 박승직이 아들 두병에게 물려준 '두산斗山'은 '한 말(斗) 두 말 쌓아 올려 큰 산을 이루라!'는 뜻이라고 한다. 모든 것을 아들에게 물려주고 나서 박승직은 1950년 6 · 25 전쟁의 소용돌이 속에서 같은 해 12월 20일에 86세를 일기로 세상을 떠났다.

■ 박승직의 경영이념

박승직의 경영이념은 어떤 것인가? 이에 관해 김성수는 다음과 같이 썼다.

"매헌 박승직은 초창기에는 생소한 제조업분야의 경영을 기피했고, 상업에 혼신의 노력을 다했다. 그는 인화, 근검, 정직, 신용 등 4대 경영이념을 시대의 흐름에 따라 기업정신으로 활용했다. 그의 인화사상은 동양맥주의 사시社是가 되어 오늘날까지 이어지고 있는데, 그는 가정에서와 마찬가지로 기업경영에서도 늘 인화를 강조했고, 종업원들에게 인화, 근검, 정직, 신용 4대 기업정신을 주지시켰다. … 그가 거상으로 성장할 수 있었던 것은 인화, 근검, 정직, 신용의 4대 경영이념을 실천할 수 있었기 때문이라고 생각한다."[3]

박승직은 1929년에 "근자성공勤者成功", 곧 '부지런한 사람이 성공한다'는 휘필揮筆을 남겼는데, 이는 후손은 물론 두산그룹 사원들도 좌우명으로 삼아왔다고 한다.

---

3 김성수(2002.5), 「梅軒 朴承稷과 蓮崗 朴斗秉의 生涯와 經營理念」, 한국경영사학회(2002.5), 『경영사학 제17집 제1호』, pp.22~23.

■ 박두병이 두산그룹을 이끌다

박두병은 1945년 해방 직후에 시국을 관망하면서 소일하고 있을 때 소화기린맥주주식회사의 지배인이 되었다. 그는 어려운 여건에서 맥주 생산을 재개했다. 그는 1947년에 상호를 동양맥주주식회사로, 상표를 OB(Oriental Brewery)로 바꿨다. 그는 1948년 7월에 동양맥주 사장에 취임하여 '두산상회'라는 간판을 걸었다. 1950년에 6 · 25 전쟁이 일어나자 그는 은둔생활에 들어갔다.

두산상회는 1951년에 '주식회사 두산상회'로 발족하여 박두병이 사장에 취임했다. 박두병은 1952년에 정부로부터 동양맥주주식회사를 인수받아 두산의 창업기를 열고 두산그룹의 발전을 이끌었다. 그는 대한상공회의소 소장이었을 때 1973년 8월 4일에 63세를 일기로 타계했다.

박두병은 박용곤, 박용오, 박용성, 박용현, 박용만 다섯 아들을 두었다. 박두병이 타계하자 큰아들 박용곤이 회장을 맡았고, 그 후 남은 아들들이 차례로 회장을 맡으면서 두산그룹을 이끌어오고 있다. 현재 다섯째 아들 박용만이 회장을 맡고 있다.

이 글은 창업 CEO 박승직 이야기가 목적이므로 두산 이야기는 여기서 마친다.

2
유일한:
세금 제대로 내고 기업을 대물림하지 않다

故 유일한柳一韓 유한양행 전 사장은 9살 때 미국으로 가 고학으로 초등학교부터 대학까지 마친 후 GE 회계사로 잠시 일하다가 '라 · 초이식품회사'[4]를 운영했다. 그는 자기 회사 상품의 주원료인 '숙주나물' 구매를 알아보려고 1925년에 잠시 귀국했다가 조국의 열악한 현실을 보고 영구 귀국하여 1926년에 '유한양행柳韓洋行'을 창립했다.

유일한은 제약사업에 성공했다. 그는 사업을 투명하게 운영하고, 정직하게 세금을 내고, 사업과 재산을 자식들에게 물려주지 않고, 재산을 대부분 사회에 환원한 기업인으로 유명하다.[5]

---

4 '라 초이'는 중국어인데 우리말로 '숙주나물'이라고 한다. 아내가 중국인이어서 이 말을 쓴 것 같다.

5 유일한 이야기는 한국경영사학회가 1994년 12월에 발간한 『經營史學硏究』 제9집에서 황명수 외 8인의 학자들이 쓴 「特輯: 柳一韓 硏究」를 텍스트로 삼았다.

■ 9살에 미국으로 가 고학으로 대학을 졸업하다

유일한은 성공한 상인이자 독실한 기독교 신자인 아버지 유기연 씨의 장남으로 1895년에 평양에서 태어났다. 이 무렵 외국 선교사들이 평양에서 전도를 하면서 서양 문물을 전하고 있었다. 또 이 무렵 이승만 등 젊은 애국지사들이 여기저기 순회하면서 보다 많은 젊은 사람들을 외국에 보내 서양의 문물을 배우게 하여 나라를 부강하게 해야 한다는 개화입국론開化入國論을 호소하고 있었다. 이 같은 분위기에 이끌려 애국심이 강한 유기연은 아들을 외국에 보내기로 작정했다. 그는 9살밖에 안 된 어린 아들을 대한제국 순회공사 박장연 씨에게 딸려 1904년에 미국으로 보냈다.

유일한은 미국행 배 안에서 가지고 있던 돈을 몽땅 잃어버렸다. 그는 네브라스카에 정착하여 독실한 기독교 신자인 자매姉妹 가정에서 살면서 고학으로 초 · 중 · 고등학교를 졸업했다. 고등학교 때는 미식축구 선수로 이름을 날리기도 했다. 그는 1916년에 미시간대학에 입학했다. 대학을 다닐 때는 중국 등에서 값싼 제품을 사다가 동양인들에게 팔아 학비를 마련하는 등 장사 수완을 발휘했다. 1919년에 대학을 졸업하고 GE(General Electric)에 입사해 잠시 회계사로 일했다. 이 무렵 학창시절에 알았던 중국 광동 출신의 의학 전공 호미리胡美利와 결혼했다.

■ 미국에서 독립운동에 관여하다

GE에서 일할 무렵 유일한은 인생 전환의 계기를 맞게 된다. 1919년에 조국에서 3 · 1 만세 운동이 일어났다는 소식이 미국에 전해지자 미국 내의 조선인들이 서재필 박사를 중심으로 독립선언을 하고, '한인자유인대회'를 개최했다. 이 대회에서 '한국 국민의 목적과 열망을 석명釋明하는 결의문'이 채택되었는데 유일한이 이 결의문의 기초 작성위원으로 지명된 것이다. 유일한이 이 일을 맡게 된 것은 그가 어렸을 때 본 아버지의 애국심, 한말의 나라 없는 슬픔, 기독교정신과 개척정신, 한국 유학생들과의 교류, 서재필 박사의 영향 등에 도움을 받은 것으로 이야기된다.

유일한은 GE에서 잠시 일하다가 그만두고 1922년에 대학 친구와 합작으로 '라 · 초이식품회사'를 차려 자신은 부사장이 되었다. 그는 중국요리에 많이 쓰이는 숙주나물의 원료인 녹두를 구하기가 어려워 중국요리에서 숙주나물이 빠져가고 있다는 사실을 알고 숙주나물 공급으로 돈을 벌기 위해 식품회사를 차렸다. 그는 이 회사 설립으로 4년 만에 50여만 달러를 벌었다. 그는 숙주나물 원료인 녹두를 확보하려고 1925년에 조국을 찾았다.

그는 북간도로 이주한 부모님을 만나려고 그곳에 가는 도중에 인생의 전기를 또 한 번 맞게 된다. 당시는 일본이 창씨개명創氏改名에 들어간 때였는데 조국에는 철마다 찾아드는 돌림병, 각종 기생충, 결핵, 학질, 피부병 등이 창궐하고 있었는데도 치료할 약이라고는 찾아보기 어려웠다. 그는 제약회사 설립에 관심을 가졌다. 그는 헐벗고, 굶주리고, 질병에서 헤매는 국민을 구하기 위해서는 제약회사 설립이 시급하다고 생각했다.

■ 유한양행을 설립하다

미국에 돌아간 후 귀국할 방법을 찾고 있던 유일한에게 반가운 소식이 전해졌다. 1925년에 세브란스병원의 에비슨 학장으로부터 초청을 받았는데 그는 연희전문학교 상과에서 강의를 맡고, 그의 부인 유호미리는 세브란스병원 소아과 과장을 맡아달라는 것이었다. 그는 사업을 정리하고 1926년에 귀국했다.

귀국한 유일한은 교육계에 몸을 담을 것인가, 사업을 할 것인가 선택의 기로에 섰다. 그는 제약업에 종사하기로 결심하고, 미국에서 가지고 온 50만 달러의 자본금으로 1926년 12월 10일에 종로에 있는 덕원빌딩에서 유한양행을 창립했다. 이 빌딩의 아래층에서는 유일한이 유한양행을, 2층에서는 부인이 소아과병원을 경영하기로 했다.

유한양행은 의약품을 주된 품목으로 삼아 처음에는 유일한의 아내가 귀국할 때 가지고 들어온 약품을 팔기로 했다. 그러나 유일한은 호적이 없고, 약업 허가가 없다는 이유로 세관 통과가 이루어지지 않았다. 이때 경성세관 서무주임 예동석이 도왔고, 두 사람의 인연은 그 후로 지속되었다. 예동석은 유호미리의 국내의사면허 취득도 도와줬다. 이렇게 해서 유한양행은 초기에는 의약품을 주로 판매했다. 이와 함께 우리나라 실정에 필요한 농기구, 염료, 도료, 화장지, 껌, 초코렛, 아이스크림 등도 수입하여 판매했다.

사업이 잘 되었다. 유한양행은 1929년에 사무소를 YMCA로 이전하고 헤노플, 네오톤, 아스피린 등을 수입 판매하고, 안티프라민을 생산하여 시판했다. 1933년 5월에는 사옥을 신문로 2가로 이전하고, 거래처인 미국의 아봇트사와 교섭하여 중국의 대련에 유한양행이 팔려고 하는 약품 3~6개월분을 비축할 수 있는 창고를 짓고, 대련지점도 개설했다.

자본이 축적됨에 따라 유한양행은 1936년 6월 20일에 자본금 75만 원을 출연하여 주식회사로 발족했다. 경성방직에 이은 두 번째 주식회사다. 주식 배분을 보자.

"그는 사업이 확실한 기반 위에 서자 회사의 소유권을 다른 사람들에게 나눠줄 계획을 수립하고 회사를 법인체인 주식회사로 발족시켰다. 그는 기업이 개인의 것이 아니라 회사의 것이며 종업원의 것이라는 뜻에서 주식을 분산하여 종업원들에게 공로로 나눠준 것이다. 1937년에 개최된 주주총회에서 보고된 자료에 의하면, 주식 총수가 15,000주에 주주는 24명이었는데 유일한 사장은 9,625주로 64%에 지나지 않았고 유호미리의 1,000주를 합해도 전체 주식의 71%만을 소유하고 있었으며 나머지 주식은 사원들에게 배분되었다."[6]

1937년에는 경기도 소사에 대지 20,000평에 건평 2,000평의 공장을 짓고, 사옥, 기숙사, 홀, 운동장, 화원, 등 종업원들을 위한 각종 복지시설을 세웠다. 1937~1938년에는 만주와 중국대륙에서 판로를 개척하여 이곳에 의약품뿐만 아니라 토산품까지 수출하기 위해 수출품 제조공장을 세웠다. 또 1938년에는 미국과 캐나다 지역의 수출 확대를 위해 미국 LA에 출장소를 개설했다.

이 무렵 유한양행은 전성기였다. 1938년을 기준으로 할 때 민족계 제약업체는 총 33사에 총자본금은 1,676,000원이었는데 유한양행은 자본금이 750,000원으로 전체의 45%에 이르렀다. 당시 최대의 민족계 단일 기업인 경성방직의 자본 규모가 1,000,000원 정도였음을 감안할 때 유한양행의 자본금 750,000원은 대단한 액수였다. 또 사세 신장으로 유한양행은 동북아 일원에 방대한 시장을 확보했다.

유일한은 1939년에 고려인삼, 나전칠기, 공예품 등 동양물산을 구미 각국에 수출하기 위해 미국으로 갔다. 그가 미국에 머무는 동안 중·일전쟁이 일어났다. 일본은 통제 위주의 전시경제를 가동하기 시작했다. 수입이 본격적으로 통제되기 시작했다. 유한양행은 큰 타격을 받았다. 그는 미국에서 발이 묶여 귀국하지 못했다.

---

6 황명수(1994. 12), 「柳一韓의 生涯와 經營理念」, 한국경영사학회(1994.12), 『經營史學硏究 제9집 〈特輯: 柳一韓 硏究〉』, p.23.

1941년 12월 주주총회에서 동생 유명한이 그의 후임 사장으로 취임했다. 1942년 12월에는 태평양전쟁이 일어났다. 일본은 유일한이 미국시민권을 가졌다는 이유로 유한양행을 '적산敵產'으로 간주하여 탄압했고, 세금 공세로 도산까지 기도했다. 유한양행은 견디기 어려운 수난을 당했다. 유한양행은 겨우 명맥만 유지할 뿐이었다. 이 무렵 유일한은 귀국하지 못하고 미국에서 미군의 군속軍屬으로 활약했다.

■ 해방 후의 유일한과 유한양행

해방이 되자 유일한은 귀국하여 유한양행을 재정비하기 시작했다. 그러나 북한과 중국 등에 있던 지점이나 공장 등은 모두 잃고 말았다.

유일한은 1946년에 초대 상공회의소 소장으로 취임하여 상공업 재건에 앞장섰으나 뜻한 바가 있어 미국으로 돌아가 스탠퍼드대학원에서 국제법을 공부하기 시작했다. 유한양행이 해방 후의 혼란 속에서 재건 작업을 진행하던 중 6 · 25 전쟁이 일어나 유한양행의 자산은 잿더미가 되어 버렸다. 유일한은 1953년에 귀국하여 복구 작업을 시작했다. 그는 1955~1957년간에 ICA(International Cooperation Administration) 원조자금으로 기계 설비를 최신의 것으로 대체했다. 유한양행은 1950년대 말에 한국 최대의 제약회사로 다시 태어났다.

유한양행은 1952년에 부천에 기능공 양성학교인 '고려공과학관'을 설립했는데 1964년에 이를 유한공업고등학교로 개명했다. 1962년에는 대방동에 사옥을 짓고, 화장품 제조 시설을 갖췄다. 1965년에는 '유한교육신탁관리기금'을 설립하여 장학사업과 사회복지사업에 열중하다가 이후 '유한재단'으로 이름을 바꿨다. 1970년에는 안양공장 내에 유한킴벌리 제지공장을 신축했다. 유한양행은 이렇게 발전해 갔다. 1970년에 유한양행의 시장점유율은 8.7%, 유일한이 세상을 떠난 1971년에는 9.4%로 올랐다. 유한양행은 다양한 의약품을 생산했다.

■ 은퇴하면서 기업을 혈연관계가 아닌 후임자에게 맡기다

1969년 10월 30일에 유한양행 '제44기 정기주주총회'가 열렸다. 이 날 유일한은 500여 명의 주주 앞에서 50년간 맡아온 창업 CEO 자리를 물러나면서 전혀 혈연관계가 아닌 조권순 부사장을 후계자로 공표했다. 이어 그가 1968년에 모범납세 우수업체로 인정받은 국내 최초의 '동탑산업훈장'을 신임 조 사장에게 물려주면서 남긴 말은 너무나도 유명하다.

"정직함을 상징하는 이 메달은 대대로 이어져갈 사장에게 전하시오."

그는 경영 일선에서 물러난 후 잠시 활동하다가 건강이 악화되어 1971년 3월 11일 76세를 일기로 세상을 떠났다.

■ 재산을 사회에 기증하다

그는 1971년 76세로 세상을 떠나면서 재산 전부를 공익법인에 기증했다. 그의 경영 이념은 '정성껏 좋은 상품을 만들어 국가와 동포에 봉사하고, 정직하고 성실한 인재를 양성 배출하는 것'이었다. 그는 기업이익에 관해 다음과 같은 견해를 밝혔다.

첫째, 기업을 키워 일자리를 만든다.

둘째, 정직하게 납세한다.

셋째, 남은 것은 기업을 키워준 사회에 환원한다.

유일한은 자신의 경영철학을 실천에 옮긴 기업가다. 사후에 공개된 유언장이 이를 말해 준다.

유언장에 따르면, 손녀를 위한 학자금으로 자기 주식의 배당금 가운데 당시 환율로 3백만 원에 해당하는 1만 달러를 마련하고, 딸에게는 유한중 · 공고 내의 묘소 및 주변 대지 5천 평을 상속하되 '유한동산'을 만들고, 자신의 소유 주식 전부를 재단법인 '한국사회 및 교육신탁기금에 기증한다'고 되어 있다. 또 미국에 있는 장남에게는 '너는 대학까지 졸업시켰으니 앞으로는 자립해서 살아가라'는 유언만 남겼다. 그로부터 20년 후 1991년에 세상을 떠난 딸 유재라도 전 재산을 유한재단에 기부했다.

유한양행은 2014년 12월 19일에 이날 기준으로 국내 제약사로서는 처음으로 매출 1조원을 돌파했다고 밝혔다. 국내에서 제약업이 시작된 지 120여 년 만의 첫 사례다.

3
구인회: "남이 미처 안 하는 것을 선택하라"

LG 창업자 구인회는 이런 말을 남겼다.

"남이 미처 안 하는 것을 선택하라. 국민생활에 없어서는 안 될 것부터 착수하라. 일단 착수하면 과감히 밀고 나가라. 성공해도 거기에 머물지 말고 그보다 한 단계 높은 것에 도전하라."

이런 경영철학을 가진 구인회는 '수많은 국내 최초'를 만들어냈다.[7] 이렇게 하여 구인회는 전근대적인 한국인의 소비패턴을 근대적인 것으로 바꿔놓았다.

---

7 구인회 이야기는 한국경영사학회가 2000년 5월에 발간한 『경영사학』 제15집 제1호에서 김성수 외 6인의 학자들이 쓴 「特輯: 蓮庵 具仁會 · 上南 具滋暻 硏究」를 텍스트로 삼았다.

■ '구인회 상점'을 개설하다

구인회는 1907년 8월 경남 진양군 지수면에서 태어났다. 그의 집안은 연 수입 3백석 정도의 지주였다. 그의 조부는 과거시험에 급제하여 홍문관 교리를 지냈다. 그는 조부 밑에서 한학을 공부했다. 그는 13세에 김해의 만석꾼 집안 허 씨와 결혼했다.

그가 태어날 무렵 우리나라는 일제에 지배당하기 직전의 어수선한 분위기였다. 1908년에 일본은 경제를 독점하고 토지 · 자원을 수탈할 목적으로 우리나라에 동양척식회사東洋拓殖會社를 세웠고, 1909년에 안중근 의사는 이토 히로부미를 만주에서 폭사시켰고, 1910년에 일본은 한일합방을 강행했다.

구인회는 결혼으로 허씨 가문과 관계를 맺으면서 많은 변화를 겪게 되었다. 보수적인 가정에서 자라나 한학을 익히던 그는 손위 처남 허선구의 권유로 지수보통학교에 편입하여 3년간 공부했다. 이어 그는 17세에 서울중앙고등보통학교에 진학했다가 중퇴하고 말았다. 왜 그가 고등보통학교를 마치지 못했는가에 관해서는 이유가 확실하지 않다. 그의 장인이 세상을 뜨자 생활이 어려워졌다거나 그의 조부가 서울 유학을 청산하고 귀향하라고 명령했다거나 하는 이야기가 있다.

귀향 후 구인회는 마을에 장근회奬勤會를 조직하여 소비협동조합운동을 전개했다. 이 마을에는 이미 일본인 상인이 잡화 등을 팔고 있었는데 그는 이 일본 상인에 대항하는 소비협동운동을 전개하기로 마음먹고 마을 청년들을 설득했다. 그는 석유, 비누, 광목, 비단 등 일용

잡화를 공동구매하면 일본 상인에게서 사는 것보다 훨씬 더 싸게 살 수 있다고 설득했다. 그의 설득이 주효하여 1929년에 지수협동조합이 결성되어 그가 이사장으로 선출되었다. 협동조합을 운영하면서 그는 포목의 유통경로와 마케팅 기법을 알게 되었고, 그 무렵 《동아일보》 진주지국장이 되어 활동 범위가 넓어졌다.

협동조합을 키우는 일에 3년간 열중하다보니 구인회는 승산마을은 자신의 활동무대로서는 좁다는 생각을 갖게 되었다. 고민 끝에 그는 고향에 인접해 있는데다 유행의 도시요 소비의 도시인 진주에서 포목상을 경영하기로 계획을 세웠다. 그의 조부와 부친은 상업을 천시하는 입장이어서 처음에는 반대하다가 가까스로 허락한 후 사업자금으로 2000원을 대주었다. 이 액수는 포목상을 경영하기에는 부족하여 구인회는 양자로 간 동생에게 1800원을 출자하도록 하여 사업자금을 마련했다. 구인회는 진주 식산은행 건너편 2층 건물에 '구인회 상점'을 개설했다. 1931년 7월, 그의 나이 25세. 이 상점이 곧 LG그룹의 출발이다.

첫 사업은 적자였다. 쌀 100가마가 넘는 적자를 기록했다. 소규모의 점포로 기존 업체와 경쟁하기란 쉽지 않다는 것을 깨달았다. 그는 아버지를 설득하여 아버지 소유의 토지를 담보로 8천 원을 융자 받아 경영 규모를 확대했다. 그는 값을 깎아주지 않는 대신 자를 속이지 않고 신용을 쌓아갔다. 그는 포목을 비수기에 싸게 사두었다가 성수기에 비싸게 팔았다. 그는 이익을 올리는 데 전념했다. 중일전쟁이 일어났을 때 그는 전시 특수경기를 내다보고 2만 필을 매점하여 무려 8만

엔의 이익을 남겼다.

■ 토지에 투자하여 만석꾼이 되다

사업이 잘 되었다. 구인회는 사업 영역을 넓히기 위해 1940년 6월 회사를 '주식회사 구인회상회'로 바꿨다. 이때 그는 40만 엔을 가지고 있었다. 그는 주식을 발행하고, 근대적 경영체제를 갖춰갔다. 그는 눈을 해외로 돌려 무역업에 관심을 가졌다. 그는 만주와 일본을 돌아다녔다. 그러나 무역업 전환은 쉽지 않았다. 1937년 7월에 중일전쟁이 일어나 포목 공급의 길이 막혔고, 1939년 11월에 일본이 기업정비령을 공포하여 사업하기가 어려워졌고, 1940년 2월부터 일본이 민족 상인을 압박하기 시작했기 때문이다. 그는 청과물과 어물 거래에 투자하기로 계획하고 80톤 규모의 선박을 사서 운영했지만 한계를 느꼈다.

그는 토지에 투자하기로 마음먹었다. 그는 은행예금을 모두 찾아서 진양, 의령, 함안, 고성 등지의 토지에 투자했다. 그는 만석꾼이 되었다.

■ 부산으로 옮겨 락희화학공업사(樂喜化學工業社)를 설립하다

1945년에 해방이 되었다. 구인회는 넓은 곳으로 진출하기로 마음먹었다. 그는 부산으로 옮겨 조선흥업사朝鮮興業社를 세웠다. 조선흥업사는 해방 이후 무역업 허가 제1호 업체로 기록되었다.

그는 처음에는 대마도에서 목탄을 수입하는 사업을 시작했는데 거센 파도 때문에 실패로 돌아갔다. 운수업도 시도했지만 뜻대로 되지 않았다. 우연한 기회에 흥아화학공업사의 화장품 김준환 기사를 알게 되었다. 70만 원어치의 화장품을 사서 서울로 보내면 100만 원을 받을 수 있었다. 그는 '지구상에 여성이 있는 한 화장품은 영원하다'는 판단 아래 화장품사업을 하기로 계획을 세웠다. 화장품 판매업에 성공한 구인회는 아예 화장품 크림을 집에서 직접 생산해서 팔기로 마음먹었다. 화장품 크림 생산은 해방 후 그의 첫 사업이다.

1947년 41세 때 그는 새로운 가능성에 도전했다. 그는 락희화학공업사를 설립하여 '럭키표 크림'을 생산하기 시작했다. '럭키'라는 말은 동생 구정회의 제안에 따라 채택되었다. '럭키'라는 말은 '행운'을 가져온다는 뜻으로 알려져 크림은 불티나게 팔려나갔다. 이 사업으로 구인회는 3년 만에 3억 원의 이익을 올렸다.

1950년에 6 · 25 전쟁이 일어났다. 서울의 화장품 공장들은 모두 파괴되었지만 구인회의 락희화학은 부산에 있었으므로 화장품 생산을 멈추지 않았다. 그의 회사는 전시에서도 엄청난 호황을 누렸다. 그는 1952년 4월에 제5회 한국화장품공업협회 정기총회에서 이사장으로 선출되어 한국화장품업계의 제1인자가 되었다.

구인회는 깨지지 않는 크림통 뚜껑을 개발할 수 없을까 생각하다가 플라스틱 뚜껑이 좋다는 정보를 얻고 플라스틱산업에 뛰어들었다. 그는 플라스틱 공장을 세우고 미국에서 인젝션머신을 주문하여 1952

년 9월부터 플라스틱 빗을 생산하기 시작했다. 인젝션머신으로 칫솔, 세숫대야, 식기 등도 만들었다. 대박이 났다. 구인회는 계속해서 럭키치약, PVC파이프, 비닐장판, 폴리에틸렌필름, 스펀지레저 등을 개발하여 국민생활의 근대화에 기여했다. 럭키치약은 국내 기술로 개발한 순수 국산품으로, 출시 3년 만에 치약의 대명사로 불리던 '콜게이트치약'을 물리치고 국내시장을 석권했다.

구인회는 1956년에 락희산업주식회사를 반도상사주식회사半島商社株式會社로 바꾸고, 본격적인 무역상사 체제를 갖추어갔다. 반도상사는 한국 무역업의 성장과 궤를 같이 하면서 이 분야 발전을 주도했다.

■ 전자산업의 효시
금성사(金星社)를 설립하다

금성사가 설립된 것은 1958년, 그의 나이 51세 때였다. 금성사는 1959년에 국산 라디오와 선풍기를 생산했으나 소비자의 외국산 선호 때문에 난항을 거듭했다. 구인회는 1959년에 금성사를 주식회사로 바꿨다. 1959년에 대망의 국산 라디오 제1호 'A-501'가 탄생했다. 국산 라디오는 5 · 16 쿠데타 이후 밀수품 단속으로 한때 고난을 겪었지만 농어촌 라디오 보내기 운동 덕분에 매출이 무섭게 증가했다. 이어 금성사는 1966년 8월에 국내 최초로 흑백TV(10인치)를 조립 · 생산하기 시작하여 그 후 성장을 이어갔다. 금성사는 한국의 전자와 전기공업을 개척한 공신이다. 이는 구인회의 용단으로 이루어진 것으로, 그의 사업가적 개척정신과 도전정신의 결과다.

■ 구인회는 어떤 경영이념을 가졌는가?

구인회는 1969년 12월에 62세를 일기로 세상을 떠났다. 그는 한국인의 전근대적인 소비패턴을 근대적인 것으로 바꿔놓은 창업가다. 그는 세상을 떠나기에 앞서 기업이윤의 사회 환원과 기여를 위해 문화재단 설립을 추진하여 그해 12월에 장학육영사업, 문화사업, 사회복리사업에 기초한 연암문화재단도 설립했다. 그가 세상을 떠난 후에 장남 구자경이, 현재는 3세 구본무가 경영을 맡고 있다. 그가 창업한 기업은 2005년에 구씨 일가의 LG그룹과 허씨 일가의 GS그룹으로 분리되어 한국경제를 이끌고 있다.

이 같은 업적을 남긴 구인회는 어떤 경영이념을 가졌을까?

경영사학자들은 구인회의 경영이념을 한결같이 높게 평가한다. 이 가운데 김성수는 구인회의 경영이념을 포괄적으로 정리했다.[8] 여기서는 이를 간략하게 소개한다.

첫째, 구인회는 인화단결주의를 중시했다. 인화단결은 구인회의 생활철학이며 경영사상이다. 인화단결은 오늘날 LG의 사훈이라고 한다. 인화단결을 내세운 구인회는 인재 발탁을 위해 1957년에 한국 최초로 '대졸 공채'를 시행했다.

둘째, 구인회는 가족주의를 강조했다. 그는 창업 초기부터 직원들

---

8 김성수(2000.5), 「蓮庵 具仁會 · 上南 具滋暻의 生涯와 經營理念」, 한국경영사학회(2000.5), 『경영사학 제15집 제1호』, pp.7~59.

에게 이렇게 말했다고 한다. "여러분들은 락희가족이 되었네. 락희가족이 인화단결하지 않고는 성공할 수 없네." 구인회는 유교적 가족주의로 5명의 아우들, 6명의 아들들, 허씨네 형제들과 좋은 관계를 유지할 수 있었다.

셋째, 구인회는 근검절약주의를 실천했다. 자유당 시절 이재형 국회의장은 근검절약에 철저한 구인회를 지칭하여 "근검, 소탈을 가르쳐준 어른"이라고 평했다고 한다.

넷째, 구인회는 도전과 개척주의를 강조했다. 앞에서 그의 경영활동을 살펴보았듯이 그는 '남이 하지 않은 일'을 하여 성공한 기업가다.

다섯째, 구인회는 신념주의자다. 그는 "할 수 있다. 하면 반드시 된다"라는 신념으로 사업에 일관했다.

여섯째, 구인회는 인재존중주의자다. 그는 인재를 키워야 기업이 큰다는 신념으로 한국 최초로 공채제도를 도입하여 인재를 능력과 실력 위주로 발탁했다.

일곱째, 구인회는 기술혁신주의자다. 그는 연구개발의 바탕 위에서 국민생활 편의를 위해 신상품을 생산했다.

여덟째, 구인회는 국제화와 정도경영합리화주의자다. LG의 사훈, 사시, 기업윤리강령의 기본으로 승계되고 있는 경영철학은 구인회가 강조한 '국제화, 세계화주의, 정도경영합리화주의'라고 한다.

아홉째, 구인회는 사업보국주의자다. 그는 락희화학 공개로 주식의 대중화시대를 열었고, 이와 관련하여 자본시장 육성 공로로 대통령의 표창을 받아 '사업보국주의'를 실천한 기업가다.

열째, 구인회는 국민생활편의주의자다. 그는 "남이 미처 안 한 것을 선택하라. 국민생활에 없어서는 안 될 것부터 착수하라"고 강조하고 이를 실천한 기업가다.

■ 구인회의 인화정신은 '사돈가(家)와의 57년간 동거' 후 LG그룹과 GS그룹을 낳다

구인회의 인화정신과 관련된 미담美談을 빠뜨릴 수 없다. LG그룹 구具씨 일가와 GS그룹 허許씨 일가 간의 '57년간의 편안한 동거'는 '영원한 화젯거리'로 남을 것이다.

구인회가 1947년에 부산에서 락희화학공업사를 세울 때 구인회의 장인 허만식이 자신의 6촌 동생 진주 만석꾼 허만정을 사위에게 보내면서 사업하는 것을 곁에서 지켜보게만 해달라고 부탁했다. 여기에는 허만정이 투자비의 35%를 출자한다는 조건이 따랐다. 이 약속은 2005년에 LG그룹과 GS그룹이 분리할 때까지 1947년부터 2005년까지 57년간 잘 지켜졌다. 분리에서도 LG그룹 대 GS그룹의 지분은 정확하게 65% 대 35%로 지켜졌다고 한다. 구인회의 '인화정신'이 3대까지 이어져 오면서 가슴 뭉클하게 해 주는 미담이 아닐 수 없다. 이따금 재산을 놓고 벌이는 재벌가의 분쟁을 생각하면 구인회의 인화정신이 얼마나 대단한가를 알 수 있다.

분리 이후 LG그룹은 전자, 화학, 통신 · 서비스 전문기업으로, GS그룹은 에너지, 유통, 건설 전문기업으로 성장하면서 이 두 그룹은 여러 분야에서 계속 협력관계를 유지해 오고 있다. 현재 LG그룹은 구인회의 아들 구자경을 거쳐 3세 장남 구본무가 회장을 맡고 있고, GS그룹은 구인회의 사업에 투자한 허만정의 아들 허준구를 거쳐 3세 장남 허창수가 회장(전경련 33대, 34대 회장에 이어 현재 35대 회장을 맡고 있음)을 맡고 있다. LG그룹과 GS그룹은 현재 한국의 대들보 기업이다.

4
이병철:
73세에 반도체사업에 도전하다

한국은 반도체 1등 국가다. 2014년에 반도체 메모리 부문에서 삼성전자는 세계시장 점유율 34.7%를 기록하여 단연코 이 부문 세계 1위다. 또 반도체 매출액을 보면 2014년에 삼성전자는 382.73억 달러, 세계시장 점유율 10.9%로 인텔(499.64억 달러, 14.2%)에 이어 세계 2위다. 삼성과 SK를 합하면 2014년에 한국은 반도체 세계시장 점유율 15.4%로 세계 2위다.

세계 반도체시장에서 한국의 위상이 이렇게 높은 것은 고故 이병철 전 삼성 회장의 기여의 결과다. 대한민국은 자원이 없고 크기가 미국과 중국의 100분의 1에 불과한 작은 나라이지만 이병철 회장의 기업가정신 하나로 반도체 세계 1등 국가가 된 것이다. 1986년 2월에 발간된 이병철 회장의 자서전 『호암자전湖巖自傳』을 텍스트로 삼았다.

그런데 삼성전자의 반도체사업은 이병철 전 회장이 단독으로 추진한 것이 아니라 이건희 회장이 아버지 이병철 회장의 결단을 먼저

이끌어냈고, 뒤이어 1974년 '한국반도체' 인수에 깊숙이 관여함으로써 본격적으로 추진되었다고 한다.[9]

■ 무위도식하다 사업을 꿈꾸다

이병철은 1910년 경남 의령군 정곡면에서 4남매의 막내로 태어났다. 그의 집안은 부유한 편이었다. 그는 5년 가까이 서당書堂 공부를 하다가 11살에 진주의 지수보통학교에 3학년으로 편입했다. 그의 재종형 하나가 서울에서 학교를 다니다가 고향에 와 있었는데 그는 이병철에게 서울 이야기를 해 주었다. 이병철은 서울에 가서 공부하기로 마음먹고 부모님의 허락을 받아냈다. 서울의 수송보통학교 3학년에 편입했다. 그는 산술은 늘 상위권이었지만 석차는 50명 중 35등에서 40등을 오르내렸다.

그는 보통학교 과정을 빨리 끝내고 싶어 4학년을 마치고 부모님을 설득하여 중동중학에 입학했다. 3학년 가을, 그는 아버지의 권유로 결혼을 하게 되었다. 그는 중동중학 4학년 1학기를 마치고 일본 유학을 결심했는데 어렵게 아버지의 허락을 받아냈다.

그는 1930년 4월에 조도전대학早稻田大學 전문부 정경과에 입학했다. 2학기 말에 각기병脚氣病에 걸려 2학년 가을 조도전대학을 중퇴하

---

9 삼성전자(1999), 『삼성전자 30년사』. 이 책에서 1999년에 삼성전자를 이끌었던 이학수 전 사장은 반도체산업 발전과 관련하여 이건희 당시 부회장의 기여를 자세히 밝혔다.

고 귀국했다. 진주의 지수보통학교, 서울의 수송보통학교와 중동학교로 이어지는 네 번째 중퇴. 이렇게 해서 그의 학업은 마감되었다. 그는 자신의 학력을 "졸업증서 없이 끝난 학업"이라고 썼다.

귀국 후 그는 허전한 마음을 달래고자 골패에 열중했다.

노름은 한밤중까지 계속되어 지칠대로 지쳐서 달그림자를 밟으며 집으로 돌아오는 일이 되풀이되었다.

무위도식의 나날이 계속되었다. 그러던 그가 전기轉機를 맞았다.

그날도 골패노름을 하다가 밤늦게야 집으로 돌아왔다. 밝은 달빛이 창 너머로 방 안에 스며들고 있었다. 달빛을 안고 평화롭게 잠든 아이들의 모습을 바라보는 순간, 문득 악몽에서 깨어난 듯한 심정이 되었다. 너무 허송세월했다. 뜻을 세워야 한다. 잠자리에 들긴 했으나 그날 밤은 한잠도 이룰 수 없었다. 온갖 상념이 머릿속을 스쳤다. 그리고 뜻을 굳힌 것이 사업이었다. … 사업에 투신하자.

26세 때의 일이다.

■ 삼성상회(三星商會)를 설립하다

그는 어느 달밤 순간적으로 결단한 것이지 사업을 오랫동안 생각한 것은 아니었다. 그의 아버지는 아들의 사업 얘기를 듣고 사업자금으로는 대수로운 것이 못되었지만 먹고 살기에는 넉넉할 정도의 사업자금을 대주었다.

그는 다른 두 사람과 합작으로 〈협동정미소〉를 차렸다. 이는 '삼성'의 출발이다. 1936년, 그의 나이 26세. 정미소 사업은 잘 되었다. 이 무렵 그는 트럭 20대로 운수회사도 경영했다. 이 두 사업으로 그는 얼마 후 연수年收 1만 석, 2백만 평의 대지주가 되었다. 이어 그는 세 번째 사업으로 토지를 사 모으기 시작했다. 당시 세계적인 대공황에다 일본의 농민수탈정책으로 이농자가 속출해 땅값이 엄청 쌌다. 그런 처지에서 은행 융자가 쉬웠다. 은행 융자로 매입대금을 전액 지불하고도 돈이 남았다. 그는 김해평야의 경작이 가능한 전답은 한 평도 남기지 않고 사들이기로 작정하고 매물로 나와 있는 물건을 조사했다. 그는 토지 투자를 부산 · 대구의 주택용지까지 확대하기 시작했다.

그런데 갑자기 재난이 닥쳤다. 어느 날 일본의 식산은행으로부터 일체의 대출이 중단된다는 통고를 받은 것이다. 중일전쟁을 앞두고 일본 정부가 취한 비상조치였다. 하루아침에 그가 쌓은 부는 모두 사라졌다. 다행히도 엄청난 부채는 갚을 수 있었다. 그는 "이 실패는 그 후의 사업경영에 다시없는 교훈이 되었다"고 썼다.

그로부터 반 년 후 그는 새로운 사업에 착수하기로 마음먹고 새로운 사업을 찾아 여행길에 올랐다. 그는 서울을 거쳐 만주의 여러 도시, 중국의 여러 도시로 발을 뻗쳐 2개월에 걸친 조사여행을 마쳤다. 이 여행에서 그는 청과물, 건어물, 잡화 등이 무역에 적합하다는 것을 알게 되었다.

그는 1938년 3월 1일, 28세 때 자본금 3만 원으로 대구에서 '삼성상회三星商會' 간판을 걸었다. 그는 '삼성三星'의 의미를 "'삼三'은 큰 것,

많은 것, 강한 것을 나타내는 것으로서 우리 민족이 가장 좋아하는 숫자다. '성星'은 밝고 높고 영원히 깨끗이 빛나는 것을 뜻한다"고 썼다. 그래서 그는 자신의 회사가 "크고 강력하고 영원하라"고 기원했다.

이병철 이야기는 반도체에 있으므로 반도체사업으로 방향을 돌린다.

■ 반도체사업으로 눈을 돌리다

이병철의 기업가정신은 반도체사업에서 확연히 드러난다. 『호암자전湖巖自傳』은 「제8편」에서 반도체를 다루고 있다. 반도체사업에 관한 이병철의 기업가정신을 이야기한다.

삼성이 전 세계에 70여 개의 현지법인을 갖고, 총 매출의 절반을 해외에서 거두던 시점에 이병철은 삼성의 미래를 염려했다. 그는 삼성의 발전을 확신하면서도 "긴요한 것은 왕성한 도전 정신과 끊임없는 노력정신에 의해 모든 분야에서 계속 선구적으로 신기축新機軸을 열어가야 한다"고 생각했다. 그래서 그는 삼성이 많은 위험이 뒤따르는 반도체사업에 진출하여 그 위험을 뛰어넘어 성공을 쟁취해야만 삼성의 내일이 열린다고 확신했다. 그의 나이 73세 때의 결단이다.

1980년 이른 봄. 동경에 체류하고 있을 때 사무실로 찾아온 도엽수삼稻葉秀三 박사와 그는 일본산업의 방향 전환을 놓고 얘기를 나누었다.

"그렇다면 일본산업의 살길은 무엇이냐?"

이병철이 물었다.

"일본 기업은 반도체 · 컴퓨터 · 신소재 · 광통신 · 유전공학 · 우주 · 해양공학 등 부가가치가 높은 첨단기술 분야로의 전환을 도모하고 있고, 특히 반도체 및 그 주변의 기계공업에 치중해 왔다. 정부도 이를 적극적으로 뒷받침하여 전략산업으로 육성했다. 그 결과 수출은 획기적으로 늘고 외화수입은 급증했다. 일본의 살길은 바로 경박단소輕薄短小의 첨단기술산업에 달려 있다."

도엽稻葉 박사의 설명이었다.

반도체에 관심을 가진 이병철은 6년 전에 위암 수술을 받았지만 72세 때인 1982년에 미국 방문길에 올랐다. 그는 21년만의 미국 방문에서 우리가 지금 전환의 시대에 살고 있다는 것을 절실히 깨달았다. 미국이 제2차 오일쇼크 후에 불황을 합리적으로 대응하지 못해 고난을 겪고 있는 것을 직접 눈으로 보았다. 산업조정을 일찍 끝낸 일본이 철강, 자동차 등에서 미국시장을 휩쓸고 있었지만 미국은 맞설 경쟁력을 잃고 있었다. 미국에서 각 분야 유수 기업들의 생산현장을 자세히 살피고 경영수뇌들의 고충을 직접 들은 후에 얻은 교훈은 한국의 살길은 첨단산업의 시급한 개발밖에 없다는 것이었다.

삼성은 해방 후와 동란 중에는 무역을 통해 물자조달의 기능을 맡았다. 휴전 후에는 수입대체산업을 일으켜 한국경제가 원조경제에서 자립경제로 전환하는 기틀을 잡는 데 누구보다도 노력을 아끼지 않았다. 이어 중화학공업의 건설로 기간산업基幹産業의 기반 조성에 몰두했다. 이제는 그것을 터전으로 삼아 첨단기술산업을 개척해야 한다고 그는 판단했다.

언제나 삼성은 새 사업을 선택할 때 항상 그 기준이 명확했다. 국가적 필요성이 무엇인가, 국민의 이해가 어떻게 되는가, 세계시장에서 경쟁할 수 있는가 등이다. 이 기준에 견주어 현 단계의 국가적 과제는 '산업의 쌀'이며 21세기를 개척할 산업혁신의 핵인 반도체를 개발하는 것이라고 그는 판단했다.

그러나 난제는 워낙 크고 많았다. 과연 한국이 미 · 일의 기술 수준을 추적할 수 있을까? 막대한 투자재원을 마련할 수 있을까? 혁신의 속도가 워낙 빨라 제품의 사이클은 2~3년인데 그 리스크를 감당해낼 수 있을까? 미 · 일 양국이 점유하고 있는 세계시장에 뒤늦게 뛰어들어 경쟁에 이길 수 있을까? 고도의 기술두뇌와 기술인력 확보, 훈련은 가능할까? 입지 조건도 까다롭지만 무엇보다도 서울에서 한 시간 거리 이내에 공장을 세울 수 있을까? 공장의 구조도 아주 특수해야 될 텐데 필요 시설과 전문건설용역은 확보할 수 있을까? 이런 열악한 여건에서 그는 결심했다.

"누군가가 만난萬難을 무릅쓰고 반드시 성취해야 하는 프로젝트다. 내 나이 73세, 비록 인생의 만기晩期이지만 이 나라의 백년대계를 위해서 어렵더라도 전력투구를 해야 할 때가 왔다."

1982년 5월경. "수많은 미 · 일 전문가를 비롯하여 국내전문가들의 의견을 거의 다 들었다. 관계 자료는 손 닿는 대로 섭렵했고, 반도체와 컴퓨터에 관한 최고의 자료도 얻었다. 그 결과 전혀 가능성이 없는 것은 아니라는 것을 알았다. 정부의 적극적인 뒷받침만 있으면 성공의 가능성이 있다"고 그는 결론을 내렸다. 본격적으로 반도체사업에 들어갔다.

- 1982년 10월 "삼성반도체에 내일을 걸고" 반도체 · 컴퓨터사업팀을 조직했다.
- 1983년 2월 동경에서 반도체 투자의 단안을 내렸다.
- 1983년 3월 1년간에 걸친 기초조사와 검토 끝에 삼성의 반도체 투자 계획을 공식으로 선언했다.
- 1983년 7월 미국 산타클라라에 기술개발 및 판매촉진을 위한 현지법인을 세웠다.
- 1984년 3월 말까지 64KD램의 양산 제1라인을 완성할 계획을 세웠다. 기술은 미국의 마이크론과 일본의 샤프에서 도입하기로 했다. 일본 반도체업계는 한국에 대한 기술 제공에 반대했지만 기술 도입은 샤프의 호의로 이루어졌다. 기흥공장 부지는 반도체의 중요성을 인식한 정부의 배려로 확보되었다.
- 1984년 5월 17일 드디어 삼성반도체통신 기흥 VLSI공장 준공식이 열렸다. 한국이 세계에서 미국, 일본에 이어 세 번째 반도체 생산국이 되었다.
- 1984년 9월 미국에 처녀 수출이 이뤄졌다.
- 1984년 10월 256KD램을 세계 최초로 개발했다. 미국과 일본의 전문가와 메이커들이 모두 기적이라고 경탄했다.

이런 과정을 거쳐 삼성전자는 2005년부터 반도체 메모리 부문에서 세계 1등자리를 지켜왔다.

■ 삼성이 성공한 이유는 무엇일까?

그러면 삼성이 성공한 이유는 무엇일까? 이병철이 관계자들의 의견을 여덟 가지로 종합하여 답을 주었다. 그 가운데 첫 번째가 "첨단기술에 도전한 삼성의 확고한 기업가정신"이라고 이병철 자신이 밝혔다.

이병철은 모험이 가득 찬, 그러면서도 강한 비전이 뒷받침된 기업가정신을 발휘했다. 기업가정신 없이 73세의 나이에 그처럼 큰 모험을 하기란 결코 쉽지 않다. 이병철의 거창한 계획을 놓고 정부는 실현 불가능한 사업이라고 고개를 저었지만 이병철은 끝내 포기하지 않고 도전하여 한국이 반도체 세계 1등 국가가 될 수 있는 발판을 마련했다. 기업가정신의 발로다.

그런데 '기업가정신'을 얘기하다 보니 북한이 떠오른다. 이병철은 1974년에 '한국반도체'를 인수하면서 반도체사업에 본격적으로 뛰어들 준비를 했다. 1974년은 1인당 국민소득에서 남한(597달러)이 처음으로 북한(579달러)을 앞서기 시작한 해다. 그로부터 41년 후인 2015년의 모습은 어떤가? 남한은 스마트폰 세계 1등 국가가 되어 있는데 북한은 중국으로부터 1억 달러어치의 휴대폰을 수입하는 정도다. 반도체 관련 이병철의 기업가정신이 이런 격차를 만들어냈다. 이는 곧 기업가정신이 살아 움직일 수 있는 자유시장경제의 힘이다.

■ 삼성은 영원할까?

'기업은 영원한가?'라는 질문을 던져놓고 이병철은 이렇게 썼다.

"이에 대한 대답은 물론 '노'이다. 영원은커녕 짧으면 10년, 20년, 길어서 40년, 50년의 사이클로 소장消長하고 있다. 영고성쇠榮枯盛衰를 거듭하는 기업의 수명은 인간의 그것보다도 훨씬 짧고 덧없는 것이라 할 수 있다. … 인간은 이 세상에 태어나면서부터 죽음에의 여로를 걷기 시작하지만 기업 또한 창업과 동시에 어느 날엔가는 쇠망의 위기에 직면할 운명을 지니고 있다."

이병철의 말은 역사 속으로 사라진 노키아를 생각하게 한다.

삼성 잘하라고 한 경고일 것이다. 삼성은 참으로 잘해 오고 있다. 삼성전자는 1968년 11월 8일에 일본 산요전기와 자본 · 기술합작 협정서에 조인하고, 같은 해 12월 30일에 삼성전자 창립 발기인회를 개최한 후 1969년 1월 13일에 삼성전자공업주식회사를 설립했다. 이렇게 출발한 삼성전자는 산요는 물론 소니, 토시바, 샤프 등을 제치고 현재 세계 1등 전자기업 자리를 지키고 있다. 이뿐만이 아니다. 삼성에 반도체 기술을 제공한 미국의 마이크론의 매출액은 2014년에 163.89억 달러로 382.73억 달러인 삼성의 43%에 지나지 않는다. 일본의 샤프는 비교도 안 된다. 삼성의 빛나는 성과다.

삼성전자는 스마트폰에서도 미국의 애플과 세계시장에서 선두를 놓고 격돌해 오고 있다. "기업의 수명은 인간의 그것보다도 훨씬 짧고 덧없는 것"이라는 이병철 회장의 경고를 삼성은 깊이 새겨들어 '영원한 세계 1등 기업' 자리를 지켜주어야 한다.

■ 못 다한 이병철 이야기 ①
: 노비를 해방시키다

이병철은 자신의 낭인시대浪人時代를 회상하며 '흐뭇한 추억' 하나를 소개했다. 사업에 투신하려고 했던 무렵 자신의 제안으로 "집의 노비를 해방시킨 일"이다.

그의 집에는 노비가 5가구, 30명가량 있었다. 그는 조도전대학 유학시절부터 이것은 인도에 어긋날뿐더러 사회발전에도 큰 장애요인이 된다고 생각해 왔었다. 일본에서 귀국한 후에 이들을 해방시킬 기회를 얻으려고 여러 모로 궁리하고 있었다. 그러던 어느 날 그는 아버지에게 "그들에게 자유를 주면 어떨까요?" 하고 건의했다. 아버지는 뜻밖으로 선뜻 허락해 주었다. 미국은 에이브러햄 링컨이 남북전쟁중인 1863년에, 조선은 고종이 1894년에 노비제도를 폐지했다. 이병철은 26세 때인 1936년에 집의 노비를 해방시켰다. 이와 관련하여 그는 "조도전대학 시절에 한동안 탐독했던 톨스토이의 작품에서 받은 영향이 적지 않게 작용했던 것 같다"라고 썼다.

■ 못 다한 이병철 이야기 ②
: "기업은 자선단체가 아니다"

이병철의 기업관은 뚜렷하다. 그는 이렇게 썼다.

"기업은 자선후생의 단체가 아니다. 이익을 올리지 않으면 안 된다. 그 이익으로 종업원에게 충분한 급료를 지불하고, 국가에 세금을 납부하고, 주주에게 배당을 지불하고, 그리고 재투자를 한다. 기업이 그 이익을 얻는 방법에는 적부適否의 문제가 있을지언정, 이윤 추구 그 자체에 문제가 있을 수 없다. 오히려 기업이 적자를 내게 되면 그것은 하나의 사회악이라 할 것이다. 자본 · 자재 · 사람 등 사회의 귀중한 자원이 낭비가 되기 때문이다. 기업부실화의 부담은 결국은 국민에게 돌아온다."

이탈리아어에 '페카토 모르탈레(Peccato Mortale)'라는 말이 있다. 이 말은 '용서받지 못할 죄'를 뜻한다. 이탈리아인들은 용서받지 못할 죄로 기업이 이익을 남기지 못하는 경우를 꼽는다. 기업인이 이익을 남기지 못하여 세금을 내지 못하고, 종업원들에게 임금을 주지 못하고, 나아가 처자식을 먹여 살리지 못하면 그것은 죄 중에서도 최악의 죄, 곧 용서받지 못할 죄가 된다는 것이다.

한때 삼성전자는 6조 원이 넘는 순이익을 낸 적도 있다. 그 이익으로 삼성전자는 무엇을 했을까? 일자리를 만들었다. 삼성은 일자리를 가장 많이 만드는 기업이다. 일자리를 가장 많이 만드니 소득증대에도 가장 많이 기여한다. 어떤 사람들은 삼성의 이 같은 기여를 인정하려 하지 않으니 답답하기 짝이 없다.

5
정주영:
자동차 · 조선사업으로 무無에서 유有를 창조하다

고려대는 고故 정주영 전 현대 회장에게 1995년 3월 18일에 명예 박사학위를 수여하면서 추천 이유로 다음과 같은 내용을 내세웠다.

"선생은 무에서 유를 창조하듯이, 빈손으로 일어나 끊임없는 시련과 도전을 극복하면서 한국 최대이자 세계 굴지의 기업을 구축했다. 이것은 입지전적인 인간 승리의 본보기가 아닐 수 없다."

정주영 회장은 맨손으로 자동차와 선박회사를 설립했다. 현대 · 기아자동차는 세계 5위, 현대중공업이 선두 주자인 조선산업은 사실상 10년 넘게 세계 1등자리를 지켜오고 있다. 정주영 회장의 기업가정신이 가져온 결과다.

■ 배고파 네 번이나 가출하여 쌀가게 사장이 되다

정주영은 1915년 강원도 통천에서 태어났다. 그는 눈 오는 긴 겨울을 아침에는 밥 해 먹고, 점심은 굶고, 저녁에는 죽 쑤어먹고 지내는 지독한 가난이 싫어서 16살 때부터 19살 때까지 네 차례나 가출했다. 그는 네 번째 가출로, 인천의 어느 쌀 도매상에서 배달원이 되었다.

그는 자서전에서 훌륭한 배달원이 되기 위해 "잠을 자지 않고 밤새껏 자전거에 짐을 싣고 타는 연습을 했다"고 썼다. 나는 정주영의 자서전을 세 차례 읽었는데 이 대목을 읽을 때마다 엉엉 울어버리곤 했다. 수소문하여 찾아온 그의 아버지는 아들이 새경으로 1년에 쌀 열여덟 가마를 받는다고 하자 아들의 가출을 허가했다.

그는 23살 나이에 일하던 쌀가게를 운 좋게 인수받아 1938년 1월에 '경일상회' 쌀가게 간판을 걸고 사장이 되었다. 나이 스물 넷, 네 번째로 가출한 지 4년 만의 일이었다. 그러나 곧이어 중일전쟁이 일어나 총독부가 배급제를 실시하게 되자 1939년 12월에 쌀가게 문을 닫아야 했다.

(1) 자동차

■ '아도서비스' 자동차 수리공장을 설립하다

정주영은 쌀가게를 닫은 후 서울로 와서 할 일을 찾아다녔다. 그는 오윤근 씨라는 사람에게서 빚을 얻어 1940년 3월 1일에 아현동고개에 있던 '아도서비스'라는 자동차 수리공장을 인수했다. 돈을 잘 벌었다. 그러나 그해 3월 20일경에, 그의 잘못으로 자동차 수리공장이 불에 타고 말았다. 그는 엄청난 빚더미에 올라섰다. 그는 오윤근 씨에게 가서 돈을 또 빌려줄 수 없겠느냐고 사정했다. 오윤근 씨는 "내 평생에 사람 잘못 봐서 돈 떼었다는 오점을 찍기는 나도 싫네"라고 말하고 거액을 다시 빌려주었다.

그 돈으로 그는 신설동에 무허가 자동차 수리공장을 차렸다. 그는 다른 데서 열흘 걸린다는 일을 사흘 만에 마쳤다. 일감이 쌓여갔다. 그러던 중 일제는 1942년에 기업정비령을 내려 1943년 초에 '아도서비스'를 '일진공작소'에 흡수시켜 버렸다. 자동차 수리사업을 접어야 했다. 그 후 2년 남짓 광산에서 운반 일을 하다가 해방을 맞았다.

■ '현대자동차공업사'를 설립하다

해방 직후 한국은 어수선했다. 정주영은 미군정청美軍政廳이 1946

년에 적산敵産[10] 일부를 불하할 때 땅을 불하받아 같은 해 4월에 중구 초동에서 '현대자동차공업사' 간판을 걸고 자동차 수리공장을 차렸다. 1946년은 '현대'가 출범한 해다. '현대자동차공업사'는 초창기에는 청부받아 미군 병기창에 가서 엔진을 바꿔 다는 일을 하다가 시간이 지나서는 낡아빠진 일제 고물차를 용도에 따라 개조하는 일도 했다.

그런데 어느 날, 자신은 한 번에 30~40만 원 정도를 받는데 건설업자들은 1천만 원씩 받아가는 것을 보고 건설업을 할 계획으로 '현대자동차공업사' 건물에 '현대토건사'라는 간판을 하나 더 달았다. 1947년 5월 25일, 바로 '현대건설'이 출발한 날이다. 그러다가 1950년 1월에 '현대자동차공업사'와 '현대토건사'를 통합해 '현대건설주식회사'를 설립했다. 같은 해 6·25 전쟁이 터져 피난처 부산에서 엄청나게 고생하다가 미군 관련 건설사업으로 큰 행운을 잡았고, 다시 서울로 와서 미8군 발주공사를 맡았다.

건설 얘기는 이 글의 주제가 아니므로 자동차와 선박 얘기로 돌린다.

■ 100% 국산 모델 'Pony' 탄생하다

정주영은 1967년 12월에 '현대자동차' 설립 허가를 받고 오랜 꿈

---

10 1945년 8월 해방 이전에 한국 안에 있던 일본인 재산의 속칭.

이었던 자동차사업에 뛰어들었다. 당시 자동차 업계는 일명 '딸딸이' 라는 애칭의 삼륜차를 생산한 '기아'와 승용차 시장을 독점한 '신진'이 지배하고 있었다.

정주영은 기술 제휴를 목적으로 처음에는 포드자동차사와 제휴를 맺었는데 포드 실무자들이 경영권 참여까지 요구해 오자 미쓰비시로 바꿨다. 이를 계기로 '현대자동차주식회사'는 1968년 1월 4일에 새롭게 출발했다. 그는 많은 난관을 거쳐 1968년에 '코티나 1호'를 생산했다. 그러나 악운이 겹쳐 코티나는 실패작으로 끝나고 말았다.

정부는 1969년 12월에 '자동차 국산화 3개년계획'을 발표했다. 이는 한 마디로, 현대, 신진, 아세아, 기아 4개 차량 조립업자들 가운데 하나만 살리고 나머지 셋은 죽이겠다는 것이었다. 정주영은 박정희 대통령과의 면담을 요청하여 이렇게 말했다.

"경쟁 상대가 없으면 제품의 질을 향상시켜야 할 필요도 없고, 생산에 박차를 가해야 할 필요도 없습니다."

박정희 대통령은 정주영의 제안을 받아들였다. 나는 이 사건이 한국 자동차산업의 발전 계기가 되었다고 본다. 만일 정주영의 제안이 없었거나, 또는 박정희 대통령이 정주영의 제안을 거절하고 자동차산업을 독점기업이나 공기업에 맡겼다면 한국 자동차산업은 오늘날처럼 발전하지 못했을 것이기 때문이다. 발전은 경쟁의 산물이니까!

정주영의 동생 정세영은 유럽의 전문가들을 찾아다니며 자동차에 관한 온갖 제작기술 계약을 맺었다. 정주영은 1억 달러 이상을 쏟아 부어 1974년 7월에 연간 생산 능력 5만6천 대 규모의 국산 자동차

공장을 착공했고, 1년 만인 1976년 1월에 고유 모델 제1호 'PONY'를 생산했다. 1차 유가파동 여파로 포니는 탄생 전부터 62개국 228개 상사에서 수입을 희망했을 정도로 인기가 대단했다.[11]

■ 한국은 자동차 생산 세계 5위 국가

정주영은 1998년에 한국 자동차산업의 위상을 다음과 같이 전망했다.

> "1967년에 설립한 '현대자동차'는 이제 30년이 넘는 역사를 가지게 되었다. 100% 국산 자동차 1호로 '포니'가 탄생한 이후 20여 년이 흐른 지금 '현대자동차'는 그룹 안에서 가장 중요한 기업 중의 하나가 되었다. 그것은 '현대'가 자동차 수리업에서부터 출발했다는 창립 배경과 역사 때문이기도 하고, 발전 과정에 쏟아 부은 땀과 정열 때문이기도 하고, 앞으로 전개될 희망찬 미래 때문이기도 하다. 금액이 큰 것, 이익이 많은 것만 쫓아다니다 보니 건설이 주종 산업이 되었지만 '현대'의 입장으로나 국가의 입장으로나 장차 자동차가 미래의 주종 사업 중의 하나가 되어야 한다는 생각이다."[12]

---

11 정주영(1986), 『鄭周永 이 아침에도 설레임을 안고』, 삼성출판사.

12 정주영(1998), 『이 땅에 태어나서 나의 살아온 이야기』, 솔.

정주영의 말 가운데 나의 관심을 끄는 대목은 "'현대'의 입장으로나 국가의 입장으로나 장차 자동차가 미래의 주종 사업의 하나가 되어야 한다는 생각"이다. 정주영의 '생각'은 실현되었다. 정주영의 '창업 정신'이 실현된 것이다. 그 성과를 보자.

현대차는 1986년에 미국에 진출했다. 그로부터 약 30년이 되는 2015년 1월 현재 현대 · 기아차 미국시장 점유율은 7.9%다. 2013년 말에 현대 · 기아차 판매량은 756만 대로 세계 5위다.[13] 2014년에 현대 · 기아차가 대부분인 자동차의 수출액은 489.2억 달러로 우리나라 총수출에서 차지하는 비중은 8.5%다. 크기가 미국과 중국의 100분의 1에 지나지 않은 작은 나라 대한민국이 창업 CEO 정주영의 기여로 이룩한 성과다.

⑵ 배 만들기

2014년 12월 17일에 개봉하여 대히트를 친 영화 〈국제시장〉의 한 장면이다. 정주영 회장이 구두를 닦으면서 구두닦이 덕수에게 '꿈이 뭐냐?'고 묻고, 자기 꿈을 얘기한다.

---

13 다음은 2013년 판매량 10대 회사다: 1위 도요타(998만 대), 2위 폭스바겐(973만 대), 3위 GM(971만 대), 4위 르노 · 닛산(826만 대), 5위 현대 · 기아(756만 대), 6위 포드(625만 대), 7위 피아트 · 크라이슬러(435만 대), 8위 혼다(410만 대), 9위 푸조 · 시트로엥(282만 대), 10위 스즈키(266만 대).

"외국에서 돈을 빌려와 이 땅에 조선소를 짓겠다."

"마른 땅에서 어떻게 배를 만듭니까?"

"우리나라에서 넓은 땅을 산 뒤 그 사진을 외국인에게 보여 주는 거야. 당신이 필요한 큰 배를 여기서 만들어 주겠다고 한 다음 배를 만들어서 파는 거야."

■ 경험 없이 조선사업을 시작하다

정주영이 조선소를 짓겠다고 하자 "무슨 경험이 있다고 조선소를 만드느냐"고 얘기가 많았다. 그러나 정주영의 생각은 달랐다. "조선업이라는 것이 철판으로 큰 덩치의 탱크를 만들어 바다 위에 띄우고 동력에 의한 추진력으로 달리는 것밖에 더 있느냐"는 것이었다. 배를 큰 탱크로 보고 그 탱크 속에 엔진을 붙이면 된다는 생각이었다. 마침 그 무렵 정부도 제철製鐵을 시작했다. 덕분에 조선소는 당시 정부의 4대 핵심공장의 하나로 지정되어 제철의 실수요자로 선정되었다.

■ 백사장 사진 하나로 선박 수주를 하다

조선소를 건설하기 위해서는 차관借款을 들여오는 수밖에 없었다. 미쓰비시와 접촉했으나 성과가 없었다. 미국, 캐나다와도 접촉했으나 거절당했다. 여기저기 돌아다니다가 메리도라고 하는 유태인 거상을 만나게 되었는데 알고 보니 그는 커미션만 챙기려는 사람이었다. 그 후 차관을 주선하는 데이비스라는 미국 사람을 만나게 되었다. 그는 미 공군의 조종사 출신으로 한국전에도 참전한 사람인데 프랑크푸르트에서 변호사 일을 하고 있었다. 그 사람 덕분에 1억 불 정도의 차관이 마련되었다. 영국의 버클리은행에 관련 서류를 제출했다.

영국 은행이 외국에 차관을 주려면 영국 수출신용보증국의 보증을 받아야 한다. 차관을 얻는 데는 수출신용보증국의 심사가 결정적인 관문이다. 하루는 수출신용보증국의 최고 책임자가 정주영을 만나자고 했다. 그의 말이다.

"우리는 우리나라의 권위 있는 기술회사가 당신네들이 배를 만들 수 있다고 판정을 했으니까 기술면에서 이의가 없다. 그런데 당신들이 설사 배를 만들 수 있다 하더라도 그 배를 살 사람이 없다면 우리나라는 원리금을 어떻게 받을 수 있겠느냐? 그러니까 배를 살 사람이 있다는 확신을 나에게 주지 않는 한 이 차관을 승인할 수가 없다."

그 사람 말의 요점은 배가 팔린다는 증명서를 갖다 붙여야만 돈을 빌려주겠다는 것이다. 정주영은 '우리나라처럼 가난한 나라로부터 4천만 불, 5천만 불짜리 대형 선박을 사갈 사람이 어디 있겠는가? 더구나 배를 만들어 본 경험도 없는 나라가 아닌가?' 생각하며 "알았다"는 말을 남기고 물러나왔다.

정주영은 그날부터 존재하지도 않는 조선소로부터 배를 살 선주를 찾아 세계를 돌아다녔다. 당시 울산 미포만의 잡초 우거진 백사장 사진과 그 지역의 5만 분의 1 지도 한 장, 그리고 스코트 리스고우 회사에서 빌린 26만 톤짜리 유조선 도면 한 장을 들고 다니면서 배를 사줄 선주를 찾아다녔다. 정주영은 배를 살 만한 사람을 만나 이렇게 설득하려 했다.

"당신이 이런 배를 사준다고 하면 영국에서 돈을 빌려서 이 백사장에다 조선소를 세우고 거기에서 배를 만들어 주겠다."

정주영은 스스로를 미친 사람이라고 생각했다. 운 좋게도 그는 그 배를 사겠다고 나선, 자신보다 더 미친 사람을 만나게 되었다.

선박 왕 오나시스의 처남 되는 리바노스라는 선주가 정주영의 배 두 척을 사겠다고 나선 것이다. 스위스에 있는 몬슬이라는 그 사람의 별장에서 계약을 마쳤다. 정주영이 제안했다.

"우리는 틀림없이 좋은 배를 만들어서 제때에 준다. 만약에 제때에 되지 않았을 때에는 계약금의 원금에다 이자를 얹어 주겠다. 그것을 은행보증을 하겠다. 그리고 앉아서 찾을 수 있게 해 주고 배 값도 싸다. 계약금은 조금만 받겠으며 중간 중간에 우리의 배 만드는 진척을 보아 가면서 조금씩 달라. 배를 다 만든 다음에도 하자가 있으면 인수하지 않아도 좋고 그 때에도 원리금을 다 쳐주겠다."

정주영은 26만 톤 두 척을 4천만 불씩 8천만 불에 팔기로 계약을 하고, 계약금으로 우리 돈 13억 원을 받아와 외환은행에 넣었다. 그렇게 해서 배를 팔 수 있다는 증명서를 첨부해 조선소를 지을 돈을 빌리게 된 것이다.

■ 최단 시일에 세계 최대의 조선소를 건설하다

차관 도입 협정을 끝마치고 1972년 3월 22일에 조선소 도크를 파기 시작했다. 불과 2년 3개월 만에 조선소를 준공했다. 그 짧은 기간에 리바노스에게 주문받은 배 두 척을 만들면서 방파제를 쌓고, 안벽岸壁을 만들고, 도크를 파고, 14만 평 규모의 공장을 짓고, 근로자 5천 명이 살 수 있는 집을 지었다. 최대선 건조 능력 70만 톤, 부지 60만 평, 70만 톤급 드라이 도크 2기를 갖춘 국제규모의 조선소를 정주영은 2년 남짓 만에 건설한 것이다. 정주영은 1차 공사를 진행하던 도중에 다시 확장공사를 시작하여 1975년에 최대선 건조 능력 1백만 톤, 부지 1백50만 평, 드라이 도크 3기 240만 톤 시설 능력을 준공하여 규모로 보아 세계 최대의 조선소를 건설했다.

우스운 일도 많았다. 26만 톤급 배를 만든다고는 하지만 26만 톤짜리 배가 얼마나 큰가를 설명할 사람이 아무도 없었다. 제일 크다는 배를 만들어 본 것이 조선공사에서 만든 1만7천 톤짜리가 고작이었기 때문이다.

1호선을 밖에서 조립하여 그것을 도크 안으로 운반해야겠는데 그 때는 아직 골리아스 크레인이라고 하는 대형 자동이동 크레인이 설치되어 있지 않았다. 기술자들은 손을 쓸 수가 없다고 바라보고만 있었다. 그래서 정주영은 트레일러에 선수船首 블럭을 싣고 불도저가 뒤에서 당겨가면서 속도를 줄여 도크의 경사로로 내려가게 했다. 이 과정을 정주영은 "이처럼 조선소 건설은 사람들 저마다의 고정관념을 깨고 또 깨면서 온갖 창의를 다 발휘해서 지었기 때문에 그렇게 최단 시간에 지을 수가 있었다"고 썼다.

리바노스가 주문한 배 두 척은 울산조선소가 준공되는 자리에서 명명식을 가졌다. 조선소가 준공되는 자리에서 명명식을 갖다니! 의아한 일이 아닐 수 없다. 그러나 정주영의 생각은 달랐다. 배를 만드는 것이 목적이니까 배만 만들면 되는 것이지 꼭 조선소를 지어야 배를 만들 수 있는 것은 아니라는 생각이었다. 그렇게 만든 첫 번째 배를 보고 리바노스는 "이 배가 내가 본 중에서 가장 잘 만든 배다"고 칭찬을 아끼지 않았다.

울산조선소는 도크를 파내는 것도, 배를 짓는 것도 모두 세계 기록을 세웠다. 이렇게 해서 미국과 중국의 100분의 1밖에 안 되는 작은 나라 대한민국이 조선입국造船立國으로 태어났다.

한국은 조선造船 수주受注에서 세계 일등 자리를 놓고 중국과 앞서거니 뒤서거니 해 오지만 사실상 10년 넘게 세계 일등 자리를 지켜왔다. 2014년에 한국은 반도체, 석유제품, 자동차에 이어 '선박해양구조물 및 부품'이 품목별로 수출 4위인 398.9억 달러로, 총수출의 7.0%를 차지했다. 2014년에 현대그룹의 '자동차'와 '선박해양구조물 및 부품'을 합한 수출액은 888.1억 달러로, 총수출에서 차지하는 비중은 15.9%다. 이는 창업 CEO 정주영의 기여다.

3부

그들은 왜 훌륭한 정치가로 존경받는가?

—

어떤 정치가들은 훌륭한 정치가로 존경받는다. 왜 그럴까? 그들은 나라와 세계를 개조(改造)하여 '잘사는 나라, 잘사는 세계'를 만들었기 때문이다. '나라와 세계를 개조한 정치가' 6인을 이야기한다. 여기서는 이들이 제시한 비전에 초점을 맞춘다.

우리나라도 존경받는 정치가가 계속 나와야 한다. 다루는 순서는 집권 연대순으로 결정했다: 리콴유(1959년), 박정희(1963년), 덩샤오핑(1978년), 마거릿 대처(1979년), 로널드 레이건(1981년), 넬슨 만델라(1994년).

다룰 내용은 다음과 같다.

—

1. 리콴유: "싱가포르를 나라다운 나라로 만들겠다."
2. 박정희: "수출만이 살 길이다. 팔 수 있는 것은 뭐든지 다 팔아라."
3. 덩샤오핑: "가난이 공산주의는 아니다."
4. 마거릿 대처: 구조개혁 성공으로 세계를 시장경제로 바꾸다.
5. 로널드 레이건: 핵전쟁을 종식(終熄)시켜 세계를 평화롭게 만들다.
6. 넬슨 만델라: '인종분리정책' 폐지 이끌어 인종차별 없는 나라를 만들다.

1
리콴유: “싱가포르를 나라다운 나라로 만들겠다”

싱가포르는 말레이반도 끝자락에 붙어 있는 작은 섬으로, 크기는 서울의 약 1.1배, 인구는 4백5십만 명 정도의 도시국가다. 싱가포르는 1826년에 영국의 해협식민지가 된 후 1867년에 영국 식민지로 편입되었고, 제2차 세계대전 중에는 말레이시아를 침공한 일본군이 점령했고, 1945년에 일본이 항복하자 영국군이 다시 지배했으며, 1965년에 영국으로부터 독립했다. 이런 역사를 가진 싱가포르는 오늘날 초일류 국가다. 리콴유李光耀(1923~2015)가 도시국가 싱가포르를 세계 초일류 국가로 만든 것이다.[1] 리콴유는 2015년 3월 23일에 세상을 떠났다.

---

1 김성진(2007), 『리콴유: 작지만 강한 싱가포르 건설을 위해』, 살림; 박동운(2007), 『희망한국 이야기 더 좋은 대한민국 가꾸기』, FKI미디어; 박동운(2008), 『CEO 정신을 발휘한 사람들』, 三英社.

■ 리콴유는 어떤 사람인가?

리콴유는 1870년 중국 광둥廣東에서 이주한 리복분의 증손자로, 1923년에 태어났다. 그는 1935년에 중등학교 입시에서 싱가포르 지역 1위, 1940년에 졸업시험에서 싱가포르 · 말레이시아 전체 수석을 차지했다. 일본은 1941년 12월에 싱가포르를 침공하여 영국군을 몰아냈다. 리콴유는 아버지의 소개로 일본기업에서 일하면서 일본과 일본어를 배웠다. 그러던 중 일본 보도담당부서에서 영어를 잘 하는 사람을 모집했는데 리콴유는 지원하여 일본군 밑에서 일했다. 리콴유는 일본 점령 시절에 값진 경험을 했고, 이를 계기로 정치에 눈을 떴다고 자서전에서 밝혔다.

전쟁 후 그는 영국 케임브리지의 필즈 윌리엄대학에 유학했다. 그는 법을 전공하여 변호사 자격을 땄다. 그는 1949년에 싱가포르로 돌아와 레이콕 법률회사에서 변호사로 일했는데, 레이콕이 식민지의회 역할을 하던 입법의회 의원 후보로 출마하자 본의 아니게 선거운동에 뛰어들었다. 이듬해 그는 인생의 전기를 맞았다. 당시 집배원과 전화교환수 노조가 영국 식민정부와 임금협상을 벌였는데, 진전이 없자 식민정부가 '새내기 천재 리콴유 변호사'에게 일을 맡긴 것이다.

그는 협상을 멋지게 마무리하여 유명세를 탔다. 이 과정에서 그는 영국 식민정부가 민중과 너무 떨어져 있다는 사실을 깨달았다. 이런 문제의식을 갖고 리콴유는 1954년 10월에 인민행동당PAP을 창당했다. 이듬해 4월 선거에서 그는 싱가포르에서 최다 득표를 얻어 당선되었다. 이후 그는 영국 식민정부와 투쟁했고, 공산 세력과도 맞서 싸웠다.

영국은 싱가포르가 1948년 이후에는 자치정부가 될 수 있도록 민주화 정책을 추진했다. 영국은 1957년에 싱가포르의 자치권을 허용한 후 외교, 국방, 헌법 정치 등에 관한 권한만 가질 계획이었다. 그래서 1959년 선거는 싱가포르 자치정부 구성과 관련된 중요한 선거였다. 이 선거에서 리콴유가 이끄는 인민행동당이 총 43석 중 41석을 얻어 집권당이 되자 리콴유는 수상이 되었다. 이때 그의 나이 35세였다. 그는 1965년에 영국으로부터 싱가포르 독립을 얻어냈다. 그 후 그는 1990년까지 30년 이상 수상을 역임했고, 퇴임 후에는 3대 수상인 아들 리센룽 수상을 조언하는 특별직을 맡아 오고 있다.

■ 리콴유는 어떤 일을 했는가?

1959년에 초대 수상이 된 리콴유는 싱가포르를 '나라다운 나라'로 만들기로 결심했다. 그는 비전을 가진 정치가였다. 그의 비전은 다음과 같은 정책에서 나타난다.

(1) 독립국가를 만들다

싱가포르가 독립하기 전 영국은 말레이시아 중심의 말라야와 싱가포르를 분리하려고 했는데, 리콴유는 이를 영국이 싱가포르를 영구 식민지로 만들려는 전략이라고 우려했다. 여기에다 싱가포르는 당시

경제 사정이 좋지 않아 큰 시장이 필요했다. 그래서 리콴유는 싱가포르가 말레이시아 연방에 가입되기를 원했다. 이 무렵 말레이시아 라만 수상은 연방국가를 세울 계획을 갖고 있었다. 이런 상황에서 리콴유가 이끄는 싱가포르 자치정부는 국민투표를 통해 말레이시아의 자치주가 되었다. 그러나 2년 후 말레이시아와의 이념 차이로 싱가포르는 분립하여 1965년 독립국가로 출발했다.

(2) 인재양성에 국운을 걸다

리콴유는 자원이 부족한 싱가포르가 세계 일류 국가가 되기 위해서는 세계 최고의 인재를 길러내고, 자체적으로 그럴 능력이 없으면 세계 끝까지라도 가서 인재를 데려오려고 했다. 싱가포르가 무에서 유를 창조할 수 있었던 것은 이처럼 인재양성에 국운을 건 리콴유의 인재관 덕분이었다.

(3) '싱가포르가 바뀌어야 한다'는 신념으로 정책을 실행하다

싱가포르가 1965년에 독립할 때 당면한 현실은 혹독했다. 공산 세력은 확대일로였고, 말레이시아와 인도네시아 시장은 굳게 닫혀 있었고, 경제의 젖줄인 영국군마저 철수를 앞두고 있었다. 리콴유는 생존전략을 찾아야만 했다. 그는 생존이란 오로지 국가 이익과 공동선共同善 실현으로 가능하다고 믿고, 이를 국가의 목표로 삼았다. 그래서 그는 싱가포르의 이데올로기로 '사회민주주의'를 택했다. 사회민주주의란 사회주의와 민주주의가 혼합된 것으로, 그 특징은 '개인의 이익보다는 국가의 이익과 공동선을 앞세운다'는 이념이다. 리콴유는 살아남기 위해서는 '싱가포르가 바뀌어야 한다'는 신념을 굳혔다. 이를 위해 리콴유는 다음과 같은 정책을 추진하여 성공했다.

- 부패와의 전쟁을 벌여 성공했다.
- 불법노조를 '법과 원칙'으로 다스려 싱가포르 노조의 방향을 바꿔놓았다.
- 클린과 그린(Clean & Green) 정책으로 싱가포르를 가꿨다.
- 충성심을 높이고자 토지 국유화로 86%의 국민에게 공공주택을 제공했다.
- 싱가포르를 완전 개방하여 해외자본 유치에 성공했다.

(4) 경제를 완전 개방하여 해외자본 유치에 국운을 걸었다

리콴유는 싱가포르 경제를 완전 개방하여 해외자본 유치에 국운을 걸었다. 이 결과 2013년까지 싱가포르에 유입된 해외직접투자 저량貯量은 8,329억 달러에 이른다. 같은 기간 해외직접투자 유입이 중국은 9,568억 달러, 한국은 1,674억 달러다. 싱가포르가 이처럼 해외자본 유치에 성공할 수 있었던 이유의 하나는 법인세가 아일랜드(12.5%) 다음으로 낮은 17%이기 때문이다. 리콴유는 해외자본 유치를 통해 좁디좁은 국토에다 자원도 고급 인력도 없는 싱가포르를 세계 초일류 국가로 만들 수 있었다.

싱가포르는 무역이 국내총생산의 3배를 넘어 이 비율이 세계 첫째다. 외국인투자는 국내 총투자의 70%를 차지한다. 싱가포르에 진출해 있는 다국적 기업은 6천 개가 넘는다. 싱가포르의 항구와 공항은 세계 최고의 서비스를 제공하는 세계적 물류 허브다. 싱가포르는 런던, 뉴욕, 홍콩, 도쿄와 더불어 세계 5위의 외환시장이다. 싱가포르는 금융시장, 자본시장, 선물시장도 탄탄해 명실공히 세계 금융의 중심지다. 쉘(Shell), 영국석유(BP), 에소(Esso), 칼텍스(Caltex) 등이 진출해 싱가포르는 세계 3대 정유산업국이다.

싱가포르는 1990년대의 전자제품 생산 기지와 물류 허브에서 2000년대에는 연구개발센터의 허브로 도약하는 등 21세기형 지식기반산업의 허브로 방향 전환을 모색했다. 싱가포르는 세계 최고의 정보통신 국가를 건설한다는 원대한 목표를 세워놓고, 첨단기술을 보유한 다국적기업을 유치했다. 싱가포르는 수준 높은 의료와 전통적인 관광을 결합하여 의료관광 선두주자로 떠올랐다. 2000년의 경우 의료관광객 1만7천여 명이 싱가포르에서 4억1천만 달러를 썼는데, 싱가포르 정부는 2012년에는 100만 명을 유치하는 야심찬 프로젝트를 추진하여 성공했다. 이 결과 싱가포르는 30억 달러를 벌어들였고, 1만3천 개의 일자리를 창출했다. 한국이 배워야 할 정책이다.

■ 싱가포르는 현재 어떤 나라인가?

싱가포르는 고도성장 국가다. 1971~2013년간 연평균 성장률이 7.2%로, 같은 기간 9.1%의 중국 다음으로 높다(한국은 7.1%). 싱가포르는 고도성장의 결과 1인당 국민소득이 1989년에 1만 달러, 1994년에 2만 달러, 2006년에 3만 달러, 2010년에 4만 달러, 2011년에 5만 달러(2013년 현재 53,363달러)에 이르는 선진국이다.

싱가포르는 IMD가 평가한 국가경쟁력 순위에서 2014년에 60개국 가운데 미국, 스위스에 이어 3위다. 대부분의 연도에서 싱가포르는 미국에 이어 2위를 차지해 왔다. 싱가포르는 프레이저 인스티튜트가 평가한 경제자유지수(이는 시장경제 활성화 수준을 나타냄) 순위에서 2012년에 152개국 가운데 홍콩에 이어 2위인데, 홍콩은 국가가 아니므로 사실상 1위다. 대부분의 연도에서 싱가포르는 5위 이내에 들어 왔다.

■ 리콴유는 어떤 평가를 받는가?

리콴유는 비전과 진정성을 가진 정치가다. 그의 일생은 작은 섬나라 싱가포르의 생존과 발전을 위한 투쟁의 연속이었다. 그는 권력을 행사할 때는 한 치의 잘못도 용납하지 않았다. 그는 싱가포르를 더욱 좋은 나라로 발전시키고자 꾸준히 노력했고, 국민들도 자신을 따라줄 것을 끊임없이 부탁하면서 이끌었다. 그래서 싱가포르 국민은 35년 가까이 1당 독재체제로 통치한 리콴유를 독재자라고 부르지 않는다.

리콴유는 국가의 발전과 이익을 위해서라면 누구에게서라도 거리낌 없이 배우는 실용주의 정신을 가졌다. 그는 싱가포르를 점령한 일본군에게서조차 배울 것이 있다면 당당히 배웠다.

노무현 정부에서 과거사청산위원회가 일제강점기에 활동했던 일부 '대단한 사람들'을 하루아침에 '친일파'로 몰아세운 것은 과연 잘한 일일까?

리콴유는 한 번 세운 원칙은 어떤 난관이 있어도 지켜냈다. 다른 나라에서 비인도적이라는 비난이 쏟아져도, 상대가 아무리 강대국이라도, 싱가포르에서는 싱가포르의 원칙을 지켜야 한다는 관행을 만들었다.

리콴유는 능력주의와 업적주의를 강조했다. 싱가포르 교육제도는 잔인하리만큼 어릴 때부터 능력에 따라 인재를 길러낸다. 학업능력이 떨어지는 사람은 '왕따'시키는 것이 아니라 개인의 능력과 적성에 맞는 직업을 국가에서 일일이 찾아주어, 어느 누구도 쓸모없는 일을 하는 사람이 없게 한다. 리콴유의 교육관이 가져온 결과다.

청렴결백한 통치 스타일, 비전과 의지를 갖고 도시국가 싱가포르를 세계 초일류 국가로 만든 리콴유 같은 정치가가 우리에게는 없을까?

2
박정희: "수출만이 살 길이다. 팔 수 있는 것은 뭐든지 다 팔아라"

한국은 1961년에 1인당 국민소득이 89달러로 세계 125개국 가운데 101번째로 가난한 나라였다. 당시 북한은 320달러로 세계 50위 안에 든 잘사는 나라였다. 그 무렵 한국은 '보릿고개'를 넘지 못하고 굶어 죽는 사람이 적지 않았다. 육군 소장 박정희는 1961년 5월 16일에 쿠데타로 정권을 잡고, 1963년에 민정 이양하면서 5대 대통령에 취임했다. 그는 1963년부터 1979년 10월 26일에 시해弑害될 때까지 다섯 차례에 걸쳐 5개년 경제계획을 추진하여 고도성장을 이룩했다. 그는 수출주도형 개방경제정책을 추진하여 한국이 경제대국으로 가는 길을 닦았다.[2]

---

2 김성진(2007), 『박정희』, 살림. Wikipedia; 박동운(2008), 『CEO 정신을 발휘한 사람들』, 三英社.

■ 어떤 삶을 살았는가?

박정희는 1917년 11월 14일에 태어났다. 그는 구미보통학교에 이어 대구사범학교를 졸업한 뒤 보통학교 교사가 되었다. 그는 1940년에 만주국 육군군관학교 제2기를 졸업하고, 1944년에 일본 육군사관학교를 졸업한 뒤 만주군 보병 제8단에 소위로 임관되었다. 1946년에 조선경비사관학교(현 육군사관학교 전신) 2기생으로 입학하여 졸업 후 대위로 임관되었다. 그는 육군 소장이던 1961년 5월 16일에 쿠데타를 일으켰다.

박정희는 2년 동안의 군정 후 1963년에 민간 정부로 돌아서면서 제5대 대통령에 당선되었고, 1967년에 대통령에 재선되었다. 그는 1차에 한해 대통령직 중임이 허용되는 제3공화국 헌법을 1969년에 개헌하여 자신이 대통령에 다시 출마할 수 있는 길을 텄고, 이어 1971년에는 유신헌법을 채택하여 자신이 계속 대통령이 될 수 있는 기반을 마련했다. 그는 1979년 10월 26일에 김재규 중앙정보부장에 의해 시해되었다.

■ 당시 한국은 미국 원조로 '보릿고개'를 넘던 시절

한국이 '보릿고개'를 넘지 못하고 굶어 죽는 사람이 그치지 않던 시절에 미국 원조가 보릿고개를 도왔다. 미국 정부는 잉여농산물 재고 처리와 이를 통한 군수물자 판매를 목적으로 1954년에 공법 480호(PL480)를 제정하여 원조 수단으로 삼았다. 미국 원조가 들어오면 한국정부는 동일한 액수의 화폐를 특별계정에 적립했다(이는 對充資金이라고 불렸음). 대충자금은 한미 합의에 따라 10~20%는 한국 내 미국기관이 사용하고, 나머지 80~90%는 한국 정부가 사용했다. 한국 정부는 이 돈의 대부분을 생필품 수입을 위해, 나머지는 미국산 무기 구입을 위해 사용했다. 미국 원조는 1954년에 시작하여 1970년에 끝났다. 미국 원조는 PL480에 따라 2억264만8천 달러, 여기에다 국제개발처(AID) 차관을 포함하면 20억8,834만 달러에 이르렀다.

미국 원조는 양면성 때문에 논쟁의 대상이 되어왔지만 중요한 것은 한국이 미국 원조 덕분에 보릿고개를 넘고, 정부가 재정파탄에서 벗어날 수 있었다는 점이다.

■ 박정희의 비전은 '가난 극복'

박정희는 쿠데타를 일으키면서 5개항의 혁명공약을 발표했다. 네 번째 공약은 이렇다.

"절망과 기아에 허덕이는 민생고를 시급히 해결하고 국가 자주경제 재건에 총력을 경주한다."

그는 군정 시절인 1962년에 1차 5개년 경제개발계획을 세웠는데, 문제는 돈이었다. 1961년 11월에 정래혁 상공부장관이 이끈 한국 대표단이 서독과 협상을 벌인 끝에 1억4,000만 마르크의 차관을 제공받기로 합의했다. 한국 정부는 독일에 인력을 수출하고, 이들의 월급을 3년간 독일 은행에 예치한다는 조건으로 서독 차관의 지불 보증을 받았다. 이렇게 해서 1차 5개년계획이 실행에 들어갔다. 한국은 서독 파견 광부를 모집했다. 고운 손이 결격 사유가 될까 봐 연탄에다 손을 비벼 일부러 거칠게 만든 지원자도 있었다. 광부 1진 123명이 1963년 12월에 독일에 도착했다.

1년 후 박정희는 서독을 방문했다. 그는 광부들 앞에서 이렇게 말했다.

> "여러분, 나는 지금 몹시 부끄럽고 가슴 아픕니다. 대한민국 대통령으로서 무엇을 했나 가슴에 손을 얹고 반성합니다. (중략). 나에게 시간을 주십시오. 우리 후손만큼은 결코 이렇게 타국에 팔려 나오지 않도록 하겠습니다. 반드시… 정말 반드시…."

이날 이 자리는 박정희 대통령과 참석한 광부들이 한 데 엉켜 온통 눈물바다가 되었다고 한다. 영화 〈국제시장〉은 당시 광부들의 힘든 노동을 생생하게 보여 주었다.

■ 어떤 업적을 쌓았는가?

첫째, 박정희는 경제개발계획으로 고도성장을 이룩했다. 박정희는 1963년부터 1차 5개년계획 실행에 들어갔지만 돈이 문제였다. 한국 정부는 1963년에 서독에 광부를 파견하고, 서독으로부터 차관을 제공받게 되었다. 1966년에는 서독과 정식으로 특별 고용계약을 맺고 광부 3천 명, 간호사 3천 명을 더 파견했다. 1977년까지 독일로 간 광부는 7천932명, 간호사는 1만226명에 이르렀다. 이들은 기본생활비를 제외하고 월급의 70~90%를 한국으로 송금했다. 그 돈은 연간 약 5천만 달러로, 한국 국민총생산의 2% 정도에 이르렀다. 이 돈이 제1차 5개년계획을 실행하는 데 밑거름이 되었다.

둘째, 박정희는 한일 국교정상화로 경제발전의 불씨를 당겼다. 1948년에 한국 정부가 수립된 후 일본과의 국교정상화는 역대 지도자들에게 '뜨거운 감자'였다. 뜨거운 감자는 박정희에게 굴러왔다. 박정희는 한일 국교정상화가 국익에 도움이 된다고 믿었다. 군정시절인 1961년에 박정희는 미국 방문길에 일본에 들렀다. 그는 일본에서 국민의 여론과는 달리 한일 국교정상화 의지를 밝혔다. 이로 인해 나라 안팎이 떠들썩해졌다. 정부는 학생과 시민의 시위를 막기 위해 비상계엄령까지 선포했다. 1965년 6월 22일에 마침내 '대한민국과 일본 간의 기본관계에 관한 조약'과 이에 부속된 협정 4개 및 문서 25개가 서명되었다. 이로써 한국은 무상공여 3억 달러, 10년에 걸쳐 균등 분할되는 유상 재정 차관 2억 달러, 양해 사항으로 민간 차관 3억 달러를 받기로 했다.

한일 국교정상화의 결과 한국은 일본에서 들어온 돈으로 1966년에 무려 12.2%의 성장률을 달성했고, 제1차 5개년계획을 연평균 8.5%로 초과 달성했고, 제2차 5개년계획 목표를 2년 앞당겨 1969년에 초과 달성할 수 있었다. 박정희의 선택은 옳았다.

셋째, 박정희는 1965년 베트남 파병으로 '한강의 기적'을 이루는 데 기여했다. 2005년에 공개된 베트남전 관련 외교 문서에 따르면, 베트남 파병은 박정희의 제안으로 이루어졌다고 한다. 베트남전 참전으로 한국이 얻게 된 경제적 이익은 미국의 군사 원조 증가분 10억 달러, 미국의 한국군 파월 경비 10억 달러, 베트남 특수 10억 달러, 기술 이전 및 수출 진흥 지원 20억 달러 등 모두 50억 달러였다.

베트남 파병은 한국의 과학기술 발전에도 기여했다. 1965년 5월에 박정희는 워싱턴에서 존슨 대통령과 정상회담을 가졌다. 이 회담은 미국이 한국의 베트남 파병에 감사를 나타내기 위해 마련된 자리였다. 존슨 대통령은 한국 지원에 감사하면서 공과대학을 하나 지어주겠다고 제안했다. 이렇게 해서 최형섭 원자력연구소장이 주역이 되어 한국과학기술연구소(KIST)와 뒤이어 대덕연구단지가 설립되었다.

넷째, 박정희는 '수출만이 살 길이다'며 "팔 수 있는 것은 뭐든지 다 팔아라"고 수출을 독려했다. 1963년에 수출액은 겨우 8,680달러였는데 박정희의 독려에 힘입어 1964년 11월 30일에 1억 달러를 넘어섰다. 이 날이 '수출의 날'(지금은 '무역의 날'로 부름)로 지정되어 지금까지 이어져 오고 있다. 박정희는 15년 동안 이 회의를 매달 주재했다. 박정희의 수출진흥정책은 한국을 2013년에 경제규모 세계 14위로 발돋움케 했다.

다섯째, 박정희는 '새마을운동'의 원조다. 그는 도농都農 격차에 따른 농촌개혁운동으로서 새마을운동을 추진했다. 박정희가 1970년 4월 22일에 지방행정기관장 회의에서 한 연설을 계기로 '새마을운동'이 전개되었다고 한다. 새마을운동은 급속한 산업화와 공업화로 도시와 농촌 간 불균형이 심화되어 갈 때 완충지대 역할을 했고, 농촌 환경개선과 소득증대에도 크게 기여했다. 새마을운동은 중국이 수입하여 농촌에 보급했다고 알려져 있다. 아프리카 여러 나라의 농촌 지도자들이 한국에서 연수를 마치고 돌아가 한국말로 "우리도 한번 잘 살아보세" 하고 외치는 모습을 TV를 통해 볼 때마다 콧잔등이 찡해지곤 한다.

■ 박정희 평가

박정희의 업적은 '굶어 죽는 나라 한국을 가난으로부터 탈출시켜 경제대국으로 가도록 이끌었다'고 표현할 수 있을 것이다. 이 공로로 박정희는 산업화 세력에게는 '국가를 구한 영웅'으로 칭송받고, 일반 국민으로부터는 '국민이 존경하는 지도자 1위'로 평가받는다. 반면에 그는 민주화 세력에게는 '민주화를 막은 독재자'로 평가받는다. 이처럼 상반된 평가는 시간이 지나면 조정되리라고 기대된다. 여기에서는 한때 민주화 세력의 대표 격이었던 두 사람의 평가를 소개한다.

1970년대 대표적 마르크스주의 경제학자였다가 전향한 안병직 전 서울대 교수는 박정희를 이렇게 평가했다.

"과거에 그를 타도해야 할 독재자로 봤지만 이젠 한국 근대화를 이끈 지도자로 본다. 박정희 식 군부독재가 아니었다면 경제발전은 어려웠을 것이다."[3]

---

3 김성진(2007), 『박정희』, 살림.

'급진 좌파의 주역으로 학생운동을 주도했고, 위장취업 1세대였고, 국가보안법 위반으로 두 번이나 감옥에 갔다'고 자신을 밝힌 김문수 전 경기도 지사는 시장경제 예찬가로 잘 알려져 있다. 그는 박정희를 이렇게 평가했다.

"대한민국은 「수출입국」을 통해서 발전했다. … 이는 중국의 경제발전이 잘 보여 주고 있다. 모택동 시대에는 자립경제가 있었는지 몰라도, 인민은 빈곤 속에서 허덕일 수밖에 없었다. 등소평 시대에는 개혁개방정책을 도입함으로써, 폭발적으로 성장하는 지금의 중국경제를 만들었다. 김일성의 주체사상은 북한 인민을 굶기고 있다. 박정희의 수출입국은 대한민국 국민이 웰빙하고, 다이어트할 수 있도록 만들었다."[4]

■ 박정희는 시장경제의 선도자

1973년쯤일까? 교수님은 'Export-led Outward-looking Economic Policy'(수출주도 개방경제정책)라는 논문을 읽도록 했다. 저자는 기억나지 않지만 당시에 그 논문은 후진국 경제발전 방향을 제시한 논문으로 평가되었다. 그 논문은, 후진국은 경제를 개방하여 수출, 구체적으로 노동집약적인 제조상품을 수출해야 경제가 발전할 수 있다는 것을 강조했다. 대표적인 모델로 그 논문은 한국을 비롯하여 대만, 싱가포

4 김문수(2006), 『나의 길 나의 꿈』, 미지애드컴.

르, 홍콩을 예로 들었다. 당시에 시장경제를 얘기한 경제학자는 찾아볼 수 없었다.

'수출만이 살 길이다. 팔 수 있는 것은 뭐든지 다 팔아라'고 강조한 박정희의 '수출진흥정책'을 요즘 말로 바꾸면 '개방정책'이다. '개방'은 시장경제의 핵심 키워드다. '개방'으로 성공한 나라는 리콴유의 싱가포르, 덩샤오핑의 중국과 아일랜드 등이다. 박정희는 이미 1960년대에 개방정책을 실시하여 한국을 잘살게 한 시장경제 선도자다.

3
덩샤오핑: "가난이 공산주의는 아니다"

중국 역사가들은 마오쩌둥毛澤東을 '파破의 지도자', 덩샤오핑鄧小平을 '입立의 지도자'라고 부른다. 마오쩌둥은 구질서를 깨뜨려 신중국을 세웠고, 덩샤오핑은 그 위에다 부강한 중국경제를 세웠기 때문이라고 한다. 덩샤오핑은 개혁 · 개방정책으로 중국경제를 발전시켜 중국이 1990년대 초반부터 굶어 죽는 사람이 없게 했고, 중국이 머지않아 미국을 제치고 경제대국 G1이 되는 데 견인차牽引車 역할을 한 정치가다. 그의 인기는 초고속으로 성장하고 있는 중국경제만큼이나 나날이 치솟고 있다.[5]

---

5 박형기(2007), 『덩샤오핑: 개혁개방의 총설계사』, 살림; 박동운(2008), 『CEO 정신을 발휘한 사람들』, 三英社.

■ 어떤 삶을 살았는가?

덩샤오핑은 1904년 8월 22일 쓰촨성의 한 시골마을에서 태어났다. 그는 초등교육을 마치고 고등교육을 받기 위해 쓰촨성의 충칭重慶으로 갔다. 거기서 그는 일생을 좌우하게 될 근공검학勤工儉學을 만나게 된다. 근공검학이란 근면하게 일하고 검약해서 공부한다는 뜻이다. 근공검학은 1차 대전 직후 노동력이 부족한 프랑스와 서구문물을 배우려는 중국 간에 이해관계가 맞아 떨어져 중국이 도입한 제도다.

키 150cm, 나이 16세의 덩샤오핑은 1920년에 근공검학단의 일원으로 프랑스로 떠났다. 그는 16세부터 22세까지 프랑스에 머물렀다. 프랑스는 전후 재건이 끝나고 노동력이 남아돌게 되자 근공검학단을 푸대접하기 시작했다. 그래서 그는 1926년에 사회주의 혁명의 고향 소련으로 갔다. 그는 그해 소련에서 중국 공산당에 정식으로 입당했고, 소련에서 1년간 머물면서 모스크바 중산中山대학에서 공부하다가 1927년에 귀국했다.

귀국 후 덩샤오핑은 공산혁명에 참여하여 10년간 간부로 활동했다. 이 무렵 그는 마오쩌둥 중심의 국내파와 소련 유학파 간의 당권경쟁에 휘말려 투옥되었다. 그의 첫 번째 실각. 실각에서 풀려난 그는 대장정부터 1949년에 사회주의 중국이 건국될 때까지 군인으로서 눈부시게 활동했다. 그가 군대 60만 명을 이끌고 국민당 군대 100만 명과 싸워 승리한 화이하이 전투는 그에게 날개를 달아주었다. 이 공로로 그는 서남지방 4개성을 통치하는 당 제1서기에 올랐고, 서남지방의 실질적인 왕으로 군림했다.

문화혁명이 일어났다. 덩샤오핑은 주자파走資派로 몰려 장시성 난창시에서 1969년부터 3년간 야인생활을 했다. 그의 두 번째 실각. 만 65세 나이에 장시성 생산건설병단의 노동자로 하방下放당한 그는 트랙터 수리공장 노동자로 일하면서 책을 열심히 읽고, 500여 평의 집 마당을 날마다 40바퀴씩 돌며 체력을 단련했다.

경제가 파탄에 이르자 마오쩌둥이 1973년에 그를 복권시켜 피폐해진 중국을 되살리게 했다. 몇 년 후 그가 실각했을 때마다 도와준 저우언라이周恩來 총리가 1976년 1월 8일에 사망했다. 베이징 시민들은 천안문광장에 모여 저우언라이의 사망을 애도했다. 사인방四人幫[6]은 추도회를 제한하고 저우언라이 추모 화환을 치워버렸다. 저우언라이 장례식장에서 조사를 읽은 후 그의 모습은 공식석상에서 사라졌다. 그의 세 번째 실각.

세 번째 실각은 오래 가지 않았다. 1976년 9월 9일에 마오쩌둥이 죽은 것이다. 이듬해 그는 세 번째로 복권되었다. 그는 1978년에 열린 중국 공산당 11기 3중전회三中全會를 통해 권력을 잡았다. 그는 마오쩌둥과 문화혁명에 대한 평가를 피해 갈 수 없었다. 그는 "천안문광장에 마오쩌둥 초상화가 영원히 걸려 있을 것"이라는 말로 신중국 건설에 기여한 마오쩌둥의 업적을 인정하고, 자신이 그의 계승자임을 밝

---

6 4인방은 다음과 같다–장칭(강청: 마오쩌둥 부인 · 중앙문혁소조 부조장 · 중앙정치국 위원), 장춘차오(장춘교: 부총리 · 중앙정치국 상무위원), 야오원위안(요문원: 중앙정치국 위원), 왕홍원(왕홍문: 당 부주석 · 중앙정치국 상무위원).

혔다.

■ 어떤 비전을 가졌는가?

세 차례 실각 후 정권을 잡은 덩샤오핑은 중국을 가난으로부터 구하는 것이 과제였다. 그는 정권을 잡자마자 "가난이 공산주의는 아니다"라는 구호를 내걸고 개혁 · 개방에 시동을 걸었다. 검은 고양이든 흰 고양이든 쥐만 잘 잡으면 된다는 '흑묘백묘론黑猫白猫論', 아랫목이 따뜻해지면 윗목도 자연스럽게 따뜻해진다는 '선부론先富論'은 그가 추진한 개혁 · 개방정책의 로고로서 그의 비전을 나타내는 말이다. 그의 비전은 한 마디로, '가난을 극복하기 위해 공산주의에 시장경제를 덧칠하는 것'이었다.

그는 1970년대 어느 해 자유주의자 하이에크를 찾아가 중국이 굶어 죽지 않는 방법이 무엇이냐고 물었다고 한다. 하이에크가 이렇게 대답했다고 한다.

"토지를 사유화하십시오."

그는 해외에 머무는 동안 프랑스에서는 자본주의를, 소련에서는 사회주의를 경험했다. 이런 배경 탓에 그는 정치는 사회주의, 경제는 자본주의라는 '사회주의 시장경제'를 1992년에 공산당 정식 강령으로 채택했다. 그는 가난을 극복하기 위해 1978년에 농업 부문에서 시장경제를 실험한 후 개혁 · 개방정책을 과감하게 추진해갔다.

■ 어떤 업적을 쌓았는가?

덩샤오핑이 1978년부터 추진한 네 가지 주요 개혁 · 개방정책을 요약한다.

(1) 인재 구하기

그는 인재부터 구했다. 덩샤오핑, 주룽지 전 총리, 룽이런으로 구성된 '개혁 · 개방의 삼총사'가 만들어졌다. 개혁 · 개방을 위해 덩샤오핑은 '총설계사', 주룽지는 '집행자', 룽이런은 '전도사'로 나섰다. 룽이런은 공산주의 국가 중국에 화교자본을 유치하는 데 선봉장이 되었다. 화교들은 공산국가 중국에 막대한 자본을 제공했다.

(2) 대내개혁 추진

이어 그는 곧바로 대내개혁을 단행했다. 농업 부문부터 자본주의 색깔을 입혀갔다. 그는 종전의 인민공사를 해체하고, 농촌과 도시에 개체호個體戶라는 자영업을 도입했다. 개인의 이윤 동기를 자극한 이 정책은 성공했다. 생산성이 크게 오른 것이다. 문화혁명기에 '자본주의 찌꺼기'라는 비판을 받았던 개체호가 전국으로 확산되어 갔다.

(3) 대외개방 추진과 특구 설치

이어 그는 개방정책을 추진했다. 그는 자본과 기술을 받아들이기 위해 미국, 일본과 수교부터 맺었다. 개혁 · 개방을 위한 정지작업을 마무리한 그는 개혁 · 개방의 상징인 특구를 설치했다. 특구설치는

'점 개방→선 개방→면 개방→전방위 개방' 단계로 추진되었다. 전방위 개방을 끝으로 중국 대륙은 완전히 개방되었다.

(4) 해외자본 유치

중국이 개혁 · 개방을 단행하자 서구 자본은 해외직접투자(FDI) 형태로 중국으로 몰려들었다. 해외직접투자 유입은 개혁 · 개방이 추진된 1978년부터 쌓이고 쌓여 2013년에는 무려 9,567.9억 달러나 되었다. 이 엄청난 해외자본이 싼 임금, 낮은 토지 임대료와 한 데 어울려 중국을 세계의 생산기지, 세계의 수출본부로 만들었다.

■ 중국경제의 위상

덩샤오핑은 1997년 2월 19일에 죽었는데, 죽기 전에 그는 중국이 경제력에서 50년 내에 미국을 따라잡을 것이라고 내다봤다. 그 시기는 2045년경이 되지 않을까 추정된다. 그런데 그 시기가 앞당겨지고 있다. 무엇이 견인차 역할을 한 것일까? 수출이다. 중국 수출은 2000년에 세계 수출의 3.9%를 차지했는데, 2013년에는 11.3%로 증가했다. 중국은 2013년에 세계 1위의 수출 국가다. 미국이 2위. 물론 중국은 2013년에 무역규모도 4조1,610억 달러로 3조9,104억 달러의 미국보다 상당히 앞섰다. 그동안 중국에 유입된 9,567.9억 달러에 이르는 해외직접투자가 수출을 촉진시켜 중국경제의 위상을 크게 높였다. 중국경제의 위상을 나타내는 몇 가지 지표를 정리한다.

- 수출의 빠른 증가에 힘입어 중국은 1978~2013년간 연평균 성장률이 9.8%로 세계에서 가장 높고, 또한 세계 역사상 가장 높다.
- 고도성장의 결과 중국은 경제규모에서 2002년에 프랑스를 제치고 G5, 2005년에 영국을 제치고 G4, 2006년에 독일을 제치고 G3, 2009년에 일본을 제치고 G2가 되었다. 이런 추세라면 2027년경에 중국은 미국을 제치고 G1이 될 것 같다.[7]
- 고도성장의 결과 중국경제는 세계경제에서 차지하는 비중이 2012년에 11.5%로, 22.3%의 미국에 이어 2위다. 중국은 이 비율이 1978년에 겨우 2.3%였다.
- 중국은 1978년에 1인당 국민소득이 226달러였는데 2013년에 6,595달러로 증가했다.

■ 덩샤오핑 평가

덩샤오핑은 개혁·개방정책으로 중국을 경제대국의 길로 이끌었다. 그의 인기는 나날이 치솟고 있다. 2014년은 그가 태어난 지 100주년이 되는 해로 중국은 그의 출생을 다채로운 행사로 축하했다. 그러한 그도 역사에 오점을 남겼다. 천안문사건 때문이다.

반체제 물리학자 팡리즈가 1989년 1월 6일에 덩샤오핑에게 10년 전에 체포된 웨이징성의 특별사면과 모든 정치범의 석방을 촉구하는 편지를 보냈다. 이에 자극받아 33명의 젊은 지식인과 국내외 학자 42

7 박동운(2012), 『좋은 정책이 좋은 나라를 만든다!』, FKI미디어.

명이 공개서신에 동참했다.

이 무렵 후야오방이 심장병으로 쓰러져 4월 15일에 세상을 떠났다. 후야오방은 1987년 학생들의 민주화 요구 시위로 물러났기 때문에 사람들은 그가 억울하게 숙청되었다고 믿고 있었다. 베이징 학생들은 4월 17일부터 후야오방을 애도하는 시위에 들어갔다. 시위는 많은 도시로 번져갔다. 덩샤오핑의 하야와 공산당 타도를 외치는 구호가 등장했다. 천안문광장에는 수많은 시위대가 몰려들었다.

덩샤오핑의 입장은 단호했다. 경제발전을 위해서는 정치적 안정이 중요하기 때문에 공산당 일당독재가 흔들려서는 안 된다는 것이었다. 특히 그는 문화혁명 때 홍위병에게 봉변을 당했었고, 그의 큰아들은 홍위병의 고문을 견디다 못해 투신해 반신불수까지 되었다. 덩샤오핑은 무력진압을 명령했다. 이로 인해 그는 서방세계와 중국 민주화 그룹으로부터 마오쩌둥보다 더 심한 독재자라는 비판을 받기도 했다. 천안문사태는 아직도 중국의 민주화 불씨로 남아 있다.

한편 덩샤오핑의 소박한 삶과 유언은 오래오래 교훈으로 남을 것이다. 그는 자식들에게 유산을 전혀 남기지 않았다. 그는 자식들에게 “내가 죽은 후에 너희들은 자신의 능력에 의지해 살아가야 한다”고 말하고, 문선文選 세 권의 저작권료 100만 위안을 교육사업에 기부했다. 그는 사후에 자신의 기념관을 세우지 말고, 동상도 만들지 말라고 당부했다. 그의 동상은 고향 쓰촨성 외에는 없다고 한다. 그는 나무를 많이 심으라고 당부했다. 그는 ‘죽은 사람이 산 사람의 자리를 차지하는 것은 넌센스’라며 자신의 시신을 화장하라고 유언했다.

그가 세상을 떠나자 유언에 따라 각막과 장기는 기증하고, 유체遺體는 중국 301병원에 해부 연구용으로 내놓았다. 그는 화장되었고, 유골은 바다에 뿌려졌다. 일세를 풍미한 영웅치고는 소박하기 그지없는 마지막이었다.

4
마거릿 대처: 구조개혁 성공으로 세계를 시장경제로 바꾸다

마거릿 대처Margaret Thatcher는 구조개혁에 성공하여 '영국병'에 만연蔓延된 1970년대의 영국을 시장경제국가로 살려낸 정치가다. 대처는 이 공로로, 초대 총리 로버트 월폴 경 이후 290여 년 동안에 배출된 57명의 총리 가운데 이름 다음에 '이즘'(ism · 대처리즘)이 붙는 유일한 총리다.[8] 대처리즘 덕분에 앙겔라 메르켈 독일 총리는 '제2의 대처', 니콜라 사르코지 프랑스 전 대통령은 '바지 입은 대처' 별명을 얻었다. 대처는 로널드 레이건 미국 대통령과 함께 '신자유주의'를 탄생시켜 1980년대 이후 약 30년 동안 세계인들은 풍요로운 삶을 살았다. 대처는 세계를 개조한 정치가다.

---

8 박동운(2004), 『대처리즘: 자유시장경제의 위대한 승리』, FKI미디어; 박동운(2008), 『CEO 정신을 발휘한 사람들』, 三英社.

■ 어떤 삶을 살았는가?

마거릿은 1925년 링컨셔주의 그랜샘이라는 작은 도시에서 태어났다. 아버지 알프레드 로버츠Alfred Roberts는 교사를 꿈꿨지만 가난하여 초등학교를 마치고 식료품점 점원으로 취직했다. 그는 정치에 관심이 많아 후에 시장까지 역임했다. 그는 딸에게 '첫째는 일, 둘째는 교회, 셋째는 정치'라는 생활철학을 심어주었다. 그의 집은 사업가, 교인, 정치가들로 늘 북적거렸다. 그러한 분위기에서 마거릿은 아버지의 무릎 위에 앉아 정치를 배웠고, 항상 정치에 매료되었다. 마거릿 대처가 다우닝가 10번지 총리관저의 새 주인이 되어 계단을 오르다가 갑자기 뒤돌아보며 한 말은 유명하다.

"제가 승리한 것은 어렸을 때 아버지가 제게 모두 가르쳐 주신 것이었습니다."

시장인 아버지는 딸이 16살이 되어 재판 방청이 가능해지자 순회 재판에 초청했다. 그날 마거릿은 판사 직업에 매료되었다. 마거릿이 옥스퍼드대에서 화학을 전공하기로(어느 자선단체가 화학을 전공하면 학비의 일부를 돕겠다고 제안했음) 입학이 결정된 직후 어느 날 아버지는 딸을 또 순회 재판에 초청했다. 재판 과정에서 감동받은 마거릿은 아버지로부터 판사를 소개받자마자 대뜸 물었다.

"저는 장차 법률가가 되고 싶습니다. 그런데 저는 화학을 공부하기로 결정했습니다. 대학을 졸업한 후 법률을 공부하면 늦지 않을까요?"

"늦지 않다. 나도 케임브리지대에서 물리학을 공부한 다음에 법률을 공부해서 변호사가 된 거야."

판사가 대답했다.

마거릿은 졸업 후 법률을 공부하기 시작한 지 7년 만에 변호사 자격을 땄다. 그러고 나서 그녀는 정치에 전념했다.

마거릿은 대학 4학년 때 학생회 회장직을 맡았다. 그녀는 통제경제를 버리고 자유경제를 실현해야 한다고 강조한 옥스퍼드 출신 하원의원들의 연설에 깊은 관심을 가졌다. 그녀는 대학생 때 하이에크가 1944년에 쓴 『노예가 되는 길』Road to Serfdom을 친구들과 함께 열심히 읽고 일찌감치 시장경제의 중요성을 깨달았다.

마거릿은 1950년에 대학을 졸업하고 곧바로 보수당 최연소 후보로 하원의원에 입후보했으나 낙선했고, 1951년 선거에서도 떨어졌다. 선거를 계기로 이혼 경력이 있는 데니스 대처를 만나 1952년에 결혼했다. 마거릿 대처는 34세 때인 1959년에 드디어 정치가의 꿈을 이루었다. 선거에 참가한 지 10년 만에 하원의원에 당선된 것이다. 대처는 당선된 지 2년밖에 되지 않았는데도 당시 보수당 맥밀런 수상으로부터 연금관련 정무차관 자리를 제의받았고, 이후 1965년부터 1970년까지 장관직을 무려 일곱 차례나 역임했다.

대처는 1975년 2월 11일 보수당 하원의원 투표에서 영국 최초의 보수당 여성 당수로 선출되었다. 그것은 우연이었고, 그 우연은 대처의 '절친한 정치적 친구' 키스 조지프로부터 주어졌다. 보수당 당수가 확정적이었던 조지프는 미혼모에 관한 기자 질문에 대한 답변이 문제가 되어 도중하차했는데 대처가 그 대신 당수로 선출된 것이다.

1979년 3월 28일 하원의 급식업체가 파업에 들어갔다. 그 날 노동당 정부는 불신임투표에서 졌다. 그것도 딱 한 표 차이로! 노동당 캘러헌 총리는 총선거 실시를 선언하는 것 외에 다른 대안이 없었다. 대처가 이끄는 보수당이 노동당을 누르고 정권을 잡았다. 대처는 임기 4년의 총리직을 세 번째 역임하다가 임기 6개월을 남겨두고 인기가 떨어져 당수로 선출될 가망이 없게 되자 스스로 정계를 떠났다. 대처는 2013년 4월 8일에 세상을 떠났다.

■ 마거릿 대처, 비전을 제시하여 국민의 마음을 사로잡다

마거릿 대처는 비전을 가진 정치가다. 보수당 당수가 된 대처는 1975년 2월 런던의 한 호텔에서 보수당 상·하원의원들과 당대표들을 대상으로 당수취임 수락 연설회를 가졌다. 연설 제목은 '비전을 잃은 사회는 망한다'는 것이었다.

> "비전이 없는 사회에서 인간은 틀림없이 망하는 법입니다. … 과거의 영국인들이 그토록 무기력했다면 저 위대한 대영제국은 태어나지 않았을 것입니다. 엘리자베스 1세 시대의 모험심에 찬 항해로 인한 신대륙 발견 같은 것은 없었을 것입니다."

다음 해 1월 대처는 자유진영과 소련과의 관계가 화해 분위기였는데도 한 연설에서 소련을 강렬하게 비난했다. 다음 날 소련 신문은 대처를 '철의 여인iron lady'이라 이름 짓고 강렬하게 공격했다.

대처는 보수당 당수로서 두 가지 비전을 제시했다. 첫째, 영국을 옛 대영제국처럼 영화로운 나라로 만들고, 둘째, 영국에서 사회주의를 몰아낸다는 것이었다. 대처는 1979년 총선에서 보수당이 승리하면 '영국에서 사회주의를 몰아내고, 노조파워를 무력화시키겠다'고 공약을 제시했다. 당시 영국은 사회주의로 물들어 있었고, '불만의 겨울Winter of Discontent'이 말해 주듯 노조천국이었다.[9] 보수당 대처가 승리했다.

■ 구조개혁을 추진하여 영국을 시장경제 국가로 바꾸다

마거릿 대처는 영국경제가 각종 규제, 법과 제도, 노조파워 등으로 경직되어 있다는 사실을 진작부터 깨달았다. 대처는 총리에 취임하자마자 영국을 시장경제 국가로 바꾸고자 구조개혁을 단행했다. 구조개혁 내용을 간략히 소개한다.[10]

• 작은 정부를 만들기 위해 예산을 삭감하고 정부조직을 개편했다. 대

---

9 '불만의 겨울'이란 1978년 말부터 1979년 초까지 자동차 · 운수 · 병원 · 청소노조의 연대파업으로 인한 '고통'을 뜻하는 말이다. 사람이 죽어도 시체를 옮기지 않았고, 쓰레기가 쌓여도 치우지 않았고, 특히 노인들은 '과연 겨울을 살아서 넘길 수 있을까' 두려움에 떨었던 그야말로 악명 높은 노조파업이었다.

10 박동운(2004), 『대처리즘: 자유시장경제의 위대한 승리』, FKI미디어.

처는 새로운 정부운용 방식, 개방적인 공무원제도를 도입하고 관료 제도를 개선했다.

- '법과 원칙'을 적용하여 노사안정을 이룩했다. 대처는 집권 11년 반 동안 다섯 차례에 걸쳐 노동관계법을 제정 또는 개정하고, '법과 원칙'을 철저하게 적용하여 노조천국 영국에 노사안정을 가져왔다.
- 영국을 세계 최초의 '민영화 수출국가'로 만들었다. 대처는 세금 보조로 운영되던 적자투성이 공기업을 과감하게 민영화하여 성공한 결과 '영국을 세계 최초의 민영화 수출 국가'로 만든 정치가로 역사에 기록되었다.
- '빅뱅Big Bang'으로 불린 금융개혁에 성공했다. 대처는 개혁을 추진하면 '빅뱅'이 되고 말리라던 금융개혁에도 성공했다.
- 규제를 과감하게 철폐하여 기업과 경제를 살렸다. 대처가 규제개혁을 추진하여 성공한 결과 영국은 OECD 국가 가운데 규제가 가장 약한 나라가 되었다.
- 시장친화적市場親和的 분배정책을 실시했다. 대처는 '영국병'을 치유하고 시장경제에 어울리는 분배정책을 실시했다.
- 교육 평등주의를 깨뜨렸다. 대처는 노동당 정부가 도입했던 '교육 평등주의'를 깨뜨리고, 교육을 전문가와 관료의 독점에서 해방시켜 부모와 학생들의 수요에 맞춰 질을 높였다.

이처럼 대처는 구조개혁을 추진하여 성공했다. 대처는 뉴질랜드의 롱이 총리가 1984년에, 아일랜드의 호이 총리가 1987년에 영국처럼 구조개혁을 추진할 수 있는 계기를 마련했다. OECD는 1990년에 《구조개혁의 진전》이라는 보고서를 출간하여 회원국들이 영국, 뉴질랜드, 아일랜드처럼 구조개혁을 추진할 것을 권고했다. OECD가 권고한 구조개혁 내용과 방향은 경제 전반에 걸쳐 경쟁원리를 도입하여 경제를 시장경제로 활성화시키는 것이었다.

대처가 구조개혁에 성공하자 이를 가까이서 지켜본 밀튼 프리드먼은 '구조개혁은 취임 후 최초 6개월에서 9개월간에 추진해야 성공할 수 있다'고 보고, 대처, 루스벨트, 레이건이 추진한 구조개혁을 대표적인 성공 사례로 꼽았다.[11]

구조개혁 결과는 어떻게 나타났을까? 프레이저 인스티튜트가 해마다 발표하는 '경제자유지수'가 이를 보여 준다. '경제자유지수'란 시장경제 활성화 수준을 나타내는 대표적인 지표다. 다음은 몇몇 연도의 영국의 경제자유지수 순위다. 수치가 작을수록 경제자유도가 높다는 것을 뜻하고, 괄호 안의 수치는 조사대상 국가수를 나타낸다.

1975: 22위(109국), 1980: 34위(112개국), 1985: 12위(112개국), 1990: 19위(114개국), 1995: 7위(115개국), 2000: 4위(123개국), 2005: 5위(141개국), 2012: 17위(152개국).

이처럼 영국은 대처가 1979년부터 구조개혁을 추진한 결과 1985년 이후 영국의 시장경제 활성화 수준은 세계적으로 상위 5개국 안팎

11 Friedman, M. & R.(1984), *Tyranny as a Status Quo*, Harcourt Brace Jovanovich.

에 들 정도로 향상되었다.[12]

대처가 탄생시킨 신자유주의 평가

신자유주의는 이념이 아니라 정책이다. 신자유주의란 1930년대 대공황이 초래한 정부 개입의 필요성과 1940년대 이후에 몰아친 사회주의 열풍에 짓눌렸던 자유주의 시장경제가 대처가 추진한 구조개혁 성공을 계기로 '새롭게 얻게 된' 이름이다. 신자유주의 탄생의 주역은 구조개혁에 성공한 마거릿 대처, 작은 정부를 실현한 로널드 레이건이다. 신자유주의 기간은 마거릿 대처가 구조개혁을 추진한 1980년경부터 2008년 글로벌 금융위기 직전까지다. UN 자료에 따르면, 신자유주의 기간 동안 성장률, 소득 등으로 볼 때 사람들은 역사상 가장 풍요로운 삶을 산 것으로 나타난다.

그런데 좌파들은 신자유주의가 소득불평등을 악화시켰다고 보고 대처와 레이건을 혹평한다. 그들은 2008년 미국발 글로벌 금융위기가 발생하자 '신자유주의는 죽었다'고 외치면서, 금융위기는 '탐욕에 빠진 자본주의' 때문에 발생했기 때문에 앞으로는 정부 역할이 더욱 강화되는 새로운 경제체제가 도입되어야 한다고 주장했다. 이를 놓고

---

12 2011년의 경우 경제자유도가 높기로 10위 안에 든 국가 가운데 홍콩, 모리셔스, 아랍 에미리트, 바레인 등이 포함되었다는 점을 감안할 때 영국 순위는 해마다 5위 안팎에 든다고 보아도 된다.

『4.0 자본주의』를 쓴 칼레츠키는 "좌파들은 시계추를 무려 50년 뒤로 돌려 정부만능, 노조만능의 시대로 돌아가려 한다"고 지적하고, "정부만능의 2.0 자본주의(주: 1930년대부터 대처 · 레이건 등장까지의 기간)는 현재의 시스템(주: 대처 · 레이건부터 2008년 금융위기까지의 기간으로 3.0 자본주의)만큼이나 현란하게 부서졌다"며 좌파들의 주장을 일축했다.[13]

대처는 2002년에 출간된 저서 『국가경영』Statecraft의 첫 쪽에다 이렇게 썼다.

"이 책을 로널드 레이건에게 바친다. 세계는 그에게 너무나 많은 빚을 지고 있다."

무엇을 뜻하는 말일까. 이는 레이건이 사회주의를 붕괴시키고 냉전을 종식시켜 세계를 핵전쟁의 위협으로부터 구해낸 것에 대한 감사를 나타낸 말이다. 대처도 이 프로그램에 참여했다는 사실은 잘 알려져 있다. 마거릿 대처는 세계를 개조한 정치가다.

13 《조선일보》〔Weekly BIZ〕, 2011. 11. 19~20.

5
로널드 레이건: 핵전쟁을 종식終熄시켜 세계를 평화롭게 만들다

미국의 40대 대통령 로널드 레이건Ronald Reagan은 국무회의 도중 코를 쿨쿨 곤 대통령으로도 알려져 있다. 그런데도 그는 최근에 들어와 부동의 인기 1위인 16대 대통령 에이브러햄 링컨 다음으로 인기가 치솟고 있다. 왜 그럴까? 그가 '미국인 모두가 자유롭고 풍요롭게 살아가는 나라 미국'을 만들었고, '세계인 모두가 자유롭고 평화롭게 살아가는 세상 세계'를 만들었기 때문이다.[14]

■ 어떤 삶을 살았는가?

로널드 레이건은 1911년 2월 6일 일리노이주 탬피코라는 작은 도시에서 태어났다. 그의 아버지는 알코올 중독자여서 일자리를 자주

14 김형곤, 『로널드 레이건 가장 미국적인 대통령』, 살림, 2007; 박동운(2008), 『CEO 정신을 발휘한 사람들』, 三英社.

잃고 여기저기 이사 다녔지만 그의 어머니는 그를 상냥하고 도덕적이며 낙관적인 성격을 가진 사람으로 키웠다. 그는 1931년에 대학을 졸업하고 일리노이주의 한 라디오 방송국 스포츠 해설가로 취직했다. 그는 경기장에서 실제로 경기를 보는 것처럼 분위기를 살려 방송하는 바람에 인기를 얻어 영화배우가 되었다. 그는 영화 〈사랑은 방송 중〉을 시작으로 1964년 배우생활을 마칠 때까지 53편의 영화에 출연했다.

레이건은 정치에 관심이 많았다. 그는 영화배우조합장으로 일하면서 일류 배우들이 수입의 80% 이상을 세금으로 빼앗기는 것을 보고 분통을 터뜨렸다.[15] 그는 조합원들의 단체교섭을 성공적으로 이끌었고, 조합 내 공산주의의 침투를 성공적으로 막아냈다. 그는 프랭클린 루스벨트 대통령의 목소리를 들으면서 자랐다. 그는 대학을 졸업하고 20년 이상 루스벨트를 선전하고 다녔고, 루스벨트가 4선을 하는 데도 일조했다. 그는 1948년 선거에서 민주당의 트루먼을 지지했고, 1950년 캘리포니아 상원의원 선거에서 공화당 리처드 닉슨의 반대편에 섰다. 그러다가 그는 제너럴일렉트릭 대변인이었을 때 진보 성향의 민주당을 버리고 보수 성향의 공화당으로 돌아섰다.

레이건은 1962년에 공화당원으로 등록하여 캘리포니아 주지사 선거에서 공화당 닉슨을 지지했다. 그는 1964년에 공화당의 대통령 후보 배리 골드워터를 지지하는 연설에서 자신의 모습을 드러냈다. 그 연설에서 레이건은 커져만 가는 미국 정부의 규모와 간섭을 줄이겠다

15 1960년대에 미국의 소득세 최고세율은 80%를 넘었다.

고 약속했다. 또 미국인과 미국 기업에 대한 과중한 세금을 줄여 미국 경제를 살리겠다고 약속했다. 나아가 제국주의적 공산주의는 반드시 해체되어야 하고, 자신이 그 일을 하겠노라고 약속했다. 그 연설 덕분에 레이건은 하루아침에 전국적인 인물로 떠올랐다.

정치 신인 레이건은 1966년에 3선 경력의 민주당 에드먼드 브라운 캘리포니아 주지사에게 도전하여 압승을 거뒀고, 연임되었다. 이어 그는 대통령에 도전했지만 닉슨과 포드에게 후보 자리를 양보해야 했다. 1980년에 드디어 기회가 왔다. 레이건은 70세 나이에 다시 한 번 대통령에 도전했다. 권력을 갖기 위해서가 아니라 16년 전 자신이 국민에게 약속한 정책을 실천에 옮기기 위해서였다. 그는 현직 대통령 지미 카터를 압도적으로 물리치고 40대 대통령에 당선되었고, 재선되었다. 레이건은 역대 대통령 가운데 가장 많은 나이에 대통령에 당선되어(69년 349일) 가장 오래 살다가(93년 119일) 2004년 6월 5일에 알츠하이머병으로 세상을 떠났다.

■ 로널드 레이건의 비전(1) : '작은 정부 만들기'

레이건의 비전은 '작은 정부 체제에서 미국 국민 모두가 자유롭고 풍요롭게 살아가는 나라 미국'을 만드는 것이었다. 그는 1981년 1월 21일에 대통령 취임사에서 미국이 당면한 문제를 이렇게 진단했다.

"정부는 우리의 문제에 대한 해결책이 아닙니다. 정부 자체가 문제입니다."

뉴딜정책 이후 민주당 존슨 정부의 복지프로그램인 '풍요한 사회'를 거쳐 팽창일로를 걸어온 거대한 미국 정부가 국민으로 하여금 국가에 더욱 의존하게 만들었다는 것이 레이건의 진단이었다. 의존하는 국민 수가 많을수록 국가는 더 많은 돈을 쓰게 되고, 늘어난 예산을 맞추기 위해 더 많은 세금을 거두게 되어 궁극적으로 거대한 미국 정부가 개인의 자유와 기업 활동을 억압한다고 그는 믿었다. 또 거대한 미국 정부가 거대한 재정적자를 낳게 된다고 그는 믿었다. 뿐만 아니라 늘어난 통화는 인플레이션을 불러와 물가를 불안하게 만든다고 그는 믿었다. 결국 거대한 미국 정부가 미국경제가 안고 있는 문제의 핵심이라고 그는 믿은 것이다.

레이건은 거대한 미국 정부를 작은 정부로 만들기로 결심했다. 그는 간섭보다는 자유, 집단보다는 개인, 분배보다는 성장, 의존보다는 자치를 강조했다. 레이건은 이것이 바로 미국과 미국인이 추구해야 할 가치관이라고 믿었다. 그는 미국이 이 길을 가게 되면 미국 국민 모두의 자유가 보장되고, 미국이 또다시 번영하는 나라가 되리라고 확신했다. 이러한 미국이 바로 레이건이 제시한 비전이었다. 레이건은 대통령에 취임하자마자 1981년 2월 18일 상하원 합동회의에서 다음과 같은 경제계획을 발표했다.

첫째, 그는 1982년도 연방예산 414억 달러 삭감을 요구했다. 삭감의 주 대상은 민주당 존슨 정부의 '풍요한 사회' 건설로 인해 지나치게 확대된 사회복지프로그램이었다.

둘째, 그는 3년 동안 해마다 10%씩 모두 30%의 소득세 삭감과 기업의 투자 활성화를 위한 투자세액공제와 감가상각을 요구했다.

셋째, 그는 기업 활동 활성화를 위해, 기업이윤을 축소시키고 경제성장을 둔화시키는 각종 정부규제 완화 및 철폐를 요구했다.

넷째, 그는 인플레이션과 금리를 안정시키기 위해 통화공급 증가 완화를 요구했다.

레이건은 자신이 제시한 이 같은 경제개혁 프로그램—정부지출 삭감, 감세, 규제 완화 및 철폐, 통화 긴축—을 "미국의 새로운 시작: 경기회복을 위한 프로그램"이라고 불렀다. 레이건의 경제철학은 곧 '레이거노믹스'Reaganomics라는 말로 불리게 되었다. 이를 본 따 김대중·노무현·이명박·박근혜 대통령들도 '노믹스' 시리즈를 내놓았다.

■ 로널드 레이건의 비전(2) : '냉전 끝내기'

마거릿 대처 전 영국 총리는 2002년에 출간된 저서 『국가경영』Statecraft[16]의 첫 쪽에서 이렇게 썼다.

"이 책을 로널드 레이건에게 바친다. 세계는 그에게 너무나 많은 빚을 지고 있다."

이는 레이건 대통령이 냉전을 종식시켜 세계를 핵전쟁의 위협으

16 Thatcher, M.(2002), *Statecraft*. (김승욱 역(2003), 『국가경영』, 작가정신.)

로부터 구해낸 것에 대한 감사를 나타낸 표현이다. 대처도 이 프로그램에 참여했다.

정치세계에 뛰어들면서부터 레이건은 공산주의는 없어져야 할 세력이라고 믿었다. 그는 젊어서 영화배우조합장으로 일할 때 조합 내 공산주의의 침투를 성공적으로 막아냈다. 대통령이 되어 그는 1979년 12월에 벌어진 소련의 아프가니스탄 침공을 강하게 비판한 후 아프가니스탄을 돕기 시작했다. 그는 공산주의 세력을 꺾기 위해 유럽에 중성자 핵무기를 설치했다. 그가 취한 핵심조치는 막대한 돈이 들어가는 전략방어계획(SDI: Strategic Defence Initiative, 날아오는 적의 미사일을 우주공간에서 낚아채는 방어시스템 구축)인 미사일 방어 프로그램이었다. 이 프로그램은 소련의 장군들과 지도자들로 하여금 미국과 더 이상 경쟁할 수 없다는 것을 깨닫게 하는 데 결정적으로 기여했다.

■ 어떤 업적을 남겼는가?

작은 정부 실현을 보자. 작은 정부 실현을 위해서는 재정지출과 조세를 삭감해야 한다. 레이건은 대통령에 취임하자마자 그렇게 했다. 그 결과 1980년대 이후 2008년 글로벌 금융위기 직전까지 미국 정부규모(GDP에 대한 정부총지출 비율)는 줄곧 35% 안팎에 머물러 사실상 세계에서 가장 작았다. 이는 1981년 정권을 잡은 후 작은 정부를 실현하려는 레이건 대통령의 비전이 가져온 결과다. 이는 전 세계에 영향을 미쳤다.

세계경제 호황기인 1992년부터 글로벌 금융위기 직전까지 OECD

정부규모 평균치는 1992년 42.4%에서 2007년 39.9%로 2.5%포인트 감소했다. 같은 기간 정부규모가 증가한 나라는 한국을 비롯하여 일본, 룩셈부르크, 포르투갈, 스위스 다섯 나라뿐이고, 한국 외에는 증가폭이 작다. 특히 세계에서 정부규모가 가장 큰 나라인 복지국가 스웨덴, 노르웨이, 핀란드를 보자. 1992~2007년까지의 16년간 정부규모 감소 추세를 보면, 스웨덴은 69.4%에서 51.4%로 18.0%포인트 감소했고, 노르웨이는 56.1%에서 41.2%로 14.9%포인트 감소했고, 핀란드는 62.0%에서 47.4%로 14.6%포인트 감소했다. 이 같은 추세를 통해 알 수 있듯이, 선진국들은 그동안 작은 정부를 실현하기 위해 경쟁적으로 노력해 왔다. 이는 로널드 레이건의 기여다. 레이건은 세계를 개조한 정치가다.

세계를 핵전쟁에서 벗어나게 한 전략을 보자. 레이건은 공산주의 세력을 꺾기 위해 미사일 방어 프로그램을 계획했다. 처음에는 소련 지도자들의 분노와 불안이 폭발했지만 점점 변하기 시작하여 결국에는 미국과의 경쟁을 포기하는 길을 택하게 되었다. 레이건은 처음에는 소련과의 정상회담을 거절하다가 곧 능숙한 외교관으로 변신하여 소련의 지도자 미하일 고르바초프와 만났다. 이 회담은 공산주의 붕괴의 서막으로 입증되었다. 레이건이 1987년 베를린에서 고르바초프에게 "이 장벽을 허물어 버리시오"Tear down this wall 하고 놀랄만한 요구를 했을 때 사람들은 이를 공허한 희망으로 생각했지만 결과는 그렇지 않았다. 목표를 향한 레이건의 전략은 적중했다. 동서냉전의 상징인 베를린 장벽이 1990년 10월 3일에 무너졌고, 드디어 자유세계의

적인 소련도 무너지고 말았다. 이 결과 마거릿 대처가 쓴 대로, 세계는 자유롭고 평화로운 세상이 되어 레이건에게 너무나 많은 빚을 지게 된 것이다.

6
넬슨 만델라: '인종분리정책' 폐지 이끌어 인종차별 없는 나라를 만들다

넬슨 만델라는 아프리카 민족회의ANC 지도자로서 남아프리카공화국 백인정권이 오랫동안 인종차별 도구로 악용해 오던 아파르트헤이트(apartheid; 인종분리정책) 반대운동을 벌여 인종분리정책 폐지를 이끌었다. 이 결과 차별 받던 흑인의 인권이 보호받을 수 있게 됨으로써 만델라는 인종차별 없는 나라를 만드는 데 기여했다.[17] 이 공로로 만델라는 노벨평화상을 받았고, 뒤이어 남아공 대통령에도 당선되었다.

만델라는 2013년 12월 5일에 94세를 일기로 세상을 떠났다. 그가 병상에 누워있을 때 남아공 정부는 그가 낫도록 기도하자고 호소했다. 전 세계가 그의 병세에 큰 관심을 가졌다. 한 정치가-그것도 아프

---

17 Mandela, Nelson(1995), *Long Walk to Freedom*. (김대중 역(2006), 『만델라 자서전 자유를 향한 머나먼 길』, 두레.); Lang, Jack, *Nelson Mandela*. (윤은주 역(2007), 『넬슨 만델라 평전』, 실천문학.)

리카의 한 흑인 정치가의 죽음을 앞두고 전 세계가 그토록 간절한 마음으로 병 낫기를 바란 것은 세계 역사상 처음 있는 일이다. '국민대통합' 기치를 내건 박근혜 정부는 만델라의 업적을 벤치마킹할 필요가 있을 것이다.

■ 넬슨 만델라의 삶

넬슨 만델라는 기구한 삶을 산 정치가다. 그는 족장의 아들로 태어나 법학공부를 하던 중 학생운동을 주도하다 퇴학당했다. 달리 할 일이 없었던 그는 독학으로 변호사 자격을 딴 뒤 인종분리정책에 맞서 싸웠다. 그는 여러 차례 감옥에 들어갔고, 끝내는 종신형을 선고받고 일흔 살이 넘도록 27년 동안이나 감옥에서 살았다.

넬슨 만델라는 출옥 후에는 감옥에 가기 전과는 달리 실용주의 노선으로 돌아섰다. 과격한 투쟁으로는 해법을 찾을 수 없다고 생각했기 때문이다. 그는 백인 정부와 끈질긴 협상을 벌인 끝에 결국 인종분리정책 폐지를 이끌어냈다. 그 공로로 만델라는 당시 프레드릭 데 클라크 백인 대통령과 함께 노벨평화상을 수상했고, 이어 남아공 모든 민족이 참여한 최초의 민주적인 선거에서 76세 나이에 대통령에 당선되었다.

그의 기구한 삶의 과정은 살펴볼 가치가 있다. 그의 삶을 다음과 같이 정리한다.[18]

---

18 Wikipedia.

- (1919년) 템부족族 족장의 아들로 태어나다.
- (21세) 포트헤어대학에서 네덜란드 법학을 공부하던 중 학생운동을 하다 퇴학당하다.
- (29세) 국민당 집권으로 아파르트헤이트가 법률로 공식화되다.
- (33세) 변호사가 되어 인종분리정책에 반대하며 흑인인권운동에 참여하다.
- (37세) 시민불복종 캠페인, 자유헌장 작성 등과 연루되어 반역죄로 수감되다.
- (41세) 긴급사태 선포 직전에 두 번째 체포되어 수감되다.
- (43세) 요하네스버그의 은신처로 돌아가던 중 체포되어 형무소에 수감되다.
- (45세) 종신형을 선고받다.
- (69세) 감옥에서 70세 생일 맞다.
- (71세) 감옥에 갇혀 있다가 27년 만에 나오다.
- (72세) 더반에서 30년 만에 아프리카 국민회의가 개최되어 만델라가 만장일치로 의장에 선출되다. 이후 실용주의 노선으로 선회하여 대통령 프레드릭 데 클라크의 백인정부와 협상을 벌인 결과 아파르트헤이트가 폐지되다. 이를 계기로 350여 년에 걸친 남아공의 인종차별이 제도적으로 종식되다.
- (74세) 아파르트헤이트 폐지 공로로 대통령 프레드릭 데 클라크와 함께 노벨평화상을 수상하다.
- (75세) 남아공 최초의 흑인 참여 자유 총선거가 실시되어 65%라

는 압도적인 지지를 받고 대통령에 당선되다.

- (76세) 《뉴욕타임스》가 20세기 최고의 책으로 선정한 『만델라 자서전 자유를 향한 머나먼 길』Long Walk to Freedom이 출간되다.
- (80세) 국회에서 마지막 연설을 마치고 정계를 은퇴하다.
- (83세) 아파르트헤이트 철폐 등 인권운동에 앞장선 공로로 '프랭클린 루스벨트 4개 자유상'을 수상하다.
- (94세) 세상을 떠나다.

■ '인종분리정책 폐지'가 넬슨 만델라의 비전

앞에서 요약한 대로, 넬슨 만델라의 삶은 참으로 기구했다. 그렇지만 만델라는 시종일관 용기 있는 삶을 살았다. 그의 용기 있는 삶은 그의 '인종차별 폐지 투쟁'이 잘 보여 준다. 바로 이 '인종차별 폐지'가 만델라의 비전이었다.

만델라가 인종차별 폐지를 위해 한평생 투쟁하게 된 이유는 무엇 때문이었을까? 그의 노벨평화상 수상 연설이 명쾌한 답을 준다. 1993년도 노벨평화상을 수상한 만델라 연설의 일부를 인용한다.

"나는 전쟁, 폭력, 인종주의, 억압과 탄압, 그리고 전 국민의 빈곤을 유발하는 사회체제에 대항하여 용감하게 들고 일어난 수백만 명의 사람들을 대신해 이 자리에 섰습니다.

나는 동시에 수백만 명의 사람들, 즉 한 나라로서의 남아프리카공화국을 위해 투쟁하는 것이 아니라 비인간적인 체제에 반대하고 아파르트헤이트가 저지른 큰 인류에 대한 범죄를 종식시키기 위해 우리에게 합류한 반아파르트헤이트운동 세력과 정부와 조직들을 대신하여 이 자리에 섰습니다.

…

우리 모두가 함께 나누고자 하는 이 상의 가치는, 큰 성공을 거둘 즐거운 평화를 기준으로 평가될 것이고, 평가되어야만 할 것입니다. 흑인과 백인을 차별하지 않는 세상에서 인류 모두가 천국의 아이들처럼 살아갈 수 있기를 희망하기 때문입니다."

만델라가 폐지를 목표로 투쟁한 아파르트헤이트 때문에 남아공에서는 그동안 305만 명 이상의 사람들이 죽거나 실종되고 투옥되었다. 심지어 한 가족인데도 피부 색깔이 다르면 짐승처럼 분리되어 집단구역법에 따라 서로 다른 지역에서 흩어져 살아야만 했다. 흑인들은 백인 곁에 서지도 못했고, 일자리도 주어지지 않은 채 그저 동물처럼 살아가야만 했다.

이러한 상황에서 만델라는 "흑인과 백인을 차별하지 않는 세상에서 인류 모두가 천국의 아이들처럼 살아갈 수 있게 하기 위해" 27년간 감옥 생활을 하면서 목숨을 걸고 투쟁하여 '인종차별정책' 폐지를 이끌어냈다. 만델라야 말로 비전을 실현한 정치가다.

■ 만델라에게 어떤 영광이 주어졌는가?

넬슨 만델라의 업적과 그에게 주어진 영광은 다음과 같이 세 가지 내용으로 정리될 수 있다.

첫째, 넬슨 만델라는 27년간의 감옥 생활을 마치고 출감한 다음 해인 1991년 7월 아프리카 국민회의 의장에 선출되어 당시 프레드릭 데 클라크 대통령이 이끄는 백인 정부와 협상을 벌였다. 협상 결과 마침내 아파르트헤이트가 폐지되었고, 이를 계기로 350여 년 동안 지속되었던 남아공의 인종분규 또한 종식되었다.

둘째, 1993년 12월 10일 넬슨 만델라는 아파르트헤이트 폐지 공로로 프레드릭 데 클라크 대통령과 함께 노벨평화상을 수상했다.

셋째, 1994년 4월 27일 넬슨 만델라는 남아공 최초로 흑인도 참여하여 실시된 자유 총선거에서 65%라는 압도적인 지지를 받고 대통령에 당선되었다.

■ 만델라는 남아공을 어떻게 '화해의 나라'로 만들었는가?

만델라는 인종분리정책에 반대하여 '용기 있는 삶'을 살았다.

그런데 만델라의 진정한 '용기 있는 삶'은 그가 대통령이 되고 나서 그동안에 일어났던 인권침해 범죄에 대해 "우리는 용서할 수는 있지만 잊어버릴 수는 없습니다"라는 말로 '진실과 화해 위원회(TRC; Truth and Reconciliation Commission)'를 만들어 '용서와 화해'를 실천한 과거사 청산에서 잘 나타난다.

'진실과 화해 위원회'는 가해자와 피해자가 함께 살아갈 수밖에 없는 현실에서 비참하고도 추악한 과거사를 밝히기 위해 만들어 낸 타협의 산물이었다. 그런데 이 위원회의 근본 취지는 인권침해 범죄의 진상은 철저히 규명하되 법적인 책임은 묻지 않고 사면한다는 것이었다.

'진실과 화해 위원회'는 데스먼드 투투 성공회 주교가 위원장을 맡았다. 여러 정당이 심사위원회에서 공개 청문회를 열어 인터뷰를 한 후 25명의 위원을 만델라 대통령에게 추천했고, 이 가운데 17명이 선출되었다. 이 위원회가 정한 원칙은 다음과 같다.

(1) 샤프빌 학살사건이 일어난 1960년부터 만델라 대통령이 취임한 1994년 사이에 일어난 사건만 조사한다.
(2) 정치적 동기에 의해 일어난 사건만 다룬다.
(3) 사면을 청원하는 사람은 그 사건에 관련된 진실을 모두 충분히 밝혀야 한다.

이들 원칙이 정해지기까지 많은 어려움이 있었지만 이 위원회는 수많은 과거사 관련 자료들을 수집하여 철저하게 조사했다.

이 위원회가 처리한 조사 결과는 다음과 같다.

인종차별 시절 인종차별 반대투쟁을 벌인 흑인들을 화형이나 총살 등의 잔악한 방법으로 탄압한 폭력 가해자가 진심으로 죄를 고백

하고 뉘우치면 사면했고, 나중에는 그들에게 경제적인 보상도 베풀었다. 한편 피해자 가족들에게는 그들의 요청에 따라 피해자 무덤에 비석을 세워줌으로써 아파르트헤이트 시절의 국가폭력 피해자들이 잊혀지지 않도록 처리했다. 이렇게 하여 만델라의 '용서하는 마음'은 남아공을 '화해의 나라'로 만들었다.

넬슨 만델라 평가는 그가 인종차별을 철폐한 공로로 노벨평화상을 수상했고, 대통령에 당선까지 되었다는 사실만으로 충분하다. 그런데 만델라는 추악한 과거사를 청산하는 과정에서 '용서하는 마음'을 바탕으로 남아공을 '화해의 나라'로 만들었으니 더욱 더 높은 평가를 받아야 마땅할 것이다.

■ 우리에게 어떤 교훈을 주는가?

넬슨 만델라의 '용서와 화해' 이야기를 쓰다 보니 노무현 정부에서 '과거사청산위원회'가 한 일이 생각난다.

처음에는 정치적 목적을 가지고 출범한 것으로 알려진 노무현 정부의 '과거사청산위원회'는 일제 치하에서 살았던, 한때 '대단한 분'으로 추앙 받던 선배들을 하루아침에 '용서받지 못할 친일파'로 몰아세웠고, '좌파'로 지목 받아 수감생활을 했거나 사형당한 선배들을 하루아침에 '영웅'으로 돌려세웠다. 또 노무현 · 이명박 정부에 들어와 정권이 교체되었다는 이유로 기간제 임명직이 임기가 끝나기도 전에 쫓겨난 경우가 적지 않았다. 넬슨 만델라의 '용서와 화해' 정신이 우리

사회에서도 하루빨리 뿌리 내리기를 기다린다.

박근혜 대통령은 '국민대통합' 기치를 내걸고 정권을 출범시켰다. 넬슨 만델라의 '화해 정신'을 벤치마킹하여 한국을 갈등 없는 국가로 발전시켜 주기를 기대해 본다.

4부

누가 베푸는가?

—

베풂에는 두 가지 조건이 뒤따른다. 하나는 베풀고 싶은 마음, 다른 하나는 베풀 수 있는 경제력. 경제체제를 생각하면 베풂은 사적소유를 허용하는 자유시장경제의 선물이다. 그래서 자유시장국가인 미국은 1800년대 중반 이후 카네기재단, 록펠러재단, 포드재단, 빌게이츠재단 등 수많은 자선단체가 탄생해 '베풂의 메카'가 되었다. 그러나 사회주의는 사적소유를 허용하지 않기 때문에 베풂은 아예 있을 수 없다. 자유시장국가인 우리나라도 경제력이 높아져 베풀려는 사람들이 줄을 잇기를 기대해 본다.

기독교가 '자발적 베풂의 원조'임을 성경을 중심으로 밝히고, 국내외를 통틀어 대표적이라고 평가되는 5인의 기부자를 이야기한다.

다룰 내용은 다음과 같다.

—

1. '자발적 베풂'의 원조는 기독교
2. 경주 최 부잣집: "사방 백 리 안에 굶어 죽는 사람이 없게 하라."
3. 이종환: "세계의 미래를 이끌어 나갈 주인공을 찾습니다."
4. 앤드루 카네기: "부자인 채로 죽는 것은 부끄러운 일이다."
5. 알프레드 노벨: "인류에게 가장 큰 공헌을 한 사람들에게 상을 주라."
6. 빌 게이츠: "기부하면 기뻐진다."

1 '자발적 베풂'의 원조는 기독교

누가 뭐라고 말해도 '자발적 베풂'의 원조는 기독교다. 기독교는 출발부터 베풂을 강조했고, 기독교가 강조한 베풂의 성격은 '자발적'이기 때문이다. 성경을 들춘다.

■ 하나님이 모세에게, 모세가 이스라엘 백성에게 하나님에게 바칠 예물을 지시하다

이스라엘 백성이 430년 동안 이집트에서 종살이를 하다가 이집트를 탈출하여 가나안 땅으로 가는 도중에 광야에서 일어난 일이다. 하나님이 지도자 모세에게 말했다.

"너는 이스라엘 자손에게 말하여 나에게 예물을 바치게 하여라. 누가 바치든지 마음에서 우러나와 나에게 바치는 예물이면 받아라."(출애굽

기 25:2)

이는 언약궤를 짓는 데 필요한 자재를 헌납받기 위해 하나님이 모세에게 내린 지시다. 이어 모세가 이스라엘 자손들에게 말했다.

"당신들은 각자의 소유 가운데서 주님께 바칠 예물을 가져 오십시오. 바치고 싶은 사람은 누구나 주님께 예물을 바치십시오. 곧 금과 은과 동과 … 그 밖의 보석들입니다."(출애굽기 35:5-9)

이는 3,450여 년 전에 지도자 모세가 하나님의 성막聖幕을 짓는 데 필요한 자재를 헌납받기 위해 이스라엘 자손들에게 내린 지시다.

하나님과 모세의 지시 가운데 핵심내용은 '바치고 싶은 마음'이다. 기독교는 이처럼 출발부터 하나님을 위한 헌납의 경우에도 '자발적'을 강조했다.

■ 공산주의가 기독교와 비슷하다고?

공산주의를 기독교와 비슷하게 보는 목사들이 있다. 그 근거는 『신약성경』 사도행전에서 찾아볼 수 있을 것이다.

"믿는 사람은 모두 함께 지내며 모든 것을 공동으로 소유하였다. 그들은 재산과 소유물을 팔아서 모든 사람에게 필요한 대로 나누어 주었

다."(사도행전 2:44-45)

"많은 신도가 다 한마음과 한뜻이 되어서 아무도 자기 소유를 자기 것이라고 하지 않고, 모든 것을 공동으로 사용하였다. … 그들 가운데는 가난한 사람이 하나도 없었다. 땅이나 집을 가진 사람들은 그것을 팔아서 그 판 돈을 가져다가 사도들의 발 앞에 놓았고, 사도들은 각 사람에게 필요에 따라 나누어 주었다."(사도행전 4:32-35)

인용은 기독교 초기 교회의 탄생 과정을 보여 주는 내용이다. 초기 교회의 공동체 형성 과정에서는 공유公有와 공용公用이 바탕이 되었다.

그런데 앞의 두 인용을 살펴보면, 이는 칼 마르크스 사상과 별로 다를 것이 없어 보인다. 마르크스는 이렇게 주창主唱했다.

"능력 있는 사람으로부터, 필요로 하는 사람에게"(to each according to his needs, from each according to his ability).

이 말은 곧, '능력 있는 사람들로부터 빼앗아서 필요로 하는 사람들에게 나눠 준다'는 뜻이다. 이런 논리로 마르크스는 '공유, 공용, 공산共産, 평등분배'를 내세워 공산주의를 주창했다. (성경에서 공동 생산을 뜻하는 共産이란 말은 찾아볼 수 없다.)

이런 점에서, 공산주의를 기독교와 비슷하게 보는 것도 무리는 아닐 것 같다.

■ 기독교의 베풂은 '기쁜 마음으로' 하는 것

그러나 기독교는 마르크스의 주창과는 다르게 가르친다.

"마케도니아와 아가야 사람들이 기쁜 마음으로 예루살렘에 사는 성도들 가운데 가난한 사람들에게 보낼 구제금을 마련하였기 때문입니다. 그들은 기쁜 마음으로 그렇게 하였습니다."(로마서 15:26-27)

"그들은 큰 환난의 시련을 겪으면서도 기쁨이 넘치고, 극심한 가난에 쪼들리면서도 넉넉한 마음으로 남에게 베풀었습니다."(고린도후서 8:2)

"각자 마음에 정한 대로 해야 하고, 아까워하면서 내거나, 마지못해서 하는 일은 없어야 합니다. 하나님께서는 기쁜 마음으로 내는 사람을 사랑하십니다."(고린도후서 9:7)

이처럼 기독교는 남을 위한 베풂은 '바치고 싶은 마음'과 '기쁜 마음'으로 해야 한다고 가르친다. 이는 베풂과 관련하여 흔히 언급되는 '노블레스 오블리즈noblesse oblige'와는 거리가 멀다. '사다리 꼭대기에 오른 사람의 의무'라는 뜻을 가진 '노블레스 오블리즈'는 평등주의를 지향하는 공산주의처럼 '강요된 베풂'의 성격을 띠기 때문이다. 그러나 성경은 남을 위한 베풂은 '강요된 베풂'이 아니라 '기쁜 마음으로' 하는 '자발적 베풂'이어야 한다고 가르친다. 이 점에서, 기독교는 강요를 바탕으로 평등주의를 지향하는 공산주의와는 전혀 다르다.

■ 성경에는 '굶어 죽는 사람' 이야기가 없다

죽음 가운데 가장 비참한 죽음은 '굶어 죽는 죽음'이라고 한다. 어느 영화배우의 '기부 광고'에 나오는, 뼈만 앙상한 채 곧 목숨이 끊어질 것만 같은 아프리카 어린이의 굶주린 모습은 우리의 마음을 무척 아프게 한다. 그런데 성경에는 죽음에 이르는 이스라엘 백성의 가난은 찾아볼 수 없다. 왜 그럴까? 기독교는 베풂, 자발적 베풂을 강조하기 때문이다. 성경은 가장 가난한 계층인 고아나 과부나 외국인이 와서 배불리 먹게 하라고 수없이 가르친다. 두 가지 내용만 인용한다.

> "당신들이 사는 성 안에 유산도 없고 차지할 몫도 없는 레위 사람이나 떠돌이나 고아나 과부들이 와서 배불리 먹게 하십시오."(신명기 14:29)
> "당신들이 밭에서 곡식을 거둘 때에 곡식 한 묶음을 잊어버리고 왔거든 그것을 가지러 되돌아가지 마십시오. 그것은 외국 사람과 고아와 과부에게 돌아갈 몫입니다."(신명기 24:19)

기독교의 가르침이 이럴진대 성경에 가난한 과부나 고아나 외국인 이야기는 많지만 이스라엘 백성의 일상생활에서 못 먹어 굶어 죽는 사람 이야기가 있을 턱이 있겠는가!

■ 기독교의 '베풂 정신'이 복지정책 도입에 기여해

기독교의 '자발적 베풂'은 복지정책 도입에 기여했다. 영국에서는 기독교의 가르침에 따라 9세기경부터 가난한 사람들을 돕기 위해 '최일도 목사의 밥퍼운동' 같은 구빈救貧운동이 교구 중심으로 일어나 수 세기 동안 지속되었다. 그런데 기독교의 구빈운동은 근로 능력이 있는 사람들조차 거지로 만들어 베풂의 대상이 되게 했다. 이 결과 구빈운동은 14세기에 들어와 구빈법救貧法, The Poor Law 제정으로 이어졌다. 구빈법은 각 지방의 교구 내에서 그 지역의 가난한 사람들을 돌보되, 근로 능력이 있는 거지를 징벌하려는 목적으로 제정되었다.

그 후 19세기 초에 이르러 경제 · 사회 여건 변화로 빈민층이 급격히 증가하자 영국은 1834년에 신新구빈법을 제정했다. 신구빈법의 취지는 모든 국민으로 하여금 근로를 통해 생활을 이끌어가게 하려는 데 있었다. 그런데 1870년대 후반에 불황으로 실업이 급증하고, 1880년대에 사회주의와 노동운동이 대두하자 영국은 새로운 각도에서 빈곤문제를 바라보게 되었다. 이 결과 구빈법은 1929년에 폐지되었고, 1944년에 베버리지 경의 권고에 따라 기존 제도를 모두 흡수한 포괄적인 복지정책 곧, '국민보험법'이 제정되었다. 이로 인해 영국은 오래 동안 '영국병'에 시달리기도 했다.

어떻든 세계 최초라고 할 수 있는 영국의 복지정책은 '가난한 고아와 과부와 외국인을 도우라'는 성경에 그 뿌리가 있다고 봐도 무방하다.

■ 누가 베푸는가?

한 과부가 헌금하는 것을 보고 예수가 한 말과, 영생永生을 얻으려는 한 부자 젊은이와 예수가 나눈 대화는 '누가 베푸는가?'에 대한 답을 줄 수 있을 것이다.

예수는 한 과부가 헌금하는 것을 보고 이렇게 말했다.

"내가 진정으로 너희에게 말한다. 이 가난한 과부가 누구보다도 더 많이 넣었다. 저 사람들은 다 넉넉한 가운데서 자기들의 헌금을 넣었지만 이 여자는 구차한 가운데서 가지고 있는 생활비 전부를 넣었다."(누가복음 21:3-4)

영생을 얻으려는 한 부자 청년이 예수에게 다가와 물었다. 예수와 그 청년이 나눈 얘기를 대화 형식으로 구성한다.(마태복음 19:16-26; 마가복음 10:17-26; 누가복음 18:18-27)

청년: 선생님, 제가 영생을 얻으려면 무슨 선한 일을 해야 합니까?

예수: 어찌하여 너는 나에게 선한 일을 묻느냐? 선한 분은 오직 한 분뿐이시다. 네가 영생을 얻고자 하거든 계명들을 지켜라.

청년: 어느 계명들입니까?

예수: '살인하지 말라, 간음하지 말라, 도둑질하지 말라, 거짓으로 증언하지 말라, 부모를 공경하라. 그리고 네 이웃을 네 몸과 같이 사랑하라' 하는 계명들이 있지 않느냐?

청년: 나는 이 모든 것을 어려서부터 다 지켰습니다. 아직도 무엇이 부족합니까?

예수: 네게는 아직도 한 가지 부족한 것이 있다. 네가 가진 것을 다 팔아서 가난한 사람들에게 나누어 주어라. 그리하면, 네가 하늘에서 보화를 차지하게 될 것이다. 그리고 와서 나를 따르라.

청년은 이 말을 듣고 근심하면서 떠나갔다. 그는 재산이 많았기 때문이다. 부자 청년이 떠나가자 예수는 제자들을 둘러보며 말했다.

"내가 진정으로 너희에게 말한다. 부자는 하늘나라에 들어가기가 어렵다. 내가 다시 너희에게 말한다. 부자가 하나님의 나라에 들어가는 것보다 낙타가 바늘귀로 지나가는 것이 더 쉽다."

이 글의 시작에서, 베풂에는 '베풀고 싶은 마음과 베풀 수 있는 경제력'이 뒤따라야 한다고 썼다. 그러면 누가 베푸는가? 가난한 과부와 부자 청년 이야기가 답을 줄 수 있을 것이다.

2
경주 최 부잣집: "사방 백 리 안에 굶어 죽는 사람이 없게 하라"

우리나라에서 부자들에 관한 이야기는 적잖게 들을 수 있지만 부자들이 가난한 사람들에게 베풀었다는 이야기는 흔치 않다. 그래서 경주 최 부잣집 베풂 이야기는 돋보이지 않을 수 없다.

세계 역사를 통틀어 경주 최 부잣집처럼 300년 동안 부를 이어 온 경우는 그 유례가 없다고 한다. 르네상스 시대를 여는 데 기여한 이탈리아 메디치 가문은 15세기 초에 시작하여 약 200년 동안 부와 권세를 누렸다. 경주 최 부잣집은 17세기 초에 시작하여 약 300년 동안 부와 베풂을 이었다. 이 과정에서 경주 최 부잣집은 사방 백 리 안의 사람들을 이웃으로 보고, "사방 백 리 안에 굶어 죽는 사람이 없게 하라"는 가훈家訓을 세워 날마다 죽을 끓여 굶는 사람들에게 나눠주었다. 경주 최 부잣집은 독립운동과 교육 발전에도 기여했는데, 이승만 정부가 1949년에 도입한 농지개혁법 때문에 300년 동안 이어져오던 부가 마침내 마감되었다.

전진문이 쓴 『경주 최 부잣집 300년 부富의 비밀』을 텍스트로 삼았다.[1]

■ 어떻게 부를 일구었는가?

경주 최 부잣집 이야기란, 신라 말 최치원의 17세손인 최진립(1568~1636)과 그의 아들 최동량이 터를 닦고, 손자 최국선(1631~1682)이 부를 일군 후 그로부터 28세손인 최준(1884~1970)에 이르기까지 약 300년 동안 이어져 온 부에 관한 이야기다.

최 부잣집의 터를 닦은 최진립은 선조 원년에 태어나 25세 때 임진왜란(1592)을 맞았다. 그는 병서兵書를 여러 권 읽은 덕분에 왜군들과 싸울 준비가 되어 있었다. 그는 경주에 쳐들어 온 왜군들이 근방에서 가장 큰 자기 집에서 하룻밤을 지낼 줄 알고 만반의 준비를 갖추고 있다가 그날 밤 자기 집에서 잔 100여 명의 왜군들을 거의 섬멸했다. 이를 계기로 그는 신출귀몰한 장군으로 소문나게 되었다. 그 후 그는 무과에 급제하는 등 관직에도 나섰고, 모함에 걸려 귀양살이도 했다. 그는 여러 관직을 맡으며 군사와 백성을 다스리는 일에 힘쓰다가 병자호란이 일어나자 최전선에서 적군과 싸우다가 인조 때 나이 69세에 순국했다.

최진립의 아들 최동량은 개천의 둑을 쌓아 보를 만들고 개간을 하는 등 농업 발전에 기여하면서 부를 쌓았다. 최씨 가문을 부자의 반열

---

1 전진문(2004), 『경주 최 부잣집 300년 富의 비밀』, 황금가지.

에 올려놓은 사람은 최동량의 아들 최국선이다. 최국선은 선조들의 유훈遺訓을 잘 받들면서 농사일에 전념했다. 그는 직접 농사일을 경영했다. 그는 소작인을 후하게 대접하고 가족처럼 여기며 각종 부역을 피할 수 있게 해 주었다. 그는 벼의 이앙법移秧法을 도입했다. 이앙법은 한발이 심하면 실패하기 때문에 당시 나라가 이를 금지한 대신 직파법直播法을 권장했다. 최국선은 아버지가 수리시설을 잘 갖춰 놓았으므로 이앙법을 도입할 수 있었는데, 이는 당시로서는 거의 혁명적이었다고 한다.

최국선은 탁월한 이재술理財術로 부를 일구었다. 몸에 밴 근검절약 정신, 노비들을 가족처럼 아끼는 마음, 들어올 것을 헤아려 나갈 것을 정하는 철저한 계산 정신, 언제나 새로운 농사법을 생각하는 개발 정신 등을 바탕으로 그는 큰 부를 일구었다.

최 부잣집은 최국선 대부터 만석꾼으로 불렸다. 최국선이 만석꾼이 된 후 최 부잣집의 부는 대대로 이어지다가 마지막 최준까지 모두 10대에 걸쳐 300년 동안 이어졌다.

■ 어떻게 부를 베풀었는가?

최 부잣집이 엄청난 부를 어떻게 베풀었는가를 알아보기 위해서는 먼저 가훈家訓을 살펴볼 필요가 있다. 여러 대를 거쳐 만들어져 대대로 이어져 온 최 부잣집의 여섯 가지 가훈이 부의 관리에서 큰 역할을 했기 때문이다.

첫째, 과거를 보되 진사 이상은 하지 말라.

둘째, 재산은 만 석 이상 지니지 말라.

셋째, 과객過客을 후하게 대접하라.

넷째, 흉년기에는 땅을 사지 말라.

다섯째, 며느리들은 시집온 후 3년 동안 무명옷을 입어라.

여섯째, 사방 백 리 안에 굶어 죽는 사람이 없게 하라.

최 부잣집을 명실공히 만석꾼으로 일으킨 최국선의 나이 40살인 1671년에 삼남三南지방에 큰 흉년이 들어 굶어 죽는 사람들이 허다했다. 그때 최국선은 다음과 같이 지시했다.

"모든 사람들이 장차 굶어 죽을 형편인데 나 혼자 재물을 가지고 있어 무엇 하겠느냐. 곳간을 헐어 모든 굶는 이들에게 죽을 끓여 먹이도록 하라. 그리고 헐벗은 이에게는 옷을 지어 입혀주도록 하라."

그리고는 집 앞의 큰 바깥마당에 큰 솥을 걸고 굶주린 사람들을 위해 연일 죽을 끓이도록 했다. 죽을 쑤어 나누어 주던 그 자리가 활인당이라는 이름으로 남아 있다고 한다. "사방 백 리 안에 굶어 죽는 사람이 없게 하라"는 여섯째 가훈은 바로 이때 생긴 것이라고 한다.

최 부잣집의 베풂과 관련된 이야기를 간략히 정리한다.

- 최 부잣집은 최진립 장군을 그림자처럼 따라다니다가 마지막에 장군과 함께 죽은 충노忠奴 옥동과 기별에 대한 제사를 지금까지 지내주고 있다. 최 부잣집은 보은을 잊지 않는 가문이다.
- 권문세가의 대주주들은 한양이나 큰 읍에 살면서 농사 관리를 주로 마름에게 맡겼는데 최 부잣집은 한 번도 그렇게 하지 않고 농사를 직접 경영했다.
- 최 부잣집은 소작료 수입이 1년에 만 석을 넘지 않도록 했다. 이 때문에 최 부잣집의 토지가 많아지면 많아질수록 소작인 개인이 내야 하는 소작료는 줄어들었다.
- 최 부잣집은 바깥마당에 큰 솥을 걸어놓고 굶주린 사람들을 위해 날마다 죽을 끓이도록 했다. 성종 때 어느 춘궁기春窮期에는 한 달에 100석의 쌀을 나누어 준 적도 있다. 사방 백 리 안의 사람들을 이웃으로 보고 이들을 도왔다.
- 1894년 고종 31년에 동학혁명이 일어났는데, 활빈당 무리들이 몰려온다는 소문을 듣고 사람들이 모두 최 부잣집으로 달려가 집을 에워싸고 방어 태세를 취했다. 활빈당 무리들이 집에 불을 지르려 하자 사람들이 "최 부자 덕분에 우리 모두 목숨을 부지하고 있소. 그러니 제발 진정하시오"라고 설득해 최 부잣집은 불타지 않고 온전히 재물을 지킬 수 있었다.

■ 어떻게 300년 부가 마감되었는가?

최 부잣집의 부는 최준에 이르러 마감되었다. 최준은 한말韓末의 시대적 변화에 적응하기가 쉽지 않았다. 당시는 명성황후 시해사건, 을사조약 체결 등 나라가 망해 가는 상황이었다.

최준은 영남의 대주주들이 다수 참여한 가운데 1915년 자본금 100만 원으로 '백산무역 주식회사'를 세웠다. 이 회사의 이익금 대부분이 독립운동 자금으로 들어갔기 때문에 회사의 수지는 항상 결손을 면치 못했다. 또 상해임시정부에 독립운동자금을 보낸다는 이유로 조사를 받기도 했다. 이 회사는 결국 창업 14년 만인 1927년에 문을 닫고 말았다.

이 무렵 최준의 주변에는 김성수 등 구국救國에 뜻을 둔 애국지사들이 모여들었다. 그는 서울에 가 김구 선생을 만나 그동안 자기가 보낸 독립운동 자금이 한 푼도 빠지지 않고 전달된 것을 확인했다.

광복을 맞았다. 그는 1945년 10월 20일 대학 설립을 위해 지역 인사들을 불러 모아놓고 "국가를 운영할 인물이 부족하고 학문 연구가 부족한 것을 통탄하지 않을 수 없습니다"라고 말했다. 이렇게 하여 1947년에 대구대학이 설립되었다. 최준은 대구대학에 기부하고 남은 전 재산을 털어 문파교육재단을 만든 다음 계림대학을 설립했다. 계림대학은 뒤이어 대구대학에 통합되었다. 대학 설립은 그렇게 쉬운 일이 아니었다. 당시 대구의 양대 사립대학인 청구대학과 대구대학은 한때 존폐 위기까지 몰려 결국 박정희 정부에서 박정희 대통령이 맡기로 하고, 오늘날의 영남대학교로 탄생하게 되었다. 그때 최준은 84세의 고령이었다.

이처럼 최 부잣집의 마지막 대 최준은 엄청난 부를 독립운동과 교육사업을 위해 썼다. 그런데 최 부잣집의 부가 마감하게 된 직접적인 원인은 이승만 정부가 도입한 농지개혁법 때문이다.

1948년에 대한민국이 수립된 직후 북한은 농지를 무상몰수無償沒收하여 농민에게 무상분배한 농지개혁을 실시했다. 이승만 정부는 자본주의체제에서 북한과 같이 무상몰수와 무상분배는 허용할 수 없어 '농지개혁법'을 도입했다. 농지개혁법은 1949년 1월 국무회의에 상정되었는데 6 · 25 전쟁으로 중단되었다가 박정희 정부에서 1969년 4월에야 마무리되었다.

당시 농지개혁법은 농가 아닌 자의 농지, 자신이 직접 경작하지 않는 농지, 그리고 소유상한을 초과하는 농지를 정부가 사들여 이를 경작할 농가에 분배하여 소유케 하는 것이었다. 농지개혁법의 핵심 내용은 농지소유상한제로, 농지 소유를 1가구당 3정보(주: 약 9천 평)를 초과하지 못하게 하는 것이었다. 이러한 농지개혁의 의의는 농지를 농민의 소유로 전환시켰다는 데 있었다. 이 때문에 농지를 바탕으로 300년 동안 부를 이어오던 경주 최 부잣집의 부는 마감될 수밖에 없었다.

농지소유상한제 도입은 농지의 편중을 막아 소득불평등 면에서 우리나라가 다른 나라보다 심하지 않게 되는 데 기여했다.

3
이종환: "세계의 미래를 이끌어 나갈 주인공을 찾습니다"

이종환 삼영화학 명예회장은 2000년에 '관정이종환교육재단冠廷李鍾煥教育財團'을 설립한 후 현재가치로 환산할 때 알프레드 노벨보다도 더 많은 돈을 출연하여 '세계의 미래를 이끌어 나갈 인재'를 키우고 있다. 그의 재단이 배출한 국내외 장학생 수가 2014년 말 현재 5,332명이나 된다. 그는 재단 출연금 8천억 원을 2015년 말에는 1조 원으로 늘릴 계획이다.

■ 이종환 삼영화학 명예회장, '기쁜 마음으로, 자발적으로' 베풀다

이종환 삼영화학 명예회장은 2000년에 사재 10억 원을 출연하여 '관정이종환교육재단'을 설립했다. 이 재단은 2014년 7월 현재 출연액이 약 8천억 원을 넘어선, 국내는 물론 동양까지 통틀어 가장 큰 장학재단이다. 이 재단은 2000~2014년간 장학생을 5,332명(국내 4,363

명, 국외 969명)이나 배출했고, 장학금과 기부금 등으로 1,063.1억 원이나 지출했다. 이 재단 홈페이지 '재단소개'에 들어가면 "세계의 미래를 이끌어 나갈 주인공을 찾습니다"라는 문구가 뜬다. 재단소개 '인사말'에 들어가면 "관정 장학생 여러분들이 노벨상 수상자가 되기를 바랍니다"라는 문구가 뜬다.

이종환 회장은 '기쁜 마음으로, 자발적으로' 베푼 대표적인 사례다. 그의 베풂의 목적은 인재양성 곧, '노벨상을 수상할 인재, 빌 게이츠 같은 인재, 세계의 미래를 이끌어 나갈 주인공' 양성에 있다.

■ 이종환 회장은 누구인가?

이종환 회장은 2008년에 출간된 자서전 『정도正道』[2]의 '머리말'에서 자신에 관한 이야기를 소개했다. 그를 이해하는 데 도움이 되리라고 생각되어 몇 군데 인용한다.

"나는 85년 전(필자 주: 이는 2008년 시점에서 쓴 것으로, 2015년 현재 92년 전) 경남 의령에서 태어나 의령초등학교를 거쳐 마산의 마산중학교(5년제)를 졸업했다. '호랑이를 잡으려면 호랑이굴에 들어가야 한다'는 생각으로 일본의 메이지대학에 유학했다. 하지만 1944년 경상학과 2학년을 수료하자 학병으로 끌려가고 말았다. 일본 관동군 소속으로

2 이종환(2008), 『정도(正道)』, 관정교육재단.

소 · 만국경과 오키나와를 오가며 사선을 헤매다가 1945년 8 · 15 해방을 맞았다.
그 후 시골 고향에서 정미소를 한 것도 기업이라면 내 기업인생은 60년이 넘는다. 그러나 본격적인 기업인으로서의 활동은 1958년 삼영화학공업주식회사를 서울에서 창업한 때부터라고 할 때 올해로 50년이 된다. 따라서 나는 산업화시대의 창업 1세대에 속한다.
나는 지난 50년 동안 구두쇠 소리를 듣는 한이 있더라도 '빚 없는 경영'을 해야 적자생존을 하고 발전할 수 있다는 행동철학을 지녔다. 내가 이 재산을 무덤까지 갖고 간다면 영원한 구두쇠로 끝날 것이다. 그러나 나는 이 재산을 모두 사회에 환원했다.
내 전 재산의 사회 환원으로 창립된 '관정이종환교육재단'은 세계 1등 인재육성을 위한 동양 최대의 장학재단이다. '돈을 버는 데는 천사처럼 못 했어도 돈을 쓰는 데는 천사처럼 하련다'는 내 행동철학을 실천하는 데 그 동기와 목적이 있다. 이제 우리나라에서도 학문 분야의 노벨상 수상자가 나와야 한다. 우리나라의 선진화는 물론 인류의 공동번영도 주도해 나갈 초일류 인재들을 많이 길러내야 한다. 내가 환원한 재산도 바로 여기에 쓰이고 있다."

이종환 회장의 자서전 뒤쪽 표지에는 다음과 같은 내용이 쓰여 있다.

"플라스틱 바가지를 생산하는 작은 공장에서 시작하여 최첨단 극초박

막 커패시터 필름을 생산하는 세계 굴지의 기업을 일구기까지!
그토록 어렵다는 애자碍子 산업에 도전하여 순수 우리 기술력으로 세계 최고 수준의 자기애자磁器碍子를 개발하기까지!
IMF 외환위기를 흑자경영으로 돌파하고 팔순의 나이에도 중국 진출에 성공하기까지!
바른길을 추구하겠다는 일념으로 평생 일군 재산을 사회에 환원하기까지!"

인용 내용은 이종환 회장이 누구이고, 그가 이끌어온 기업의 위상이 어떠한가를 잘 보여 준다. 그는 90세를 훌쩍 넘은 나이인데도 중국 사업에 몰두하고 있다. 그의 신념은 확고하다.

"내가 돈을 많이 벌어야 장학재단이 돈을 많이 쓸 수 있습니다."

■ 왜 장학재단을 세웠는가?

그는 1960년대 말 기계를 사기 위해 유럽을 방문하는 길에 스위스에 들렀다가 큰 충격을 받았다.

"나라 크기는 한국의 3분의 1도 안 되고 인구는 6분의 1도 안 되는데 1인당 국민소득은 10배나 되지 않는가. 자원도 별로 없는 데 말이다. 그 비결은 무엇인가. 그것은 결국 사람이라는 것을 알았다."

당시 스위스는 1인당 국민소득이 세계 1위였다. 그 때부터 그는 모교인 마산고등학교에 장학금을 내기도 하고 어려운 학생들을 돕는 일을 꾸준히 해 왔다. 그는 자폐증에 걸린 둘째 아들을 위해 자선 정신병원을 세우기로 하고 땅을 구입했지만 규제에 묶여 계획을 실현할 수 없었다. 그래서 그는 자선병원 건립은 포기하고 인재육성을 위해 장학재단 설립으로 계획을 바꿨다.

그는 1995년부터 장학재단 설립을 준비했다. 2000년에 10억 원을 출연하여 '관정이종환재단'을 설립했다. 2002년에 기금 3,000억 원을 출연하여 재단 이름을 '관정이종환교육재단'으로 바꿨다. 2006년에는 제주골프장을 비롯한 25개의 부동산, 예금, 주식 등을 출연했다. 2006년에는 살고 있는 집까지 출연한 후 자신은 여생을 전셋집에서 보낼 계획까지 세웠지만 규제에 묶여 뜻을 이루지 못했다.[3] 이 재단은 2014년 7월 현재 출연액이 약 8천억 원을 넘어서 동양 최대의 장학재단으로 우뚝 섰다. 그는 전 재산의 95%를 장학재단에 출연했다고 2008년에 발간된 자서전에서 다음과 같이 밝혔다.

> "이 재단은 나의 재산 출연이 그 이후에도 계속되어서 2008년 3월 말 현재 6천억 원(6억5천만 달러)을 넘어섰다. 2002년 새 출범 때의 두 배나 된다. 그리고 그것은 내 전 재산의 95퍼센트 정도가 된다. 온 인류가 존경해 마지않는 알프레드 노벨의 환원 재산을 오늘날 가치로 평가하면 4,300억 원(4억5천만 달러)이고 재산의 사회 환원율이 94퍼센트라는 통계를 보면서 스스로 위안하고 보람으로 삼는다."

---

3 당시에는 장학재단에 부동산을 기부해도 세금을 내야 했고, 살던 집이 250평을 초과해 호화주택으로 분류되는 바람에 세금폭탄을 맞게 되어 있었다.

인용 내용은 이종환 회장이 장학재단에 출연한 돈의 액수와 재산의 사회 환원율이 2008년 현재 현재가치로 환산한 알프레드 노벨의 경우보다 더 많다는 것을 말해 준다. 맞는 얘기다. 얼마나 자랑스러운가! 그는 2015년 초에 8천억 원인 재단 출연금을 2015년 말에는 1조 원으로 늘릴 계획이다. 그의 나이 현재 93세다.

■ 장학금 외에도 『남북통일말사전』 발간 등을 돕다

관정교육재단은 8천억 원이 넘는 출연금에서 매년 나오는 과실금으로 장학사업 외에도 여러 가지 사업을 지원해 오고 있다. 2000~2014년간의 사업을 간략하게 정리한다.

- 장학사업: 국내 장학생(4,363명에 232.6억 원), 국외 장학생(969명에 797.8억 원)
  - 박사학위 받은 장학생 수: 국내 박사 101명, 국외 박사 174명
- 보조금 및 기부금: 미국 존스홉킨스대 국제대학원 한반도평화 프로그램 지원, 수해의연금 지원, 경남대 북한대학원 통일관 건립 지원, 제주국제화장학사업 지원, 『남북통일말사전』 출간, 『일본의 뿌리는 한국』(세키 유지) 번역 출간, 국기게양대 제작 기증, 중국 절강대 관정이종환교육재단 장학금 설립(3년간 30만 달러 지원), 서울대 관정도서관 건립 기부(600억 원) 등(서울대 제2중앙도서관은 2015년 2월 5일에 완공되었음).

심재기 서울대 명예교수가 중심이 되어 발간한 『남북통일말사전』(두산동아, 2006)을 소개할 필요를 느낀다. 이 책은 '남북 말의 이질화 극복을 위한 통일 대비 사전으로 남북의 서로 다른 말 10,000여 개를 비교하여 이해를 돕는 겨레말사전'이라고 한다. 통일을 대비한 관정 교육재단의 문화사업이다.

우리는 몇 개 단어만 봐도 남북 간 언어의 이질화가 얼마나 심각한가를 알 수 있다. 예를 든다(괄호 안은 북한말): 달걀(닭알), 철새(계절조), 형부(아저씨), 헹가래(헤염가래), 누룽지(밥가마치), 휴게실(쉼칸), 박치기(머리받기), 열등감(렬등감), 휴대폰(손전화), 한약漢藥(동약東藥) 등.

■ 인재를 키우는 기쁨에 폭 빠지다

이종환 회장은 인재를 키우는 기쁨에 폭 빠져 있다. 그는 재단의 지원을 받은 장학생들이 고마움을 표하고 싶다고 방에 찾아오면 자리에서 벌떡 일어난다. 그의 입가에 미소까지 번진다. 그는 『논어』의 한 구절 "벗이 있어 멀리서 찾아오니 그 또한 기쁘지 아니한가(有朋自遠方來不亦樂乎)"를 떠올리며 기뻐한다. 그리고 말한다.

"여러분이 세계 1등 인재가 되어서 나라와 인류에 크게 이바지하게 되면 그것으로 족합니다. 나에게 뭔가 갚을 생각이 있으면 여러분 후배들에게 대신 베풀도록 하시오."

이종환 회장은 장학생들이 박사학위를 받고 나면 국가와 세계를 위해 자기들 몫을 다하리라 믿고 더 이상 관리하지 않는다. 이종환 회장은 이렇게 당부한다.

"언젠가 자네가 노벨상 수상자로 결정됐다는 소식을 반드시 듣고 싶네."

이런 분위기에서 장학생들은 이렇게 얘기한다.

"관정교육재단에 들르면 신이 납니다. '노벨상 받으세요'라는 인사를 언제나 들을 수 있어서요."

이종환 회장은 장학사업의 범위를 확대할 계획을 세우고 있다. "관정 장학사업의 범위를 우선 한국뿐만 아니라 북한으로까지 확대해서 중국이나 러시아 등으로 유학하는 북한 학생들에게도 장학금을 주도록 하는 한반도 장학 계획"을 추진하고 있는 것이다. 참으로 대단한 발상이다. 그는 3년간 30만 달러를 지원하기로 하고 2012년에 중국 절강대에 '관정이종환교육재단' 장학금을 설립했다.

■ 베풂은 기업가나 부자의 몫, 이종환 회장이 모범을 보이다

필자는 집필과 관련하여 2008년에 이종환 회장과 인터뷰를 하면서 감탄한 적이 있다. 당시 노무현 정부가 내세운 '소득양극화 해소'와 관련하여 필자가 질문을 던졌다.

"장학재단 기금의 일부를 떼어내 가난한 학생들을 위한 장학금으로 쓰실 의사는 없으신지요?"

그는 필자의 질문이 채 끝나기도 전에 단호한 태도로 답변했다.

"돈은 쪼개면 안 됩니다. 나는 우리나라에서 단 한 명이라도 노벨상 수상자, 단 한 명이라도 빌 게이츠가 나올 것을 바라며 돈을 씁니다."

인터뷰 때 자리를 같이한 교육재단 관계자들의 한 마디는 결코 빠뜨릴 수 없다.

"이종환 회장님은 점심은 항상 5,000원 이하이고, 1~2만 원을 쓸 때는 손이 떨릴 정도로 돈 쓰는 것을 무섭게 생각하는 분이십니다."

알프레드 노벨은 재산의 94%를, 앤드루 카네기는 재산의 90%를, 빌 게이츠는 재산의 일부를 출연出捐하여 베풀었지만, 이종환 회장은 재산의 95%를 '기쁜 마음으로, 그리고 자발적으로' 출연하여 세계의 미래를 이끌어 나갈 주인공을 찾고 있다. 얼마나 훌륭한가! 그래서 우리나라는 더 많은 부자가 나와야 하고, 부자는 더 큰 부자가 되어야 한다!

4
앤드루 카네기: "부자인 채로 죽는 것은 부끄러운 일이다"

앤드루 카네기(Andrew Carnegie, 1835~1919)는 열두 살 때 부모를 따라 스코틀랜드에서 미국으로 이민 오자마자 먹고살기 위해 주급週給 1달러 20센트를 받고 일을 시작한 후 철강사업에 성공하여 66세 때 세계 최고 부자가 되었다. 그는 큰돈을 더 벌 수 있는데도 사업을 정리한 후 "부자인 채로 죽는 것은 부끄러운 일이다"며 사회를 위해 베풀었다.

■ 앤드루 카네기는 누구인가?

앤드루 카네기는 1835년 스코틀랜드 던펌린에서 태어났다. 그의 아버지는 대기업의 하청을 받아 사업을 하는 수공업 직조업자織造業者였는데, 산업혁명으로 대량생산이 가능하게 된 직조기가 1847년 던펌린에 들어오자 하루아침에 가난뱅이가 되고 말았다. 그의 아버지는 가난에서 벗어나기 어렵게 되자 어린 두 아들의 장래를 위해 1848년 뱃삯 20파운드를 빌려 친척이 있는 미국으로 이민을 떠났다.

앤드루 카네기는 미국에 도착하자마자 열두 살의 나이에 주급 1달러 20센트를 받고 지하실에서 실 감는 일부터 시작했다. 그는 첫 주급을 받았을 때의 감회를 훗날 이렇게 썼다.

> "나는 주급으로 1달러 20센트를 받았는데 그때 나는 겨우 열두 살이었다. 내가 첫 주급을 받았을 때 나는 얼마나 자랑스러웠는지 이루 말할 수 없다. 내가 세상에서 조금이라도 쓸모가 있었기 때문에 내 스스로 일해서 벌어들인 1달러 20센트! … 부모님을 도울 수 있다니! … 그 후로 수백만 달러가 내 손을 거쳐 갔다. 그러나 1달러 20센트로부터 얻은 그 순수한 기쁨은 후에 돈으로부터 얻은 어떤 기쁨보다도 더 컸다."[4]

앤드루 카네기는 철강사업으로 돈을 벌었다. 세계 최고 부자가 될 때까지 카네기가 추진한 사업 내용을 개관한다.

- 1848년 실 제조공장으로 옮겨 증기기관과 보일러를 돌보고 주급 2달러를 받았다.
- 1850년 전신국에 취직하여 주급 2달러 50센트를 받았다. 능력을 인

---

4 Carnegie, Andrew(1900), *The Gospel of Wealth and other Timely Essays*, ed., by Edward C. Kirkland, The Belknap Press of Havard University Press, 1962.

정받아 전신기사로 승진하여 월급 25달러를 받았다.

- 1853년 새로운 통신기술을 사용한 덕분에 펜실베이니아 철도회사 서부 지부 감독 토머스 스콧의 개인비서 겸 전신기사로 발탁되어 월급 35달러를 받았다.
- 1856년 지역 은행가로부터 217달러 50센트를 빌려 우드러프 침대차 회사에 투자하여 2년 뒤부터 매년 5,000달러의 배당금을 받았다.
- 1859년 펜실베이니아 철도회사 피츠버그 지부 감독이 되어 연봉 1,500달러를 받았다.
- 1861년 남북전쟁 때 북군을 위해 철도와 전신선을 연결하는 작업을 했다.
- 1863년 철로 다리를 만들 것을 목표로 동업자들과 키스톤 교량회사를 세웠다.
- 1864년 피츠버그에서 레일 제조회사를 세웠다.
- 1865년 철도회사를 끝으로 월급쟁이 생활을 마감한 후 사업을 시작했다.
- 1867년 유니언 제철소를 세웠다.
- 1870년 선철 제조를 위해 루시 용광로를 세웠다.
- 1875년 펜실베이니아주 브래독에 최초의 강철 공장인 에드거 톰슨 공장을 세웠다.
- 1886년 경쟁업체인 홈스테드 제강소를 사들였다.
- 1887년 35세 때부터 사귀어 온 루이스 휫필드(38세)와 52세에 결혼했다.

- 1892년 카네기 철강회사를 설립하여 곧 카네기 회사로 개칭했다.
- 1899년 제강소 몇 군데를 합쳐 카네기 제강소를 설립했다.
- 1901년 66세 때 자선사업을 하기 위해 잘 나가던 철강회사를 4억 8,000만 달러를 받고 J. P. 모건에 팔았다. 이로써 카네기는 세계 최고의 부자가 되었다.

■ 자선사업가를 꿈꾸다

앤드루 카네기는 1868년 35세 때, 은퇴 후 연 수입 5만 달러로 생활하고 남은 돈은 자선사업에 쓴다는 계획을 편지로 써서 자신에게 부친 적이 있다. 그러나 그는 계속 사업에 쫓겼다.

그러다가 그는 1887년 54세 때 『부의 복음』이라는 글을 썼다. 이 글에서 그는 가난한 이민 소년이 세계 최고의 부자가 된 자신의 이야기를 들려주면서, "부자인 채로 죽는 것은 부끄러운 일(The man who dies thus rich dies disgraced.)"이라고 고백했다. 이 글에서 그는 부자가 부를 어떻게 처분하는 것이 바람직한가를 깊이 생각했다. 그는 바람직한 부의 처분 방법으로 공공도서관, 병원, 공원, 오락시설, 수영장, 교회, 대학 등의 설립을 고려했다.

앤드루 카네기는 1901년 66세가 되던 해에 35세 때 계획했던 자선사업을 드디어 실행에 옮기기로 결심했다. 그는 자서전에서 이렇게 썼다.

"『부의 복음』 출간 후 나는 부를 축적하려는 노력을 그만두고 이 책의 가르침에 따라 살기로 결심했다. 부의 현명한 분배라는 훨씬 더 중요하고 어려운 과제에 뛰어든 것이다. 회사 수익은 연간 4,000만 달러에 달했다. … 후계자인 US 스틸사社는 우리 회사를 매입한 후 곧 연간 6,000만 달러의 순수익을 올렸다. 만약 우리가 사업을 계속하여 예정했던 대로 공장을 확장했더라면 그 해에 7,000만 달러를 벌어들였을 것이다."[5]

■ 어떻게 베풀었는가?

앤드루 카네기가 어떻게 베풀었는가를 정리한다.

- 1881년 그는 맨 먼저 고향 스코틀랜드의 던펌린에 도서관을 기증했다. 그는 아버지가 고향 던펌린에서 얼마 안 되는 장서를 모아 불우한 이웃들에게 열람할 수 있도록 최초의 도서관을 세웠다는 것을 평생 자랑으로 여겼다. 또 그는 전보 배달 소년으로 일할 때 토머스 스콧 감독이 400여 권의 장서를 자신같이 불우한 소년들에게 개방한 것을 큰 은혜로 여겼다.
- 1900년 카네기가 출연한 100만 달러와 피츠버그시가 기증한 토지를 기금으로 Carnegie Technical Schools가 설립되었는데, 그 후 몇 단계를 거쳐 1967년 Carnegie Mellon University가 탄생했다.
- 1901년 525만 달러를 출연하여 뉴욕시에 68개의 공공도서관과 분관

5 Carnegie, Andrew(1920), *The Autobiography of Andrew Carnegie*, Houghton Mifflin Company. (박상은 역, 『강철왕 카네기 자서전 성공한 CEO에서 위대한 인간으로』, 21세기북스, 2005.)

을 세웠다. 얼마 후 브루클린 지역에 20개의 분관을 더 세웠다. 그는 평생 모두 2,507개의 도서관을 세웠는데, 무료 공공도서관을 '대중대학people's university'이라고 생각했다.

- 1902년 1,000만 달러를 출연하여 워싱턴에 카네기협회를 만들었다. 미국 대학의 연구 지원을 위해 출범한 이 기구는 1904년 의회의 의결을 거쳐 법인으로 발족했다.
- 1902년 피츠버그 탄광 사고를 계기로 500만 달러를 출연하여 "동료를 구하려고 영웅적인 행동을 한 사람들을 지원한다"는 명분으로 영웅기금을 조성했다.
- 1905년 1,500만 달러로 대학 교수들의 노후를 위한 카네기교육진흥재단을 세웠다.
- 1910년 평화를 위한 기금을 조성하여 카네기국제평화재단을 설립했다.
- 1911년 남은 돈 1억2,500만 달러로 카네기재단을 설립했다. 이 재단은 대학과 전문대학, 기술학교, 학문적인 목적의 연구 · 조사에 연구비를 지원하기 위해 설립되었다.

이로써 카네기는 1919년에 죽기 전 3억1,100만 달러를 사회에 환원했다(필자 주: 이 액수는 『부의 복음』 편집자의 글을 인용한 것임).

■ 자선사업가 앤드루 카네기의 베풂은 자유시장경제의 선물

앞에서 언급한 대로 '베풂'은 자유시장경제의 선물이다. 앤드루 카네기도 이를 입증한다. 먼저 그의 개인적인 특성을 정리한다.

- 그는 노력하는 사람이었다. 그는 죽을 때까지 잠시도 노력을 멈추지 않았다. 그런데 세상에는 카네기만큼 노력하는 사람들도 수없이 많다.
- 그는 쉬지 않고 저축했다. 그는 항상 지출이 수입을 초과하지 않도록 돈을 관리했고, 나머지는 저축했다. 이런 사람들도 세상에는 수없이 많다.
- 그는 저축한 돈으로 열심히 투자했다. 그는 철도회사 스콧 감독의 권유로 집을 담보로 500달러를 빌려 애덤스 익스프레스 주식을 샀다. 그는 10달러의 배당금을 받고나서 "내가 땀 흘리지 않고 자본을 통해 벌어들인 최초의 수입이었다. 나는 '유레카eureka[6]! 여기에 황금알을 낳는 거위가 있다!'고 외쳤다"고 썼다. 투자를 통해 돈 번 사람들도 세상에는 수없이 많다.
- 그는 운이 좋았다. 그는 철도회사 직원이었을 때 침대차를 발명한 우드러프를 우연히 만나 지역 은행가의 도움으로 217달러 50센트를 빌

6 이는 그리스어로, I have found it!(알았다! 됐다!)이라는 뜻이다. 아르키메데스가 왕관의 금의 순도를 재는 방법을 발견했을 때 지른 소리라고 한다.

려 침대차에 투자했다. 이로부터 그는 큰돈을 벌었다. 운이 좋아 돈을 많이 번 사람들도 세상에는 수없이 많다.

- 그는 돈 관리에 철저했다. 그는 한 번만 그렇게 했을 뿐 투기 목적으로 주식을 사거나 팔아본 적이 없다. 이런 사람들도 세상에는 수없이 많다.
- 그는 목재 대신 처음으로 철로 튼튼한 교량을 만들기로 하고 키스톤 교량회사를 설립했다. 기업가정신을 발휘한 경우다. 이런 경우도 세상에는 수없이 많다.

이 같은 개인적인 특성 외에 앤드루 카네기가 세계 최고의 부자가 될 수 있었던 것은 그가 활동했던 1880년대 전후 미국이 자유기업, 경쟁, 자유방임이 바탕이 된 자유시장경제였기 때문이다. 그는 "누구나 성공하면 이익을 얻고, 실패하면 손해를 보고, 가문이나 종교나 국적이 아닌 성과만이 시금석인 시대"를 산 것이다.[7] 실제로 그는 자유시장경제를 예찬했다. 그는 자유시장경제의 핵심 원리인 '경쟁'을 이렇게 묘사했다.

"사회가 경쟁의 법칙에 지불하는 가격은 … 크다. 그러나 생활환경을 개선한 놀랄만한 물질적 발전은 경쟁의 법칙이 가져온 것이기 때문에 이 법칙의 이익은 그 비용보다도 훨씬 더 크다. 경쟁이 자비롭건 자비

---

7 Friedman, M. & R., *Free to Choose*, Harcourt Brace Jovanovich.

롭지 않건, 우리는 경쟁에 관해서 말하지 않으면 안 된다. 즉, 경쟁은 바로 여기에 있고, 피할 수 없고, 대체재代替財를 발견할 수 없고, 개인에게는 가끔 가혹하지만 어디에서나 적자생존適者生存을 보장해 주기 때문에 인류를 위해 가장 좋다는 점이다."[8]

앤드루 카네기는 1901년에 4억8,000만 달러를 손에 쥔 세계 최고의 부자였을 때, 그 해부터 시작하여 죽을 때까지 17년 동안 전 재산의 90% 정도를 사회에 환원한 자선사업가다. 그는 부자였고, 베풀고 싶은 마음이 있어서 베푼 사람이다.

8 주 5)와 같음.

5
알프레드 노벨: "인류에게 가장 큰 공헌을 한 사람들에게 상을 주라"

알프레드 노벨Alfred Bernhard Nobel(1833~1896)은 다이너마이트를 발명하여 큰돈을 벌었다.[9] 그는 한 평화운동가에게 1893년에 보낸 편지에서, 유산의 일부를 한 재단에 기부하여 5년마다 수여되는 상을 제정하고 싶다는 뜻을 밝혔다. 그는 같은 해 3월 14일에 최초의 유언장을 작성하여 유산 가운데 20%는 일가친척에게 나누어 주고, 17%는 병원과 의학연구소 등 여러 단체에 기부하고, 나머지는 학문적으로 공적이 큰 사람들에게 상으로 줄 것을 구상했다. 이어 그는 1895년 11월 27일에 세 번째로 수정하여 확정한 유언장에서, "지난해에 인류에게 가장 큰 공헌을 한 사람들에게 상을 주라"prizes to those who, during the preceding year, shall have conferred the greatest benefit to mankind.고 밝혔다. 그는 1896년 12월 10일에 죽었다.

---

9 이 글은 노벨상 사이트인 Novelprize.org와 Nobel.or.kr의 정보를 바탕으로 정리한 것이다.

그가 죽은 후 노벨상위원회와 기금 등이 마련되어 1901년부터 '물리학, 화학, 의학, 문학, 세계평화에 대한 기여' 다섯 분야에 걸쳐 노벨상이 수여되었고, 1968년부터는 스웨덴 제국은행이 별도로 기금을 마련하여 수여하는 '노벨경제학상'이 추가되었다.

■ 알프레드 노벨은 누구인가?

알프레드 노벨은 1833년 10월 21일 스톡홀름에서 태어났다. 그는 어릴 적부터 아버지한테서 공학을 배웠고, 아버지를 닮아 손재주가 뛰어났다. 그는 1842년에 러시아의 상트페테르부르크에서 지뢰공장을 차려 성공한 아버지를 따라 러시아로 갔다. 그는 주로 가정교사한테 교육을 받았는데, 17세에 모국어인 스웨덴어를 비롯해 영어, 프랑스어, 독일어, 러시아어 등 5개 국어를 능숙하게 구사했다.

그는 17세가 되던 1850년에 파리에서 1년 동안 화학을 공부하다가 미국으로 건너가 스웨덴 출신의 발명가인 존 에릭손 밑에서 4년 동안 일하며 기계공학을 공부했다. 그 무렵 폭약 등 군수물자 생산으로 번창하던 아버지의 사업이 크림전쟁이 끝나면서 몰락하기 시작하자 그는 미국에서 돌아와 아버지를 도왔으나 끝내 아버지 사업은 1859년에 파산하고 말았다.

그 후 그는 스웨덴으로 돌아와 1860년경에 니트로글리세린을 만드는 데 성공했다. 그 다음 해 그는 니트로글리세린 제조법으로 특허를 받아 사업가 기반을 마련했다. 1864년 9월에 스톡홀름 공장에서 폭발사고가 일어나 동생을 비롯하여 다섯 명이 사망했는데, 한 달 후에 그는 첫 합자회사를 차렸다. 스웨덴 정부는 공장 재건을 허락하지 않았다. 그는 배 위에서 니트로글리세린 취급에 따른 위험을 극소화할 수 있는 방법을 실험했다. 그는 니트로글리세린을 규산질 충전물질인 규조토로 스며들게 한 뒤 건조시켜 안전한 고형 폭약 다이너마이트를 만드는 데 성공했다. 그는 1867년과 1868년에 영국과 미국에서 다이너마이트 관련 특허를 따냈고, 1876년에는 폭발성 젤라틴을 개발하여 특허를 받았다. 그는 40세의 나이에 큰 부자가 되었다.

그는 스웨덴, 독일, 영국 등에서 계속 공장을 세웠고, 1886년에는 세계 최초의 국제적인 회사 '노벨다이너마이트트러스트사'를 세웠다. 그동안 그의 형인 로베르트와 루트비히는 카스피해 서안에 있는 바쿠 유전지대 개발에 성공하여 노벨 가문은 유럽 최대의 부호가 되었다.

이렇게 전 세계를 돌아다니며 사업에 몰두했지만 그는 은퇴 후에는 가급적 조용히 지내려고 애썼고, 결혼도 하지 않았다. 그는 자유주의자, 심지어는 사회주의자로 알려지기도 했다. 자신의 발명품과는 달리 평화주의자였던 그는 자신이 발명한 무기로 세상이 평화로워지길 기대했으나 기대대로 되지 않았다. 그는 문학에도 관심이 많아 젊은 시절에는 영어로 시를 쓰기도 했다. 유품으로 남은 그의 서류뭉치에서는 그가 쓴 소설의 초고들이 발견되기도 했다.

알프레드 노벨은 1895년까지 협심증으로 고생하다가 이듬해 12월 10일에 이탈리아 산레모에 있는 별장에서 뇌출혈로 사망했다. 사망 당시, 그의 사업체는 폭탄 제조공장과 탄약 제조공장을 합해 전 세계에 걸쳐 90여 곳이 넘었다. 그는 평생 355개의 특허를 취득했다.

그가 1895년 11월 27일에 파리에서 마지막 세 번째로 수정해 스톡홀름의 한 은행에 보관해 두었던 유언장을 근거로, 그의 사후 세계적으로 가장 권위 있는 노벨상이 제정되었다.

■ 알프레드 노벨은 어떻게 베풀었는가?

알프레드 노벨은 1893년에 평화운동가 베르타 폰 주트너에게 보낸 편지에서 다음과 같이 썼다고 한다.

> "나는 기꺼이 내 유산의 일부를 한 재단에 기부하여 5년마다 수여되는 상을 제정하고 싶습니다. … 남자이건 여자이건 유럽에서 평화 실현에 가장 공로가 큰 인물에게 수여할 상을 말입니다."

같은 해 3월 14일, 그는 최초의 유언장을 작성했는데 이에 따르면, 유산 가운데 20%는 일가친척에게 나누어 주고, 또 17%는 병원과 의학연구소 등 여러 단체에 나누어 기부하고, 나머지는 기금을 조성해 '생리학과 의학 분야에서 가장 중요하고 선구적인 발견이나 발명'에 상을 수여한다는 것이었다.

그가 1895년 11월 27일에 파리에서 마지막 세 번째로 수정하여 스톡홀름의 한 은행에 보관해 두었던 유언장의 내용은 이렇게 시작한다.

"나 알프레드 베르나르드 노벨은 심사숙고한 결과 이 문서로 내가 죽을 때 남기게 될 재산과 관련하여 내 유언이 아래와 같음을 천명하는 바이다."

그의 유언장은 두 부분으로 나뉘어 있는데 앞부분에서는 그의 재산이 그의 조카와 친척들, 지인들, 고용인들 등에게 얼마씩이 지급될 것인가를 상세하게 적고 있다. 이어 뒷부분에서는 "유언 집행인에 의해 안전한 유가증권에 투자된 재산으로 기금을 만들고, 거기에서 매년 나오는 이자를 지난해에 인류에게 가장 큰 공헌을 한 사람들에게 상금으로 수여한다"고 명시되어 있고, 이자는 다음과 같은 5개 분야에 걸쳐 골고루 배분된다고 밝히고 있다.

첫째, 물리학 분야에서 가장 중요한 발견이나 발명을 한 사람.
둘째, 가장 중요한 화학적 발견이나 개선을 이룬 사람.
셋째, 생리학이나 의학 분야에서 가장 중요한 발견을 한 사람.
넷째, 문학 분야에서 가장 뛰어난 이상적 경향의 작품을 쓴 사람.
다섯째, 국가 간의 우호를 증진시켰거나 군대의 폐지나 감축에 기여한 사람 또는 평화회의를 개최하거나 추진하는 데 가장 큰 공헌을 한 사람.

알프레드 노벨의 사후에 공개된 유언장에 따라 1896년에 설립된 노벨재단은 노벨의 유언 실행에 본격적으로 착수했다. 친척, 친지 등에게 지급되고 남은 스웨덴 화폐로 총 3,300만 크로나에 이르는 노벨의 유산은 세금을 내고 3,100 크로나가 남은 것으로 집계되었다. 나의 계산으로, 알프레드 노벨은 순자산의 90.3%를 베풀었다. 이 돈으로 1901년부터 물리학, 화학, 의학, 문학, 세계평화에 대한 기여 다섯 분야에 걸쳐 노벨상이 수여되었고, 1968년부터는 스웨덴 제국은행이 별도로 기금을 마련하여 수여하는 '노벨경제학상'이 추가되었다.

오늘날에는 노벨상이 세계 최고의 영예 가운데 하나로 인정받지만, 노벨의 유언장이 공개된 직후 스웨덴에서는 이 상의 제정을 놓고 격렬한 비난이 일었다. 노벨의 일가친척은 물론이고 한때 애인이었던 소피까지도 자신들의 정당한 유산이 엉뚱한 상에 빼앗기게 되었다고 생각한 나머지 법적 대응을 고려했다. 수상자 선정에서 국적이나 성별에 구애되지 말라는 유언 때문에 스웨덴 국민 사이에서 국부가 해외로 유출된다는 비난도 일었다. 평화상 수상자를 스웨덴이 아니라 노르웨이 국회에서 선정하게 한 것을 놓고도 논란이 일었다(당시에 스웨덴과 노르웨이는 연합국가였기 때문에 스웨덴 국왕이 노르웨이 국왕을 겸했는데, 두 나라는 1905년에 별개의 국가로 분리되었다).

알프레드 노벨은 왜 베풀었는가?

노벨상 사이트에 들어가 아무리 뒤져봐도 알프레드 노벨이 왜 베풀었는가에 대한 답은 찾지 못했다.

일설에 따르면, 프랑스의 한 신문이 1888년 알프레드 노벨의 형이 사망했는데 그를 알프레드 노벨로 착각하여 〈죽음의 상인, 사망하다〉라는 표제 하에 "사람을 더 많이 더 빨리 죽이는 방법을 개발해 부자가 된 인물"이라고 폄하하는 부고기사를 실었다고 한다. 회사에 출근하여 이 기사를 읽고 충격을 받은 알프레드 노벨이 속죄를 위해 재산을 기부하게 되었다고 전해지는데, 이에 관한 확증은 없다고 한다.

그런데 다이너마이트를 개발하여 엄청나게 큰돈을 번 알프레드 노벨이 〈죽음의 상인〉이라는 폄하기사를 읽고 속죄할 마음을 갖지 않았겠는가? 비록 확증은 없다 할지라도 신문기사는 있다고 하니 〈죽음의 상인〉이라는 표현에 세계적인 부자 알프레드 노벨이 베풀고 싶은 충격을 받지 않았겠는가?

그런데 앞에서 언급한 대로, 알프레드 노벨은 1893년에 평화운동가 베르타 폰 주트너에게 보낸 편지에서 "나는 기꺼이 내 유산의 일부를 한 재단에 기부하여 5년마다 수여되는 상을 제정하고 싶습니다. … 남자이건 여자이건 유럽에서 평화의 실현에 가장 공로가 큰 인물에게 수여할 상을 말입니다"라고 썼다고 한다. 평화주의자였던 그가 자신이 발명한 무기로 세상이 평화로워지길 기대했으나 기대대로 되지 않았다는 점을 감안할 때 그가 언제부터인가 베풀 계획을 세우지 않았을까 생각된다. 그가 다섯 번째로 명시한 수상 분야가 '국가 간의 우호를 증진시켰거나 군대의 폐지나 감축에 기여한 사람 또는 평화회의를 개최하거나 추진하는 데 가장 큰 공헌을 한 사람'임을 감안할 때 그는 언제부터인가 베풀고 싶은 마음을 갖게 되었으리라고 추측된다.

■ 알프레드 노벨은 '부자이니까 베풀었다'

노벨상 사이트에 들어가면 알프레드 노벨이 '이미 40살에 부자가 되었다'는 얘기가 나온다. 앞선 글에서, 앤드루 카네기는 세계 최고의 부자가 되었을 때 "부자인 채로 죽는 것은 부끄러운 일이다"고 밝히고 전 재산을 사회에 기부했다. 마찬가지로 젊은 나이에 어마어마한 부자가 된 알프레드 노벨도 친척, 친지, 심지어 자기를 위해 일한 과거와 현재의 고용인들에게까지 유산을 분배하면서 자신이 개발한 다이너마이트가 세계평화를 위협한다고 생각했을 때 세상을 위해 베풀고 싶은 마음을 갖지 않았겠는가. 다시 말하면, 알프레드 노벨은 부자이니까 베풀고 싶은 마음을 갖지 않았겠는가.

이렇게 보면, 베푸는 사람은 부자이고, 그래서 더 많은 부자가 나와야 한다는 생각을 갖게 된다.

6
빌 게이츠:
"기부하면 기뻐진다"

빌 게이츠(William H. Gates Ⅲ ; 1955~)는 이 시대를 살아가는 사람들 가운데 기업가정신이 가장 투철하고, 세계 역사상 가장 많이 베푸는 사람이다. 그는 하버드대학 2학년 초에 학업을 중단하고 소프트웨어 '윈도우'를 개발하여 컴퓨터 사용을 쉽게 했다. 이 공로로 그는 1994년부터 사실상 세계 1등 부자 자리를 지켜왔고, 2000년부터는 '빌 & 멜린다 게이츠재단(Bill & Melinda Gates Foundation)'을 세워 세계 역사상 가장 많이 베풀어오고 있다. 그는 '기부하면 기뻐진다'고 말한다.

■ 빌 게이츠는 어떤 사람인가?

빌 게이츠는 이름 'Gates Ⅲ(게이츠 3세)'가 말해 주듯이 1955년에 좋은 가정에서 태어났다. 그는 열세 살 때 이미 소프트웨어 프로그램을 만들어 썼다. 그가 열여섯 살 때 그보다 세 살 많은 친구 폴 앨런이 그에게 앞으로 마이크로프로세서 칩 등장으로 컴퓨터가 비약적으로 발전하게 되리라고 설명해 주었다. 그 후 빌 게이츠와 폴 앨런은 자신들의 미래가 마이크로프로세서에 있다고 믿었다.

1973년에 하버드대에 입학한 빌 게이츠는 2학년 초에 폴 앨런과 함께 하버드 스퀘어의 신문가판대 주변을 어슬렁거리다가 우연히 컴퓨터에 관한 기사를 읽게 되었다. 이를 계기로 1975년 겨울에 그들은 기숙사에서 5주 만에 소형 컴퓨터를 위한 베이식 프로그램을 완성했다. 이를 계기로 그들은 컴퓨터 소프트웨어 회사 '마이크로소프트'를 세웠다. 그들은 소프트웨어 '윈도우'를 개발하여 사람들이 컴퓨터를 쉽게 사용하게 도왔다. 이와 관련하여 빌 게이츠는 이렇게 썼다.

"나는 열아홉 살의 나이에 나름대로 앞날의 세계를 점치고 내가 옳다고 여긴 방향에 나의 미래를 걸었다. 결과적으로 나의 판단은 옳았다."[10]

'윈도우' 개발로 빌 게이츠는 1994년 이후 사실상 세계 1등 부자 자리를 지켜왔다.

빌 게이츠는 1999년에 170억 달러를 출연해 '빌 & 멜린다 게이츠 재단'을 설립했는데 이 재단은 2000년 1월에 정식으로 출범해 현재에 이르고 있다.

빌 게이츠는 사업 관계로 2학년 초에 중단한 하버드대에서 2007년 6월 11일에 32년 만에 명예졸업장과 명예 박사학위를 받았다. 그

---

10 Gates Ⅲ, William H.(1995), *The Road Ahead*, Microsoft Press.

는 2008년부터는 경영 일선에서 물러나 자선재단 업무에 진력하겠다는 계획을 2006년 6월 15일에 발표하면서 이렇게 말했다.

"마이크로소프트 회사의 성공과 더불어 나는 거대한 부를 선물로 받았습니다. 거대한 부에는 막중한 책임이 따릅니다."

그러고 나서 그는 세계 각지를 돌아다니며 부자들에게 호소했다. 그가 2009년 6월에 노르웨이의 한 자선토론회에서 억만장자들에게 한 말이다.

"부자는 재산의 대부분을 사회에 기부해야 합니다. 나눠주면 기부의 기쁨을 알게 됩니다."

■ 빌 게이츠, 가까스로 기부를 결정하다

《타임》지는 2005년 마지막 호 〈올해의 인물〉 기사에서 사업가 빌 게이츠가 왜 베풀게 되었는가를 자세하게 밝혔다. 1994년까지 빌 게이츠는 자비심이 없는 사람으로 알려졌다. 그는 1992년까지 지역 자선단체와 학교를 대상으로 2,100만 달러 이상을 기부했는데도 그가 80억 달러의 부자였다는 이유로 지역신문들은 감동하지 않았다. 그의 부모조차 걱정할 정도였다. 보다 못해 그의 어머니가 1994년에 예비 며느리 멜린다에게 "많이 받은 사람들로부터는 많은 것이 기대된다"

는 편지까지 보냈다.

빌 게이츠는(필자 주: 39세인 1994년 시점에서) 20~30년 후 은퇴할 때까지 기다렸다가 자선단체를 세울 계획이었다고 한다.[11] 그런데 도움을 바라는 사람들의 요청은 수없이 쌓여만 갔다. 그의 아버지는 아들의 무관심에 마음이 아팠다. 1994년 그의 아버지는 아내가 죽은 지 얼마 되지 않아 아들 부부와 함께 영화를 보려고 줄을 서 있었다. 그때 아버지가 사람들의 도움 요청에 관해 아들이 입을 열도록 말을 꺼냈다. 아들이 쉽게 승낙했다.

"그 일을 믿고 맡길 수 있는 사람이 생겼기 때문에 일찍 시작하고 싶습니다."

아버지와 아들은 곧바로 지하 오락실에다 'William H. Gates Foundation'라는 간판을 걸고, 베푸는 일을 시작했다.

빌 게이츠는 1999년에 170억 달러를 출연해 자선재단 이름을 '빌 & 멜린다 게이츠재단'으로 바꾸고, 2000년 1월부터 정식으로 출범해 현재에 이르고 있다.

■ 어떻게 베풀었는가?

1994년에 자선재단을 설립한 후 빌 게이츠 부부는 인구 제한과 모자보건母子保健에 재단사업의 초점을 맞췄다. 그런데 그들은 건강이 좋으면 인구가 감소한다는 사실을 곧 알게 되었다.

---

11 《Time》(2005.12.26-2006.1.2), "Persons of the Year."

1998년에 그의 아버지는 우연히 AIDS(후천성 면역결핍증) 방지 백신 연구보고서를 보게 되었는데, 도움을 권고하는 편지를 아들에게 보냈다. 아들은 "찬성입니다"라는 한마디 답장을 보냈다. 이 일로 게이츠재단은 당시까지는 가장 많은 150만 달러를 보조했다.

얼마 후 재단 고문 한 사람이 빌 게이츠에게 1993년 세계은행 보고서를 보냈다. 오늘날 이 보고서가 게이츠재단의 청사진이 된 것으로 알려져 있다. 329쪽으로 된 이 보고서는 수백만 명에 이르는 가난한 나라 사람들이 치료방법이 있는데도 질병으로 죽어간다는 사실을 알려주었다. 이 보고서는 AIDS 방지와 관련하여 면역으로부터 영양에 이르기까지 죽음을 막을 수 있는 최소비용의 치료방법을 싣고 있었는데, 모두가 게이츠재단의 주요 투자 영역이었다. 이렇게 해서 드디어 그들은 베풀 수 있는 대상을 찾아냈다. 게이츠재단은 이 분야에 많은 돈을 썼다.

2000년부터 2005년까지의 활동을 언급한다. 게이츠재단은 2000년부터 2005년까지 6년 동안 미국 50개 주와 세계 100개 이상의 국가들을 대상으로, 가난한 나라에서는 백신 개발에 투자하여 적어도 70만 명의 생명을 살려냈다. 미국에서는 도서관 프로젝트를 통해 1만1천 개 도서관의 인터넷 검색을 도왔고, 장학생 프로그램을 통해서는 공부를 더 하고 싶어 하는 1만여 명의 소수 민족 학생들에게 대학 진학 기회를 주었으며, 미국 저소득층의 생활을 향상시키는 데도 도움을 주었다.

세계보건기구에 따르면, 전 세계적으로 1년에 8백만 명의 생명을 구하는 데는 250억 달러가 든다고 한다. 2006년에 게이츠재단은 세계 의료에 결코 적은 돈은 아니지만 약 10억 달러를 쓸 계획이었다. 세계적인 실정을 감안하면 돈이 턱없이 부족하다. 그래서 그는 워싱턴에 사무실을 차려놓고, 미국 정부는 물론 세계 수많은 정치 지도자들과도 미팅을 가졌다. 그 성과의 하나가 유럽 5개국이 빌 게이츠의 자선사업에 10년간 약 100억 달러를 지원하기로 한 것이다. 이런 식으로 빌 게이츠는 기부금을 받아오고 있다.

'빌 & 멜린다 게이츠재단' 홈페이지에 들어가면 재단 임원진, 기금 총액, 사용된 기금 등 많은 정보를 얻을 수 있다. 기금은 다음과 같이 크게 네 가지 분야에 사용된다.

1. 글로벌 건강(Global Health): 말라리아, 결핵, 폐렴 등 예방과 치료
2. 글로벌 발전(Global Development): 농업 개발, 가족계획, 도서관, 백신 보급 등
3. 미국 프로그램(U.S. Program): 교육 보조 등
4. 글로벌 정책과 주장(Global Policy & Advocacy): 담배 규제, G20 보고서 등

'빌 & 멜린다 게이츠재단'은 이 네 분야에서 2000년부터 2014년 9월 30일까지 모두 316억 달러(약 34조8천억 원)를 기부금Grants으로 지출했다. 대단한 액수다.

■ 워런 버핏의 기여도 크다

빌 게이츠의 자선사업 이야기에서는 워런 버핏Warren Buffett 버크셔 해서웨이 회장을 빼놓을 수 없다. 두 사람은 1991년에 한 모임에서 처음 만나 곧바로 서로의 매력에 빠져들어 1991년 이후로 줄곧 절친한 친구 사이로 지내오고 있다. 2015년 버핏은 84세, 게이츠는 64세다.

버핏은 2006년에 빌 게이츠에 이어 약 440억 달러를 가진 세계 2등 부자였는데(2008년 초에는 세계 1등 부자로 기록되기도 했음), 2006년 6월 25일에 자기 재산의 85%에 해당하는 374억 달러 가운데 310억 달러를 '빌 & 멜린다 게이츠재단'에 기부하겠다고 발표해 세상을 깜짝 놀라게 했다. 버핏은 310억 달러나 되는 세계 역사상 가장 많은 기부금을 게이츠재단에 기부함으로써 게이츠재단의 자산 규모는 당시 292억 달러에서 600억 달러를 넘어섰다. 그러나 워런 버핏의 게이츠재단에 대한 기부는 매년 5%씩 이루어지기 때문에 재단 기금은 실제로 600억 달러에 이르지 못한다. 버핏은 거액을 게이츠재단에 기부한 이유를 "게이츠 부부의 활동을 오랫동안 지켜봤다. 게이츠재단이 가장 효율적으로 자선활동을 벌인다고 보기 때문이다"고 말했다.

버핏은 기부하겠다고 약속한 후 2006년부터 2014년까지 해마다 적게는 12억5천만 달러에서 많게는 21억 달러까지 모두 151억1천만 달러를 기부했다.[12] 버핏의 약속에 따르면 310억 달러의 절반 정도가 기부된 셈이다.

---

12 이는 '빌&멜린다게이츠재단'의 홈페이지 'Foundation Fact Sheet'에 나와 있다.

5부

어떤 나라는 왜 변하고, 어떤 나라는 왜 변하지 않는가?

—

어떤 나라는 왜 변하고, 어떤 나라는 왜 변하지 않을까? 이는 정치, 경제, 문화, 국제정세 등 여러 각도에서 논의해야 할 주제라고 생각되지만 나는 이 주제를 오랫동안 마음에 품어왔다. 그 이유는 세계역사상 가장 빠르게 변화해 온 한국을 이들 나라와 비교하면 교훈을 얻을 수 있으리라고 생각했기 때문이다.

다룰 내용은 다음과 같다.

—

1. 아일랜드: 해외자본 유치로 17년 만에 소득 5만 달러대로 진입한 나라
2. 스웨덴: '복지국가 모델'에서 '작은 정부'로 바뀐 나라
3. 아르헨티나: 포퓰리즘 열병(熱病)으로 경제가 끝없이 추락해 온 나라
4. 필리핀: 부의 편재(偏在)로 성장이 더딘 나라
5. 북한: 70년 동안 사회주의 고수(固守)하다 '쪽박' 찬 나라

1
아일랜드:
해외자본 유치로 17년 만에 소득 5만 달러대로 진입한 나라

아일랜드[1]는 면적이 6만9,000㎢로 한반도의 약 3분의 1, 인구가 약 400만 명으로 남한의 9% 정도에 지나지 않은 작은 나라다. 아일랜드는 700여 년 동안 영국의 지배를 받았고, 1850년경에는 감자 흉작으로 100만여 명이 굶어 죽고 100만여 명이 이민을 떠난 '유럽의 병자'로 알려진 나라다.

그러한 아일랜드가 구조개혁에 성공하여 1990~2007년간 17년 만에 1인당 국민소득을 1만 달러대에서 5만 달러대로 끌어올렸다. 아일랜드는 2008년 미국발 금융위기로 한때 재정위기에 빠졌으나 지금은 회복되고 있는 중이다.

---

1 여기에서 아일랜드는 영국에 소속되어 있는 북아일랜드를 제외한, 더블린이 수도인 남쪽 아일랜드를 말한다.

■ 찰스 호이(Charles Haughey) 총리가 구조개혁에 성공하다

아일랜드는 규제가 심한 농업국이었는데 찰스 호이 총리가 이웃나라 마거릿 대처의 영향을 받아 1987년부터 구조개혁을 추진하여 성공했다. 이것이 아일랜드 경제발전의 원동력이다.[2]

규제 완화 및 철폐를 보자. 아일랜드는 본래 규제가 심한 나라였다. 규제가 심하다보니 1차 유가파동 후 1974~1986년간 연평균 성장률이 3%대로 낮았다. 그러다가 찰스 호이 총리가 구조개혁 차원에서 과감하게 규제를 완화하고 철폐했다. 이 결과 아일랜드는 규제 정도가 OECD 국가 가운데 영국 다음으로 약한 나라로 바뀌었다. 대표적인 예로, 아일랜드는 현재 국내외 기업에 똑같이 적용되는 법인세율이 12.5%로, 세계에서 가장 낮다.

노동시장 유연화를 보자. 아일랜드는 1980년대 중반까지만 해도 극심한 노사분규와 높은 임금상승으로 경제가 침체 상태를 벗어나지 못했다. 그러다가 찰스 호이 총리가 구조개혁을 추진하자, 이에 동참하고자 1987년 10월에 제1야당인 민족당의 앨런 덕스 당수와 전국노조연합이 제안하여 정부와 함께 '국가재건을 위한 프로그램'인 '사회연대협약(social partmnership agreement)'을 체결하였다. 사회연대협약은 1987년 이후 3년 단위로 체결되어 노사문제, 임금상승률, 경제안정,

---

2 구동현(2008), 『세계 최강소국 아일랜드의 경제성장 전략』, FKI미디어; 박동운(2007), 『희망한국 이야기』, FKI미디어.

분배 등 주요 이슈를 다뤄왔는데 2005년에는 10년 단위의 7차 협약이 체결되었다. 사회연대협약의 도움으로 아일랜드는 고용보호가 약하기로 OECD 국가 가운데 미국, 영국, 캐나다, 뉴질랜드에 이어 5위다. 이는 곧 아일랜드 노동시장이 유연하다는 것을 뜻한다. '사회연대협약'은 아일랜드경제발전에 획기적으로 기여했다. 한국의 노사정위원회가 이를 배워야 한다.

막대한 해외자본 유입이 고도성장을 이끌다

아일랜드가 세계에서 규제가 약하고, 노동시장이 유연하고, 법인세율이 12.5%로 낮고 보니 외국기업들은 앞다퉈 아일랜드에 투자했다. 2013년까지 아일랜드에 유입된 해외직접투자 액수는 3,777억 달러나 된다. 글로벌 금융위기로 2008~2010년간에는 해외직접투자 유출액이 유입액보다 더 많았지만 다시 정상 상태로 돌아섰다. 참고로 2013년까지 해외직접투자액 유입액을 보면 중국이 9,568억 달러, 싱가포르가 8,377억 달러인데도 한국은 1,674억 달러다. 한국은 초라하기 그지없다.

현재 아일랜드에는 IBM, Intel, Microsoft, Oracle, Pfizer 등 세계적 기업들이 진출하여 아일랜드를 유럽시장 진출을 위한 전진기지로 삼고 있다. 2002년의 경우 1,094개나 되는 외국기업들이 아일랜드에 진출하여 13만 개의 일자리를 창출했고, 아일랜드 수출의 5분의 4와 GDP의 4분의 1을 기여했다. 현재 세계 10대 소프트웨어 기업 가운데

5개사가 아일랜드에 진출해 있고, 아일랜드에서 생산되는 소프트웨어의 유럽시장 점유율은 40~60%에 이른다.

아일랜드는 규제가 약하고 노동시장이 유연해 해외직접투자가 엄청나게 유입된 결과 선진국으로서는 유례를 찾아보기 어려운 연평균 7%가 넘는 고도성장을 이룩했다. 또 1인당 국민소득은 세계역사상 처음으로 17년 만에 1만 달러대에서 5만 달러대로 증가했다.

감자 외에 다른 농작물을 심기 어려운 척박한 땅 아일랜드가 700여 년 동안 지배했던 영국보다 더 잘살게 된 이유는 한 마디로 규제완화와 노동시장 유연화를 통한 해외직접투자 유치에서 성공했기 때문이다. 우리는 아일랜드를 배워야 한다.

■ 글로벌 금융위기로 재정위기에 처하다

아일랜드도 2008년 미국발 글로벌 금융위기 앞에서는 버티지 못했다.

성장률은 2007년에 5.6%였는데 2008년에 -3.5%로, 2009년에 -7.6%로, 2010년에 -0.4%로 떨어졌다. 이렇게 된 데는 아일랜드가 개방도가 높아 해외자본 유출이 심했기 때문이다. 그러나 경제가 살아나 2009~2010년간에는 해외자본 순유입(=유입-유출)이 522.9억 달러를 기록했다. 성장률은 이제 플러스로 돌아서고 있다.

1인당 국민소득은 2007년에 5만1,562달러에서 2008년 금융위기 후에 크게 떨어졌다가 2013년에 4만2,671달러로 증가했다.

설상가상으로 아일랜드는 금융위기에다 재정위기까지 겹쳤다. 아일랜드는 2000년만 해도 정부지출 비율이 31.2%로(재정자료가 과소 추계된 한국을 제외하고) OECD 국가 가운데 가장 작았을 정도로 재정상태가 튼튼했다. 그러나 2008년 미국발 글로벌 금융위기 직격탄을 맞고 재정지출 증가로 금융위기에 대처한 결과 2010년 정부지출 비율이 66.1%까지 증가했다. 그러나 2013년에는 이 비율이 40.5%로 뚝 떨어졌다.

아일랜드는 2000년만 해도 국가부채 비율이 40.0%로, OECD 30여 개국 가운데 다섯 번째로 작았을 정도로 재정상태가 튼튼했다. 그러나 2008년 글로벌 금융위기 직격탄을 맞고 재정지출 증가로 금융위기에 대처한 결과 2013년 국가부채 비율이 무려 128.9%까지 증가했다. 이 비율은 2013년 OECD 국가 가운데 일본 224.1%, 이탈리아 144.0%, 포르투갈 140.0%에 이어 네 번째로 높다. 이런 상황에서 한때 아일랜드 최고 갑부로 불렸던 건설재벌 션 퀸이 2012년 1월 주택가격 폭락과 경제난 영향으로 파산을 선언했다.

아일랜드는 경제불안정이 얼마나 위험한가를 잘 보여 주는 나라다. 아일랜드 경제의 쇠락은 링 위에서는 영원한 승자가 없듯이 경제에서도 영원한 강국이 없다는 것을 시사한다. 자칫 잘못하다가는 어떤 나라든지 아일랜드 꼴이 될 수 있다는 것을 알아야 한다.

2
스웨덴: '복지국가 모델'에서 '작은 정부'로 바뀐 나라

스웨덴은 스칸디나비아 반도 동부에 위치한, 면적 45만㎢로 한반도의 약 2배, 인구 약 930만 명의 나라다. 스웨덴은 1523년 이후 입헌군주국 체제를 유지해 왔고, 1856년에 설립된 발렌베리Wallenberg라는 재벌가문 기업이 스웨덴 GDP의 약 3분의 1을 차지하는 나라다.

스웨덴은 1800년대 중반부터 1900년대 초까지 가난 때문에 약 100만 명이 이민을 떠난 나라다. 그러한 스웨덴이 경제발전에 성공하여 한때는 대표적인 복지국가 모델로 꼽혔다가 지금은 '작은 정부'로 바뀌었다.

■ 1860년대부터 추진한 친시장적 개혁이 기업활동을 활성화시켜

스웨덴은 1860년대까지만 해도 유럽에서 가장 가난한 나라였다. 그러한 스웨덴이 1950년대에는 유럽에서 가장 잘사는 나라의 하나가 되었다. '친시장적 개혁'이 가져온 결과다.

여기서는 '친시장적 개혁' 이야기부터 할 필요가 있다. 그 이유는 한국의 좌파들은 '가난한 나라 스웨덴이 복지정책을 실시하면서 경제가 발전하게 되었다'고 목소리를 높이기 때문이다. 최창규 교수가 다음과 같이 썼다.

"스웨덴은 1860년대부터 자유시장을 만들기 위해 개혁을 하였다. 그리하여 주식회사, 기업의 자유, 자유무역, 자유로운 신용대부시장, 제한된 정부 등이 가능해졌다. 이런 이유로 스웨덴은 다른 유럽 국가들보다 뒤늦게 산업혁명을 했지만 성공할 수 있었다. 그리하여 1892년부터 1911년 사이에 스웨덴에서는 다이너마이트, 볼베어링, 밸브, 냉동장치, 터빈 등을 생산하는 훌륭한 기업들이 많이 생겨날 수 있었다. 이외 자동차(필자 주: 이는 1926년에 창업한 Volvo자동차를 말하는데, Volvo자동차는 2010년 3월 중국 '지리자동차'에 18억 달러에 인수되었음), 통신사업 등 지금 스웨덴을 대표하는 기업들도 이때에 탄생했다. 이 당시 기업활동이 활발했던 이유는 무엇보다도 8% 정도의 낮은 세율 덕분이었다. 이러한 낮은 세율로 기업가들은 자신의 사업을 성공시키려는 경제적 유인이 매우 강했던 것이다. 이것이 바로 기업가들의 적극적인 활동을 가능하게 만든 것이다. 스웨덴에서 그나마 복지를 할 수 있었던 배경에는 친시장적인 사회분위기로 훌륭한 기업들이 많이 생겨날 수 있었기 때문임을 간과해서는 안 된다."[3]

이처럼 스웨덴은 1860년대부터 친시장적 개혁을 통해 자유시장을 만들어 기업활동을 활성화시켰다. 그 결과 스웨덴은 1890년대 고도성장을 이룩했고, 1950년대에는 유럽에서 가장 잘사는 나라의 하나가 되었다.

■ 일찌감치 복지모델을 완성하다

스웨덴은 1850~1890년간 산업화 과정을 거쳤다. 이 과정에서 스웨덴도 다른 나라들처럼 저임금, 장시간 노동, 격렬한 노사분규를 경험했다. 이를 계기로 스웨덴에서는 사회주의 이념과 사회주의 운동이 뿌리내리게 되었고, 격렬한 노동운동을 배경으로 1889년 사회민주당(이하 사민당)이 등장했다. 사민당은 사회민주주의(이하 사민주의) 복지정책의 뿌리를 내렸다.

스웨덴 사민주의 복지정책의 역사는 다음과 같이 네 단계로 나누어진다.

투쟁기: 1870~1920년대 초반

3 최창규(2011), 「제5장 칠레, 남유럽, 스웨덴의 포퓰리즘」, 조동근 외(2011), 『포퓰리즘의 덫 세상에 공짜는 없다』, 나남, pp.171-208.

성장기: 1920~1940년대 중반

완성기: 1945~1980년경

변화기: 1980~현재

사민당 지도자 알빈 한손은 사민주의가 지향하는 이념을 '국민의 집 건설'로 선포했고, 1932년 정부 구성을 하면서 스웨덴 사회복지제도의 근간을 마련했다. 이를 바탕으로 스웨덴은 1950년대 중반부터 소위 스웨덴 식 복지국가 모델을 본격적으로 가꾸어갔다. 사민당은 1932~1976년간 44년 동안 내리 집권하면서 스웨덴 식 사민주의 복지국가 모델을 완성했다. 스웨덴의 복지정책은 다음과 같은 내용으로 구성되었다.[4]

- '모든 아이는 모두의 아이'라는 아동정책과 가족정책
- '안정된 노년의 삶'을 보장하려는 노인정책과 연금제도
- '완전한 참여, 완전한 평등'을 지향하는 장애인정책
- '양성평등으로 완성되는 민주주의'를 실현하려는 여성정책
- '모두에게 열린 배움의 힘, 균등 사회의 길'을 열어주려는 교육정책
- '국민 건강과 환자 중심의 의료 제도' 실시를 목표로 하는 보건의료정책
- '모든 국민을 위한 살기 편한 집'을 제공하려는 주택정책

---

4 신필균(2011), 『복지국가 스웨덴』을 바탕으로 정리한 것임.

- ‘모두에게 좋은 일자리’를 제공하려는 노동시장정책
- ‘녹색 국민의 집으로’ 구호를 실천하려는 환경정책

스웨덴의 복지정책 내용은 이처럼 완벽에 가까워 ‘스웨덴 식 복지국가 모델’이라는 이름이 붙을 만하다고 생각된다.

■ 스웨덴 복지국가 모델에 대한 두 가지 오해

그런데 스웨덴 복지국가 모델은 두 가지 오해를 안고 있다. 첫째, ‘가난한 나라 스웨덴이 복지정책을 실시하면서 경제가 발전하게 되었다’는 것이다. 사실은 그 반대다. 둘째, 장하준 케임브리지대 교수는 “세계에서 가장 거대한 규모의 복지제도를 운영중인 스웨덴은 … 2000년대 자료만 살펴보면 성장률이 미국보다 훨씬 높다”[5]는 것이다. 장하준 교수의 주장은 억지 주장이다. 관련 내용을 보자.

첫째, 선진국 평균 대비 스웨덴의 1인당 GDP는 1870년에 0.6 수준에서 지속적으로 상승하여 1950년에 1.5에 약간 못 미치는 최고치를 기록했는데, 이는 스웨덴이 1950년대에 경제 상태가 좋았다는 것을 뜻한다. 실제로 스웨덴은 1950~1960년간 연평균 3.4%, 1960~1970년간 연평균 4.6%나 되는 고도성장을 이룩함으로써 복지정책 실시에 필수적인 물질적 기반을 갖췄다. 이를 바탕으로 스웨덴은 복지

5 장하준(2010), 『그들이 말하지 않는 23가지』, 부키, p.299.

정책 실시가 가능했다. 앞에서 언급한 대로, 고도성장 기간인 1950~1970년은 사민주의 복지정책의 '완성기'에 해당한다.

그러나 선진국 평균 대비 스웨덴의 1인당 GDP는 최근 몇 년을 제외하고는 1950년 이후 지속적으로 하락해 왔다.[6] 이는 곧 복지정책 실시로 스웨덴 경제가 침체에 빠졌다는 것을 뜻한다. 이는 곧 복지정책의 병폐가 나타났다는 뜻이다.

둘째, 스웨덴의 재정지출 비율(GDP 대비 일반정부총지출 비율)은 1960년에 31% 수준이었으나 1970년에 43.0%를 기록한 후 지속적으로 증가하여 1982년에 65.0%로 증가했다가 1988년에 58.0%로 감소, 1993년에는 세계역사상 가장 높은 70.5%를 기록했다. 1993년 GDP 대비 조세 비율도 60.5%로, 역시 세계역사상 가장 높았다. 세계역사상 가장 높은 재정지출 비율과 조세 비율은 스웨덴 식 복지정책이 재정 부담을 가중시켰다는 것을 뜻한다. 이는 곧 스웨덴경제가 스웨덴 식 복지국가 모델을 계속 지탱하기가 어렵게 되었다는 것을 뜻한다.

설상가상으로 스웨덴은 1990년대 초에 1930년대 대공황 이후 가장 심각한 경제침체를 겪었다. 성장률이 1990년에 1.0%로 떨어진 후 1991년에 -1.1%, 1992년에 -1.2%, 1993년에 -2.1%를 기록한 것이다. 이 무렵 세계경제는 호황으로 치닫고 있었다. 이런 상황에서 스웨덴은 복지개혁 외에 다른 대안이 없었다. 스웨덴은 국유기업 민영화, 규제완화, 재정적자와 재정지출 감소 등 친시장적 개혁을 추진했다.

---

6 송원근(2011.2.17), 〈스웨덴 식 복지국가 따라가야 할 것인가?〉, 한국경제연구원, keri칼럼.

특히 스웨덴이 친시장적 개혁을 추진할 수밖에 없었던 이유의 하나는 복지정책 실시로 인한 조세 부담이 국민의 반감을 샀기 때문이다. 사민당의 복지정책은 1932년~1976년간 44년 동안에 안정적으로 실시되었지만 증세로 인해 사민당의 장기 집권은 1976년에 막을 내렸다. 이후 2010년까지 사민당과 중도보수 연합은 정권을 내주고 되찾는 경쟁을 벌여왔다. 이 과정에서 스웨덴의 역대 정부는 최근 복지정책 축소를 통해 '작은 정부 만들기'에 역점을 두어 왔다.

■ 스웨덴은 '재정준칙' 도입으로 재정위기 극복

이제 스웨덴이 복지국가 모델에서 벗어나 어떻게 '작은 정부' 나라가 되었는가를 보자. 스웨덴이 1997년부터 도입한 '재정준칙'이 '작은 정부' 실현에 결정적으로 기여했다. 스웨덴은 과다한 복지지출로 재정 부담에 억눌려 있던 상황에서, 설상가상으로 1990년대 초에 대공황 이후 가장 심각한 경제침체마저 겪게 되었다. 그런 상황에서 스웨덴 정부는 1994년에 '재정건전화 프로그램을 실시하여 재정지출 감축을 통한 균형재정 달성'을 목표로 삼았다. 마침내 1997년에 균형재정 달성을 위한 '재정준칙'이 제정되었다. 최창규 교수가 이렇게 썼다.

"먼저 일반정부(중앙+지방+노령연금)의 재정수지는 경기변동을 감안하여 평균적으로 GDP 대비 2% 흑자를 유지하게 했다. 노령연금이 GDP 대비 2% 흑자임을 감안하면 사실상 중앙정부와 지방정부로 하여금 균형재정을 하도록 요구한 것이다. 다시 말하면, 정부지출을 정부수입 범위 내에서 쓰도록 하겠다는 것이다. 지방정부의 경우 지출한도는 없지만 2000년부터는 균형재정을 의무화하여 이를 위반할 경우 일반보조금을 감축하는 등 제재하고 있다. 한편 중앙정부의 지출에 대한 지출한도를 준수하도록 했다. 이를 통하여 일시적인 재정수입 증대에 따른 재정확대를 차단하여 궁극적으로 공공 부문의 비중을 줄이려고 한 것이다. 이러한 노력을 통해 스웨덴은 중앙정부 재정지출 한도를 1997년 37%에서 2000년 이후 32~33%로 축소할 수 있었다."[7]

인용 내용은 스웨덴이 '재정준칙'을 도입하여 재정지출이 조세수입에 맞게 국가재정을 운영함으로써 균형재정을 달성하겠다는 의지를 보여 준다. 그러면 이 같은 재정준칙 도입은 효과가 있었을까? 1997년에 재정준칙이 도입된 후 1997~2010년간 재정지출 비율, 조세수입 비율, 재정수지 상태, 국가부채 비율 변화를 보자.

---

7 최창규(2011), 「제5장 칠레, 남유럽, 스웨덴의 포퓰리즘」, 조동근 외(2011), 『포퓰리즘의 덫 세상에 공짜는 없다』, 나남, pp.171-208.

〈표 1〉 스웨덴의 재정 상태, 1997~2013(모든 수치는 당해 연도 GDP 대비 비율, %)

	1993	1995	2000	2005	2007	2010	2013
정부지출	70.5 (1993)※	64.9	55.1	53.9	51.0	52.9	54.4
조세수입	52.3 (1990)	47.5	51.4	48.9	47.4	45.8	44.3
재정수지	–11.2 (1993)	–7.3	3.6	1.9	3.6	–0.1	–1.3
국가부채	84.3 (1993)	81.1	64.3	60.8	49.3	49.1	44.7

※주: ( ) 안의 연도는 1970~2013년간 항목별 재정 상태가 가장 나쁜 연도임. / 자료: OECD.

재정지출 비율을 보자. 이는 역사상 1993년에 가장 높은 70.5%였는데, 글로벌 금융위기 이전인 2007년에는 51.0%로 14년 동안에 무려 19.5%포인트나 감소했다. 세계역사상 이런 유례는 찾을 수 없다.

조세수입 비율을 보자. 이는 역사상 1990년에 가장 높은 52.3%였는데, 2007년에 47.4%로 감소했다.

재정수지를 보자. 이는 역사상 1993년에 가장 큰 -11.2%였는데, 지속적으로 개선되어 2013년에 -1.3%를 나타냈다.

국가부채 비율을 보자. 이는 역사상 가장 높은 1993년의 84.3%에서 지속적으로 감소하여 2013년에는 44.7%를 나타냈다.

아일랜드를 비롯해서 수많은 나라들이 금융위기를 재정지출로 대처한 결과 재정위기를 벗어나지 못하고 있는데도 스웨덴은 재정준칙을 도입하여 노르웨이와 함께 재정건전성을 잘 유지했다. 무엇보다도 스웨덴은 1990년대 초에 극심한 경제 침체를 겪고 나서 1993년 이전의 큰 정부에서 작은 정부로 돌아섬으로써 '작은 정부'를 내세우는 시장경제의 중요성을 전 세계에 알려주고 있다.

재정준칙은 스웨덴만 도입한 것이 아니라 호주, 핀란드, 독일, 일본, 네덜란드, 뉴질랜드, 스페인, 영국 등 9개국도 실시하고 있다. 한국이 배워야 할 교훈이다.

■ 스웨덴은 복지 내용도 축소

뿐만 아니라 스웨덴은 복지 내용도 엄청나게 줄였다.

먼저 눈에 띄는 것이 연금 혜택을 줄이는 연금 개혁이다.[8] 스웨덴은 1999년부터 보험료를 오랫동안 많이 낸 가입자에게 연금을 상대적으로 많이 주는 쪽으로 연금제도를 개혁했다. 그동안 65세만 되면 보험료를 내지 않아도 국가가 100% 지원하던 기초노령연금도 2001년부터는 수혜 액수가 줄었다. 확정급여형 연금도 수혜 조건이 제한되었다. 이렇듯 스웨덴은 재정 부담과 고령화 대비책으로 보편적 복지(이는 1968년에 완성되었음)를 개인의 기여도 중심의 선택적 복지로 바꿔오고 있다.

무상의료도 큰 변화를 겪고 있다. '초음파로 담석증을 찾아내는데 5년이 걸렸다'는 불평이 보여 주듯이 비효율적인 무상의료를 개선하고자 스톡홀름 시내 국립병원의 80%가 민영화되어 민간회사로 넘

8 《동아일보》, 〈[복지강국이 앓고 있다]〈2〉 '복지 천국' 스웨덴의 개혁 몸부림〉, 2011.1.27.

어갔다.

참고로 스웨덴이 1910년에 도입하여 실시해 왔던 부유세를 2007년에 폐지했다는 사실을 언급한다. 폐지 이유는 자본의 해외 유출 때문이었다. 이 점을 감안할 때 토마 피케티가 불평등 해소를 위해 고율의 누진세를 도입해야 한다고 주장한 것은 얼마나 비현실적인가를 알 수 있다.[9]

■ 빼놓기 아까운 스웨덴 이야기

스웨덴 이야기에서 빼놓기 아까운 것 두 가지를 언급한다.

하나는 정치체제인데, 스웨덴 사회주의의 '아버지'로 불리는 브란팅은 '사민주의를 민주주의의 사회 · 경제적 외연外緣을 확대하는 것'으로 이해했고, 공산주의를 과두제寡頭制 지배 체제라는 이유로 반대했다. 그래서 다행히도 스웨덴은 공산주의 국가가 되지 않았다.

다른 하나는 경제체제인데, 스웨덴은 자율적 시장 메커니즘을 바탕으로 발전해 온 나라다. 시장경제 활성화 수준을 나타내는 프레이저 인스티튜트의 '경제자유' 등급을 보면 이를 알 수 있다. 스웨덴은 2012년 152개국 가운데 '경제자유 등급'이 32위(한국은 33위)로 시장경제 활성화가 한국보다 더 잘 된 나라다. 그런데 '경제자유'를 평가하는

---

9 Piketty, Thomas(2013), *Capital in the Twenty-First Century*(이 책은 프랑스어 판은 2013년 8월에, 영어 번역판은 2014년 3월에, 한국어 번역판은 2014년 9월에 발간되었음).

5대 항목의 하나인 '정부 크기'에서 스웨덴은 경제자유가 높기로 152개국 가운데 150위다. 스웨덴은 정부 크기가 문제다. 이 문제를 극복하면 스웨덴은 대표적인 '작은 정부' 나라가 될 것으로 기대된다.

3 아르헨티나: 포퓰리즘 열병熱病으로 경제가 끝없이 추락해 온 나라

아르헨티나는 면적이 약 277만㎢, 인구가 2008년에 4,000만 명을 약간 웃도는 나라다. 아르헨티나는 1516년에 유럽인들이 처음으로 들어온 후 스페인의 지배를 받았고, 영국의 침공을 받았고, 브라질과의 전쟁을 치르는 등 평탄치 않은 역사를 가진 나라다.

아르헨티나는 1870년대부터 해외 투자와 이민이 활발하게 이루어지면서 농업, 사회, 경제 등이 발전하여 현대적인 경제 기반이 마련되었다. 그 후 1880~1929년간에는 경제성장이 지속적으로 이루어져 아르헨티나는 당시 세계 10대 부국 가운데 하나에 들었다.

■ 페론의 포퓰리즘으로 경제가 침체에 빠져오다

그러나 아르헨티나는 1946년에 후안 페론이 정권을 잡고 포퓰리즘에 사로잡혀 복지정책을 추진하면서부터 경제가 침체에 빠져들기 시작했다. 여기에다 1955년에 일어난 쿠데타를 시작으로 계속 이어진 쿠데타와 군사독재가 정치 불안까지 가중시켜 경제가 더욱 침체에 빠져들었다.

이런 상황에서 1970년대 유가파동 이후 아르헨티나도 몇몇 남미 국가들처럼 구조개혁을 추진했다. 그러나 구조개혁은 성공하지 못했다.[10] 아르헨티나는 1990년대 전반까지 어떤 해에는 물가상승률이 2,000%를 넘었고, 환율이 극심한 변동을 되풀이하는 등 경제 불안이 지속되었다. 이를 계기로 정부의 경제 개입이 그치지 않았다. 이 결과 아르헨티나는 시장경제로부터 점점 멀어져 갔다.

시장경제 활성화 수준을 나타내는 '경제자유지수'는 아르헨티나가 시장경제로부터 얼마나 멀어져 갔는가를 잘 보여 준다. 경제자유지수 등급에 따르면, 아르헨티나는 1980년에 112개국 가운데 57위였는데 점점 악화되어 2012년에는 152개국 가운데 무려 149위로 떨어졌다.

경제 불안으로 저성장과 저소득이 지속돼

아르헨티나는 경제 불안으로 해외직접투자 유입액이 다른 나라에 비해 많지 않은 나라다. 2013년까지 아르헨티나에 유입된 해외직접투자 액수는 약 1,123억 달러에 지나지 않는다. 이는 면적 크기가 아르

10 박동운(2000), 『構造改革과 失業對策』, 集文堂.

헨티나의 약 4,000분의 1에 지나지 않은 싱가포르의 8,377억 달러의 13.4%에 지나지 않는다.

아르헨티나의 경제 불안은 성장률과 1인당 국민소득 변화에서 잘 나타난다.

성장률을 보자. 아르헨티나는 1971~2013년간 43년 동안에 13번이나 마이너스 성장을 기록했다. 이 결과 1970~2013년간 연평균 성장률은 2.6%에 지나지 않는다. 다행히도 아르헨티나는 글로벌 금융위기 영향을 받은 2009년을 제외하고는 2003년부터 비교적 고도성장을 기록해 오고 있다. 그러나 경제가 언제 다시 안정을 잃게 될지 예측하기 어렵다.

아르헨티나의 1인당 국민소득을 보자. 아르헨티나는 1인당 국민소득이 1970년에 880달러였는데, 1990년에 4,000달러대, 1998년에 8,000달러대, 2003년에는 이전보다 엄청나게 감소한 3,000달러대, 그리고 2007년에 겨우 8,922달러를 기록했다. 아르헨티나는 1인당 국민소득이 40여 년 동안 1,000~8,000달러대에서만 맴돌았다. 이는 아르헨티나 경제가 얼마나 불안정했는가를 말해 준다. 아르헨티나 경제가 불안정한 이유는 1971~2013년간 13차례나 마이너스 성장을 기록했고, 연평균 성장률이 2.6%로 낮았기 때문이다. 그러다가 아르헨티나는 2008년에야 1만 달러대를 넘어섰고, 2013년에 14,504달러를 기록했다.

이처럼 아르헨티나 경제발전 과정을 보면, 경제성장과 1인당 국민소득 증가가 마치 널뛰기를 하듯 오르락내리락하는 패턴으로 발전해 온 것을 알 수 있다. 이를 놓고 나는 아르헨티나경제를 '널뛰기경제'라고 이름 붙인 적이 있다. 아르헨티나경제는 왜 널뛰기경제일까? 포퓰리즘으로 인한 경제 불안 때문이다.

■ 포퓰리즘이 경제 침체의 주범

아르헨티나 경제가 불안정하게 된 가장 중요한 이유는 1940년대에 페론 대통령이 즐겨 사용한 포퓰리즘이 그동안 뿌리를 단단히 내렸기 때문이다. 대부분의 유럽 선진국에서도 일반화되어 있듯이, 정치가 포퓰리즘에 휘말리게 되면 경제가 불안정 속으로 빠져들기 마련이다. 2차 대전 후에 대부분의 유럽 선진국들이 사회주의 열풍이라는 포퓰리즘에 휘말려 사회주의 정책을 도입했다는 사실이 그 증거다.

2차 대전 전후 무렵 세계 10대 강국의 하나였던 아르헨티나! 아르헨티나의 경제발전 과정은 우리에게 소중한 교훈을 준다. 경제가 정치적 포퓰리즘에 휘말리게 되면 경제가 침체될 수밖에 없다는 것을! 한국의 정치가들이 배워야 할 교훈이다.

아르헨티나의 현 대통령은 크리스티나 페르난데스이다. 그녀는 2007년 대통령인 남편이 갑자기 죽자 후임 대통령으로 선출되었고, 2011년 10월에 재선되었다.

아르헨티나는 2013년에 높은 물가인상률, 과도한 국가부채, 높은 실업률, 국내총생산의 절반이 넘는 1,800만 달러의 자본 유출 등으로 구조개혁 상황에 처해 있었다. 그런데도 2011년 12월에 페르난데스는 대통령 취임식에서 '가난한 사람을 없애는 계획을 계속한다'고 선언했다. 페론주의를 계승한 그녀가 아르헨티나 경제를 살려 과연 '가난한 사람을 없앨 수 있을 것인가'는 두고 볼 일이다. 한국의 대선 후보들이 배워야 할 교훈이다. 페론주의 망령이 70년 넘게 지배해 온 아르헨티나경제는 낙관불허다.

4
필리핀: 부의 편재偏在로 성장이 더딘 나라

필리핀은 면적이 약 30만㎢, 인구가 2007년 약 8,857만 명, 7,107개의 섬으로 이루어진 나라다(사람이 사는 섬은 약 1,000개). 필리핀은 마젤란이 세계 일주 항해 도중 1521년에 세부 섬에 상륙하면서부터 유럽에 알려지게 되었다.

그 후 필리핀은 200여 년 동안 스페인의 지배를 받았다. 독립을 쟁취하려는 민중항쟁이 각지에서 일어났다. 스페인은 미국과의 전쟁에서 패하자 파리강화조약에 따라 필리핀의 지배권을 1898년에 2,000만 달러를 받고 미국에 양도했다. 그 후에도 필리핀의 독립투쟁은 계속되었다.

제2차 세계대전 중에는 일본군이 필리핀을 점령했다가 1943년에 독립을 승인했다. 필리핀은 1946년에 미국으로부터 완전히 독립했다.

■ 여러 가지 요인 때문에 경제가 침체에 빠지다

필리핀은 독립 후 경제가 발전하여 잘사는 나라가 되었다. 한 예로, 1962년 필리핀의 1인당 국민소득은 220달러로, 같은 해 87달러의 한국보다 2.5배나 많았다. 그러나 필리핀은 1965년 마르코스의 집권 이후 독재체제, 부정부패, 부의 편재偏在, 빈부 격차 등의 문제로 경제가 침체에서 벗어나지 못했다.

필리핀은 시장경제 국가일까? 그렇게 보기는 어렵다. 시장경제 활성화 수준을 나타내는 프레이저 인스티튜트의 '경제자유지수'가 이를 말해 준다. 그 등급에 따르면, 필리핀은 1980년에 112개국 가운데 55위였는데 1995년에 115개국 가운데 25위로 개선된 후 점점 악화되어 2012년에 152개국 가운데 51위로 떨어졌다.

필리핀의 해외직접투자 유입액을 보자.[11] 이는 1980~2013년간 325억 달러에 지나지 않는다. 필리핀은 16세기에 스페인의 지배를 받고 일찌감치 개방되었는데도 시장경제 여건이 갖춰지지 않아 해외직접투자 유입액이 많지 않은 것으로 풀이된다.

필리핀의 1인당 국민소득을 보자. 이는 1970년에 180달러였는데 그 후 지속적으로 증가하여 1982년에 723달러를 기록했다. 그 후 1인당 국민소득은 감소하다가 증가하여 1992년에 겨우 824달러가 되었

11 해외직접투자 규모는 시장경제의 한 면인 경제의 개방도와 관련된 것이어서, 여기에서는 해외직접투자 유입액을 비교의 대상으로 삼는다.

고, 그 후 더디게 증가하여 2013년에 3,316달러를 기록했다. 필리핀의 1인당 국민소득은 43년 동안에 180달러에서 겨우 3,316달러로 증가했다. 필리핀은 1970~2013년간 연평균 성장률이 2.8%밖에 되지 않아 1인당 국민소득 증가가 더딜 수밖에 없다.

1960년대 초만 해도 장충체육관을 지어 주었을 정도로 한국보다 더 잘살았던 필리핀을 한국과 비교해 볼 필요를 느낀다. 한국의 1인당 국민소득을 보자. 이는 1970년에 282달러였는데 1995년에 1만 달러대에 진입한 후 2013년에 2만6,718달러를 기록했다. 한국은 1971~2013년간 연평균 성장률이 7.1%나 된다.

■ 소득불평등이 심한 나라

그러면 필리핀은 왜 경제성장과 소득 증가가 한국에 비해 훨씬 더딜까? 그 이유를 나는 소득불평등에서 찾는다.

지니계수Gini Coefficient[12]는 소득불평등 비교에서 대표적으로 사용되는 지표다. 〈UN 인간개발 보고서〉에 따르면, 2009년 지니계수가 한국은 0.316, 필리핀은 0.440으로서 필리핀이 한국에 비해 소득불평등이 훨씬 더 심하다는 것을 알 수 있다.[13] 또 D10/D1(최하위 10%의 소득점유율에 대한 최상위 10%의 소득점유율 크기)가 한국은 7.8인데 비해

---

12 지니계수는 소득불평등을 나타내는 지표다. 이는 완전 평등은 0, 완전 불평등은 1로, 수치가 작을수록 소득불평등이 심하지 않다는 것을 뜻한다.

13 참고로 2009년의 지니계수를 보면, 아이티 0.595, 브라질 0.55, 멕시코 0.481, 중국 0.415, 미국 0.408, 러시아 0.375, 영국 0.36, 뉴질랜드 0.362, 한국 0.316, 스웨덴 0.25, 일본 0.249이다.

필리핀 14.1이어서, 필리핀은 한국에 비해 소득양극화가 심하다는 것을 알 수 있다.

그러면 아직도 노동 인구의 약 55%가 농업에 종사하고 있어서 소득불평등이 심할 것 같지 않은 필리핀은 왜 소득불평등이 그렇게 심할까? 그 이유는 부, 곧 토지 소유가 지나치게 편재되어 있기 때문이다. 필리핀은 인구의 약 5%가 전체 국토의 약 95%를 점유하고 있는 것으로 알려져 있다. 그래서 대부분의 국민들은 소작농으로 살아갈 수밖에 없다는 것이다. 여기에다 소작인들은 소작으로 생산한 곡물의 반을 지주에게 바쳐야 할 정도로 착취를 당하고 있다는 것이다. 이런 여건을 감안할 때 필리핀이 한국경제 수준에 이른다는 것은 까마득한 이야기일 것 같다.

■ 한국은 농지 개혁으로 소득불평등이 심하지 않아

소득불평등이 심한 필리핀 이야기와 관련하여 한국의 소득불평등이 다른 나라와 비교할 때 비교적 심하지 않는 이유 가운데 하나는 이승만 정부가 1949년 1월에 '농지개혁법'을 도입했기 때문이다.[14] 이 이야기는 앞에 자세하게 언급되어 있다.

한국은 해방이 되자 이승만 정부가 1949년 1월에 '농지개혁법'을 국무회의에 상정했고, 같은 해 6월에 법 제31호로 공포한 후에 1950

14 박동운(2008), 『CEO 정신을 발휘한 사람들』, 삼영사, pp.120-1.

년 3월에 최종 개정법안을 공포했다. 그러나 6 · 25 전쟁으로 농지개혁은 일시 중단될 수밖에 없었다. 그래서 1954년에 끝날 예정이었던 농지개혁은 오랫동안 지연되다가 1969년 4월에야 박정희 정부에서 완결을 보게 되었다.

이 농지개혁법의 핵심 내용은 농가가 소유하지 않는 농지, 농가가 직접 경작하지 않는 농지, 소유 상한을 초과하는 농지를 정부가 사들여 이를 직접 경작할 농가에게 분배 · 소유케 하는 것이었다. 특히 중요한 것은, 농지 분배가 1가구당 3정보(1정보는 약 3,000평)를 초과하지 못하도록 하고, 3정보를 초과하는 토지는 정부가 사들이기로 한 '농지소유상한제 도입'이었다. 농지개혁의 가장 큰 의의는 지주의 토지 소유를 농민의 소유로 전환시켰다는 데 있다.

이처럼 이승만 정부가 해방 후 농지개혁법을 도입하여 농지나 토지 소유의 집중을 억제한 결과 한국은 다른 나라, 예를 들면 위에서 언급한 필리핀 같은 나라에 비해 소득불평등이 심하지 않게 된 것이다.

5
북한:
70년 동안 사회주의 고수固守하다 '쪽박' 찬 나라

사회주의는 평등분배를 실현한다는 구호를 내세워 한때 지구의 3분의 1 정도를 지배했지만 개인의 자유를 허용하지 않은 탓에 배고파 망하게 된다는 것을 북한이 입증해 주고 있다. 북한은 70여 년 동안 사회주의를 고수하다 '쪽박'을 차고 만 나라다. 북한은 현 시점에서 지구상에 남아 있는 유일한 사회주의국가다.

■ 김일성 · 김정일 · 김정은 : '쌀밥에 고깃국 파티'를 준비하다[15]

북한에서 김정일의 후계자로 자리한 김정은은 2010년 11월 당간

15 김일성 3부자에 관한 글은 시각에 따라 평가가 달라진다. 이 점을 감안하여 여기에서는 백과사전 위키백과(Wikipedia) 등에 실린 글을 상당 부분 원용(援用)했다. 위키백과 내용은 공개된 것이어서 평가가 '중립적일 수 있다'는 장점이 있기 때문이다. 그런데 실제로 위키백과가 '북 편들고 남 깎아내린다'는 지적을 받은 일이 생겼다(《동아일보》 2011.7.16). 그러자 문제가 된 내용이 즉각 수정되었다. 이는 북한에 관한 평가가 '중립적일 수 있다'는 근거로 볼 수 있다.

부회의에서 "3년 내에 국민경제를 1960~1970년대 수준으로 회복시켜 쌀밥에 고깃국을 먹고 기와집에서 비단옷을 입고 살 수 있는 생활수준을 달성해야 한다"고 말했다고 한다. 1973년까지만 해도 남한보다 더 잘 살았던 북한, 그러한 북한이 건국 이후 70여 년이 지났는데도 아직껏 '쌀밥에 고깃국 파티' 타령을 하고 있으니 잘못되어도 뭔가 크게 잘못된 것 같다.

여기서는 북한의 김일성 · 김정일 · 김정은 3대 세습世襲의 통치 결과를 경제 중심으로 이야기한다.

■ 김일성 · 김정일 · 김정은의 삶은?

김일성 · 김정일 · 김정은의 삶을 간략히 정리한다.

(1) 김일성

김일성은 조선민주주의인민공화국을 건설한 통치자다. 그의 삶을 다음과 같이 정리한다.

- 1912년 4월 15일 평안남도 대동군에서 아버지 김형직과 어머니 강반석의 삼형제 가운데 맏아들로 태어남
- 독립운동가, 군인, 정치인
- (1948.9~1972.12) 조선민주주의인민공화국 내각수상
- (1966, 1970, 1980) 조선로동당 중앙위원회 총비서 겸 군사위원회 위원장으로 선출

- (1972, 1990) 국방위원회 위원장에 추대
- (1972.12.15~1990.5) 사회주의 헌법 채택 후 초대 국가주석
- (1990.5.24~사망 시까지) 2대 국가주석
- (1993) 국방위원회 위원장직을 아들 김정일에게 넘김
- (1994.7.8) 82세에 심장 질환으로 갑자기 사망

(2) 김정일

김정일은 아버지 김일성이 1994년 7월 8일 심장 질환으로 갑자기 사망하자 뒤를 이어 권력을 승계 받았다. 김정일의 삶을 간략히 정리한다.

- (1942.2.16) 김일성과 독립운동가 겸 공산주의자 김정숙의 첫째 아들로 태어남
- (1960.9~1964.4) 김일성종합대학 정치경제학과 졸업
- (1961.7.22) 조선로동당 입당
- (1980) 제6차 당 대회를 통해 공식적인 후계자로 확정
- (1993) 김일성으로부터 국방위원회 위원장직을 넘겨받음
- (1994.7.8 김일성 사망으로) 조선민주주의인민공화국 국방위원회 위원장 겸 조선로동당 총비서
- (2011.12.17) 김일성과 비슷하게 심장 질환으로 갑자기 사망

(3) 김정은

김정은은 2010년에 김정일의 후계자로 부상했다가 2011년 12월 17일 김정일이 갑자기 사망하자 권력을 승계 받았다.

- (1982~) 김정일의 셋째 부인 일본 무용수 출신 고영희가 낳은 둘째 아들(첫째 아들은 1981년생인 정철)로 이야기되는데 그의 출생은 베일에 싸여 있는 것으로 알려져 있음
- (2010) 김정일의 건강 문제가 심각해지자 후계자로 부상
- (2011.12) 김정일이 갑자기 사망하자 29세 나이로 권력 승계

■ 김일성의 비전은 '사회주의국가 건설'

해방 후 김일성은 북한에 조선민주주의인민공화국을 세웠다. 여기서는 김일성과 관련된 내용을 정리한다.

김일성은 1948년 9월 9일 조선민주주의인민공화국 출범과 함께 내각수상에 선출되었고, 이어 국가 강령인 '조선민주주의인민공화국 강령'을 발표했다.

이 강령은 조선민주주의인민공화국의 성격을 잘 나타낸 것으로, 그것은 '남녀평등 실현, 선거권 실시, 무상교육제도 실시(북한에서는 11년 무상교육제도를 뜻함), 무상의료제도 실시, 친일파와 지주 청산, 토지개혁 실시, 자원의 공동 생산 및 공동 소유' 등이다. 이 강령에 따르면, 조선민주주의인민공화국은 분명히 사회주의국가로 출발했다.

따라서 '조선민주주의인민공화국 강령'을 바탕으로 할 때, 김일성의 비전은 '누구나 다 평등하게 잘살 수 있다'는 '사회주의국가 건설'로 볼 수 있다. 김정일도 김일성의 비전에서 한 치도 벗어나지 않았다.

■ 김일성 · 김정일 · 김정은의 업적

그러면 김일성 · 김정일 · 김정은의 업적은 어떤 것일까? 여기에서는 이들의 업적을 경제와 관련하여 이야기한다.

북한은 정권 수립 이전부터 현재까지 경제계획 수립 횟수가 열 차례를 넘는다. 먼저 북한의 주요 경제계획을 정리한다.

- 제1차 7개년계획(1961~70): '사회주의 공업 · 농업경제로부터 사회주의 공업경제로의 이행'을 내세워 중공업 우선 발전과 경공업 · 농업의 동시발전을 추진
- 6개년계획(1971~76): 사회주의의 물적 · 기술적 토대 공고화, 산업설비 근대화, 기술혁명, 노동자들을 힘든 노동으로부터 해방 등을 기본과업으로 제시
- 제2차 7개년계획(1978~84): 주체사상에 입각한 자립경제 건설 주장
- 제3차 7개년계획(1987~93): 2차 계획과 마찬가지로 경제의 주체화 · 현대화 · 과학화 추진을 강조
- 완충기 경제계획(1994~96): '사회주의경제 건설의 완충기'로 설정하여 농업 · 경공업 · 무역 제일주의 제시
- 사회주의 강행군시기(1996~98): 1995년부터 심화된 경제난과 식량

난으로 고통받던 시기를 가리켜 '고난의 행군시기(96~97)'와 '사회주의강행군시기(97~98)'라는 말로 통용되는데 북한은 2000년 10월 10일 조선로동당 창당 55주년을 맞아 사회주의강행군의 종결을 선언

- 강성대국(1998~2012): 김정일은 '강성대국' 구상을 1998년에 밝히고 2012년에 출범한다고 홍보했는데, 뒤이어 김정은은 2010년 11월 당간부회의에서 "3년 내에 국민경제를 1960~70년대 수준으로 회복시켜 쌀밥에 고깃국을 먹고 기와집에서 비단옷을 입고 살 수 있는 생활수준을 달성해야 한다"고 강성대국 건설을 강조

위에서 보듯이, 북한은 70여 년간 3대 세습을 이어오면서 잘사는 나라가 되고자 여러 차례 경제계획을 추진해 왔다. 그러면 그 결과는 어떤 것일까? UN 자료를 바탕으로, 1970~2013년간 사회주의국가 북한과 자유시장국가 남한 경제를 비교한다.

〈표 2〉 남북한 경제 비교

경제체제	북한 사회주의	남한 시장경제
연평균 경제 성장률	**김일성 시대** 1970~1994: 3.1% **김정일 시대** 1995~2010: 0.3% **김정은 시대** 2011~2013: 0.6%	1970~1994: 11.0% 1995~2010: 5.0% 2011~2013: 3.0%
1인당 국민소득	**김일성 시대** 1970: 436달러 1994: 432달러 **김정일 시대** 1995: 239달러 2010: 570달러 **김정은 시대** 2013: 622달러	1970: 288달러 1994: 9,799달러 1995: 11,848달러 2010: 22,612달러 2013: 26,718달러

※주: 남한의 시대 구분은 북한의 김일성 · 김정일 통치 기간에 맞춘 것임.
※자료: United Nations Statistics Division.

먼저 성장률을 보자. 1971~2013년간 연평균 성장률은 북한이 1.9%, 남한이 7.1%다. 그런데 북한 자료는 믿기 어렵다. 북한의 성장률은 1971~1989년간에는 5년 또는 4년 단위로 해마다 똑같이 각각 10.4%, 4.1%, 3.7%, 1.4%로 기록되어 있기 때문이다. 어떻든 성장률을 북한 통치자의 통치 기간으로 나눠 비교한다.

연평균 성장률은 1971~1994년간 김일성 통치에서 3.1%, 1995~2010년간 김정일 통치에서 0.3%, 김정은 통치에서 0.6%로, 최근에 이를수록 사실상 낮아졌다. 이는 사회주의국가 북한이 경제적으로 얼마나 심각한가를 보여 주는 증거다.

그런데 자유시장국가 남한은 1971~2013년간 연평균 성장률이 7.1%나 된다.

1인당 국민소득을 보자. 북한은 1970년 1인당 국민소득이 436달러로 같은 시기 남한의 288달러보다 1.5배나 많았다. 1인당 국민소득에서 북한은 1973년까지 남한을 앞섰다. 그런데 2013년 북한의 1인당 국민소득은 622달러로, 1970년 436달러에서 별로 증가하지 않았다. 물가상승을 감안하여 실질소득으로 환산한다면 북한의 1인당 국민소득은 이 기간 동안 엄청나게 감소했을 것이다. 그래서 글의 시작에서 언급했듯이, 김정은은 "국민경제를 1960~1970년대 수준으로 회복시켜 쌀밥에 고깃국을 먹고 기와집에서 비단옷을 입고 살 수 있는 생활수준을 달성해야 한다"고 말하지 않았을까 생각된다. 다시 말하면, 김정은은 '생활수준이 높았던 1960~1970년대'를 벤치마킹한 것이다.

그런데 자유시장국가 남한은 1970년에는 북한보다 훨씬 못살았지만 2013년에는 2만6,718달러로 북한보다 무려 43배나 더 잘살지 않는가!

이처럼 '김일성 · 김정일 · 김정은 3대 세습'의 사회주의국가 북한과 자유시장국가 남한을 비교할 때 시장경제는 남한을 잘살게 했지만 사회주의는 북한을 굶주리게 했다는 것을 알 수 있다.

■ 김일성 · 김정일 · 김정은 평가

해방 후 우리나라는 이념 차이로 남한과 북한으로 갈라져 출범했다. 북한은 현재 지구상에서 마지막 남은 사회주의국가이고, 제2차 세계대전 이후 유일한 3대 세습 국가다. 그러한 북한은 아직껏 가난에서 벗어나지 못하고 '쌀밥에 고깃국 파티'를 준비하고 있다. 이는 세계 역사가 이미 말해 주었듯이 사회주의 체제와 독재 정치의 문제점이다.

먹을 것이 없어서 굶어 죽는 사람이 줄을 잇고 있는 북한은 우리로 하여금 통일을 생각하게 한다. 만일 통일이 갑작스럽게 이루어진다면 우리 경제는 통일비용을 부담하기에 역부족이다. 따라서 정책입안자들은 통일 문제를 신중하게 대비해야 한다.

■ 우리에게 주는 교훈

건국 후 60여 년이 지나는 동안 사회주의국가 북한은 가난에서 벗어나지 못하고 있지만 시장경제국가 남한은 경제대국의 반열에 들어섰다. 역설적으로, 사회주의국가 북한이 시장경제의 우월성을 입증해 준 셈이다.

사회주의 체제가 가난에서 벗어나기가 얼마나 어려운가는 북한이 경험한 '고난의 행군苦難-行軍'과 1인당 국민소득 증가가 말해 준다. '고난의 행군'이란 북한에서 1996년부터 2000년까지 최악의 식량난으로 약 33만 명이 굶어 죽자 김일성의 항일 활동 시기에 겪었던 힘든 상황을 상기시켜 위기를 극복하려고 채택한 구호다. 북한은 1인당 국민소득이 1970년에 436달러였는데 43년이 지난 2013년에 622달러로 증가했다. 남한은 같은 기간 1인당 국민소득이 288달러에서 2만6,718달러로 증가했다.

이제 우리는 시장경제국가 대한민국을 더 좋은 나라로 가꾸기 위해 전력투구해야 한다. 우리에게는 이러한 비전을 제시할 수 있는 통치가가 필요하다.

6부

역대 정부의 정책은 왜 아쉬움을 남겼는가?

—

반면교사(反面教師)라는 말이 있다. 이 말은 '나쁜 면만을 가르쳐 주는 선생'이란 뜻이다. 따라서 '반면교사를 거울삼아'라는 말은 '남의 나쁜 면을 거울삼아 좋은 면'을 택하라는 뜻이다. 이런 점에서 김대중 정부에서 이명박 정부까지 역대 정부의 아쉬움을 남긴 정책을 하나씩만 들춘다. 다음 정부에 교훈이 되라는 뜻에서 선택한 주제다. 두 번째 이야기인 '영세상인과 관련된 법 도입'은 당시 민노당이 주도한 것이지만 김대중 정부에서 이루어졌기 때문에 김대중 정부에 포함시켰다.

다룰 내용은 다음과 같다.

—

1. 김대중 정부 ①: 구조개혁은 왜 성공하지 못했을까?
2. 김대중 정부 ②: '영세상인을 위한 임대차보호법'은 누구에게 도움이 되었을까?

〈부록〉: '전월세 상한제'는 결코 도입되어서는 안 된다.

3. 노무현 정부: 반시장정책으로 주택가격을 낮췄을까?
4. 이명박 정부: 휘발유 가격 100원 낮춰 서민들에게 도움 주었을까?

1
김대중 정부 ①
: 구조개혁은 왜 성공하지 못했을까?

나는 2004년에 『대처리즘: 자유시장경제의 위대한 승리-구조개혁에 성공한 마거릿 대처 영국 수상 이야기』[1]를 썼다. 나는 이 책 「발간에 부쳐」 첫 문장을 이렇게 시작했다.

"한국은 현재 G11입니다. 경제를 살리면 G9도 될 수 있습니다. 현재와 미래의 한국 대통령들을 위한 구조개혁 교과서로 이 책을 썼습니다."

이 책의 끝 부분에서 나는 구조개혁에서 마거릿 대처 총리는 성공했지만 김대중 대통령은 성공하지 못했다는 것을 비교를 통해 밝혔다. 한국이 IMF 관리체제를 일찍 졸업하게 된 데는 김대중 정부의 기

1 박동운(2004), 『대처리즘: 자유시장경제의 위대한 승리-구조개혁에 성공한 마거릿 대처 영국 수상 이야기』, FKI미디어.

여가 컸지만 만일 김대중 정부가 구조개혁을 과감하게 추진했더라면 오늘날 한국의 위상은 훨씬 더 높아졌을 것이다. 김대중 정부는 'IMF 졸업' 샴페인을 너무 일찍 터뜨린 것이다.

다음은 내가 위에서 언급한 책에서 쓴 김대중 정부에 대한 구조개혁 평가다(pp.263~266).

> 나는 2002년 11월에 『시장경제인가 반反시장경제인가-김대중 정부의 구조개혁 평가』[2]라는 저서를 통해 김대중 정부의 구조개혁, 특히 4대 경제개혁을 이미 평가한 바 있다. 그런데 김대중 정부의 구조개혁과 관련된 평가 하나를 먼저 소개할 필요를 느낀다. 한국경제연구원은 2003년 12월 1일에 외환위기 6주년 기념 국제세미나를 갖고 김대중 정부의 구조개혁을 다음과 같이 평가했다.
>
> 한국이 외환위기 조기 극복을 위해 내건 4대 개혁은 노사개혁, 금융개혁, 공공개혁, 기업개혁이다.
> 이 가운데 노사개혁은 외환위기 이전보다 한 발짝도 전진하지 못한 대표적인 실패 사례로 꼽힌다. 노동부에 따르면 올해 들어 11월 11일까지 발생한 노사분규는 305건으로 1990년대 이후 최고치인 1990년의 322건에 육박한다.

2 박동운(2002), 『시장경제인가 반(反)시장경제인가-김대중 정부의 구조개혁 평가』, 자유기업원.

금융개혁에서는 은행 부문만 나름대로 성과를 거뒀을 뿐 투신사 구조조정은 아직까지 제자리걸음을 하고 있다. 또 신용카드 부문은 제2의 금융위기를 불러올 수 있는 뇌관이 된 지 오래지만 딱 부러지는 해결책을 찾지 못하고 있다.

기업개혁도 지배구조 개선에만 초점을 맞췄을 뿐 장기적인 경쟁력은 오히려 약화됐다는 평가가 지배적이다. 실제 수출의 호조에도 불구하고 기업 설비투자는 올해 들어 3월과 6월을 제외하고는 매달 감소세다. 더욱이 최근 검찰의 비자금 수사에서도 드러났듯 기업과 정치권의 유착도 여전하다.

공공개혁은 공무원 수 감축만 일정대로 진행되고 있을 뿐 각 부처와 청와대 간 효율적인 정책결정시스템은 오히려 악화됐다는 지적이 많다.(《동아일보》, 2003. 12. 1)

여기에다 내가 『시장경제인가 반(反)시장경제인가 –김대중 정부의 구조개혁 평가』에서 김대중 정부의 구조개혁을 평가한 글도 인용한다.

김대중 정부의 구조개혁이 실패한 이유는 '시장경제'를 내세운 김대중 정부의 구조개혁이 구호에만 그치고 말았기 때문이다. 내가 평가한 바로는, 김대중 정부가 추진한 4대 경제개혁은 그 결과가 노동 부문은 오히려 유연성이 낮아졌고, 기업 부문은 오히려 규제만 강화되었고, 공기업 민영화는 그 실적이 미미하고, 금융 부문은 엄청난 공적자금만 투입하고도 신관치금융만 강화시켰다. 김대중 정부의 4대 경제개혁은 한 마디로, 실패한 개혁이다.

그러면 김대중 정부의 구조개혁은 왜 성공하지 못했을까? 나는 마거릿 대처와 비교하면서 다음과 같이 정리했다.

(1) 김대중 대통령은 자유시장경제에 관심이 없었다

김대중 대통령은 취임 직후 IMF 관리체제에 들어간 한국경제를 살려내기 위해 '시장경제와 민주주의'라는 캐치프레이즈를 내세웠다. 그러고 나서 김대중 대통령은 IMF가 제시한 스케줄에 맞춰 구조개혁을 과감하게 추진해 갔다.

그런데 하이에크 주장에 따르면, 김대중 대통령이 내세운 '시장경제'와 '민주주의'는 양립할 수 없다.[3] 하이에크는 자유주의와 민주주의를 엄격히 구분한다. 자유주의는 개인의 자유를 중요시한다. 자유주의는 국가권력의 제한에 초점을 맞춰 개인의 자유를 보호하려고 하지만 민주주의는 국가권력의 원천源泉에 초점을 맞춰 대중의 자유를 보호하려고 한다. 다수결 원칙을 바탕으로 운용되는 민주주의는 그 자체가 문제인 것은 아니나 다수가 결정한 것이면 정부가 무엇이나 실행해야 한다는 것이 문제다. 이로 인해 민주주의는 부패된 민주주의로 변질되고 말았다고 하이에크는 지적한다. 이렇게 볼 때 개인의 자유를 보호하려

3 Hayek, F.A.(1988), *The Fatal Conceit The Errors of Socialism*, Routledge.

는 '시장경제'와 대중의 자유를 보호하려는 '민주주의'는 양립할 수 없다. 따라서 '민주주의'를 내세워 대중의 자유를 보호하려고 했던 김대중 대통령은 자유시장경제에 관심이 없었다고 볼 수 있다.

(2) 김대중 대통령은 정치논리에 집착했다

김대중 대통령은 집권 초기에는 경제논리에 집착했다. 집권 반 년이 지나 1998년 6월에 발표된 100대 국정과제를 보자. 얼마나 대단한 개혁의지를 반영한 국정과제였는가. 이를 놓고 국민 전체가 한 덩어리가 되어 경제를 살리고자 '금 모으기' 운동까지 벌이지 않았는가. 그런데 김대중 대통령은 한국경제가 IMF를 조기 졸업하자마자 정치논리에 빠지고 말았다.

김대중 대통령은 처음에는 공무원도 개혁의 대상이라고 강조하다가 어느 틈에 공무원은 개혁의 주체라고 방향을 바꿈으로써 개혁의지를 희석시켰다. 김대중 정부는 경제논리와 상관없이 주택경기 활성화를 통해 경기 활성화를 이룩한 결과 참여정부에 부동산투기 안정이라는 정책 과제를 안겨주었다. 또 소비 진작을 통해 경기 활성화를 이룩한 결과 참여정부에 가계 부채와 카드사 부실 문제를 안겨주었다. 대처는 1984년 실업률이 11.4%까지 올라가도 끝내 긴축 재정 · 통화정책을 일관성 있게 추진했다. 경제논리에 집착한 대처가 높게 평가된다.

(3) 김대중 대통령은 구조개혁을 위해 사회적 합의주의를 택했다

구조개혁은 대처 외에도 루스벨트나 레이건처럼 집권 초기에 과감하게 추진해야만 성공할 수 있다. 내가 앞에서 이미 설명한 대로 멕시코를 비롯한 남미 국가들이 영국과 뉴질랜드와는 달리 구조개혁에 실패한 이유의 하나는 사회적 합의를 거쳐 구조개혁을 추진하려 했기 때문이다. 1998년 1월에 발족한 노사정위원회는 노동시장에 대한 새로운 규제 요인이 되리라 보고 거의 모두가 입을 모아 반대했지만 김대중 대통령은 끝내 이를 발족시켰다. 노사정위원회는 김대중 정부에서 노동시장을 얼마나 더 경직시켰는가. 이렇듯 김대중 대통령은 사회적 합의주의를 바탕으로 구조개혁을 추진하려 했기 때문에 구조개혁 추진에서 한계가 있을 수밖에 없었다.

2
김대중 정부 ②
: '영세상인을 위한 임대차보호법'은 누구에게 도움이 되었을까?

'영세상인을 위한 상가임대차보호법'은 김대중 정부에서 민노당의 발의로 도입되어 2003년 1월부터 시행되었다. 이 법은 영세상인을 보호한다는 취지로 도입되었지만 임대료를 엄청나게 올려 오히려 영세상인만 괴롭히고 말았다. 가격규제는 그 결과가 국민에 대한 보복으로 나타난다는 것을 보여 준 좋은 예다.

이 글에 이어 내가 '전월세 상한제 도입'을 적극적으로 반대한 글을 〈부록〉으로 싣는다. 정치권이 주장한 '전월세 상한제'가 도입되었더라면 세입자들은 '전월세 폭등' 폭탄을 맞고 말았을 것이다.

■ '영세상인을 위한 상가임대차보호법'은 백상기 씨의 공로로 탄생

'영세상인을 위한 상가임대차보호법'은 선천성 소아마비로 지체장애 3급 판정을 받은 장애인 백상기 씨라는 사람의 공로로 탄생했다.

그는 날품팔이와 포장마차 등으로 번 돈으로 1991년에 청주시내에 처음으로 작은 횟집을 차렸는데, 그 후 지나친 월세 인상을 요구하는 건물주 때문에 권리금도 받지 못하고 수시로 쫓겨나곤 했다. 그는 인생을 걸고 건물주의 횡포에 대항하기로 결심하고, 상인 2천여 명의 서명을 받아 1993년 12월에 국회에 상가임대차보호법 입법청원서를 제출했다. 이에 그치지 않고 그는 생업을 포기한 채 국회, 정당, 정부 관련 부처 등을 찾아다니며 4백여 차례에 걸쳐 진정서를 제출했고, 관계자들을 만나 자신과 같은 처지의 사람들을 보호해달라고 설득작업을 벌이기도 했다. 그는 국회의사당 앞에서 14일간 단식투쟁을 하면서 법안 통과를 요구하는 1인 시위까지 벌여 그의 요구는 드디어 법률로 제정되었다.

이 법은 민노당의 제안으로 김대중 정부에서 2001년 12월 19일에 법률로 제정되어 2002년 11월부터 시행될 예정이었으나 문제가 있는 것으로 지적되어 2003년 1월에야 가까스로 시행되었다.

■ '영세상인을 위한 상가임대차보호법'은 전형적인 가격규제

'영세상인을 위한 상가임대차보호법'은 문자 그대로 영세상인을 보호하기 위해 도입된 법이다. 그런데 그 내용은 전형적인 '가격규제'다. 이 법의 핵심 내용을 보자.

첫째, 이 법은 일정 금액 이하의 임대보증금에만 적용되는데, 기준금액은 서울 2억4,000만 원, 수도권 1억9,000만 원, 군 지역과 인천을 제외한 광역시 1억5,000만 원, 그 외 지역 1억4,000만 원이었다.

둘째, 이 법은 임대보증금을 내는 상가임차인이 세무서로부터 사업자로 확정되면 보호받을 수 있게 되는데, 보호의 핵심 내용은 5년간 임대료 인상폭이 5~10%로 규제된다는 점이었다. (현행 임대료 인상률은 5년간 9%.)

법이 시행되기도 전에 상가임대료가 폭등해

이 법 시행이 발표되자마자 대부분의 건물주들은 법 적용에서 벗어나고자 법 시행 이전에 임대료를 기준 금액 이상으로 올려버렸다. 예를 들면, 서울은 임대료가 2억4,000만 원 이하일 경우에만 적용되므로 건물주들은 법 적용에서 벗어나고자 임대료를 2억4,000만 원 이상으로 올려버린 것이다.

이 결과 법 시행은 2003년 1월인데도 2002년 11월경 명동, 강남, 신촌, 여의도 등 서울지역 주요 상권의 경우 영세상인 관련 임대료는 평균 50% 이상이나 폭등했다. 이 같은 폭등은 법 시행 이전에 전국적으로 확산되어 법 시행 직후에는 전국 평균 임대료 상승률이 85% 정도나 되었던 것으로 알려져 있다.

결과적으로 영세상인을 위한 상가임대차보호법은 영세상인을 보호하기는커녕 오히려 피해만 주고 만 셈이다.

■ 시장원리를 무시하면 그 보복은 국민이 받는다

왜 그랬을까? 영세상인을 위한 상가임대차보호법의 문제점은 첫째, 적용 기준 금액이 정해졌고(서울시의 경우 2억4,000만 원 이하), 둘째, 임대료 인상이 규제되었고(5년간 5~10% 인상), 셋째, 계약기간이 규제되었기(계약기간 5년) 때문이다. 한마디로, 이는 전형적 '가격규제'다.

시장경제가 작동하려면 가격이 제대로 기능을 발휘해야 하는데 가격을 규제해버렸으니 가격기능이 작동할 리가 없다. 그래서 법 시행 이전에 건물주들은 임대료 인상규제에서 벗어나고자 임대료를 올려버린 것이다. 이는 정부가 시장원리를 무시하면 시장의 보복은 국민, 곧 영세상인들이 받게 된다는 것을 보여 준 좋은 예다.

그런데 16대 국회에서 이 법을 제안했던 민노당은 17대 국회 개원을 앞두고 2004년 4월 22일에 영세상인을 위한 상가임대차보호법은 "본래 취지와는 달리 영세 세입자를 전혀 보호하지 못하고 있다"며 "17대 국회 개원 즉시 법 적용 대상을 비영리단체를 포함한 모든 세입자로 확대할 계획"이라고 발표했다. 그러나 흥미롭게도 민노당은 개정안을 끝내 제출하지 않았다. 영세상인을 위한 상가임대차보호법이 영세상인에게 오히려 피해만 주었다는 사실을 민노당이 뒤늦게나마 깨달은 것이다. 잘못된 법이 교훈을 줄 수도 있다는 좋은 예다.

잘못된 법 도입을 발의했던 당시의 민노당과 민노당 국회의원 대부분은 사라지고, '영세상인을 위한 상가임대차보호법'과 이 법으로 인해 피해를 본 영세상인들만 쓸쓸하게 남아 있다. 이런 법은 아예 세상에 나오지 않았어야 한다. 이 법은 당장 폐기되어야 하지만 '고양이 목에 방울을 달 국회의원'은 나타날 것 같지 않다.

| 부록 |

: '전월세 상한제'는 결코 도입되어서는 안 된다[4]

2011년 초 전월세 급등으로 전세대란이 일어났다. 서울 도심에 살고 있던 대부분의 서민들이나 신혼부부들은 급등한 전월세에 밀려 변두리나 수도권으로 옮겨가야 했다. 이를 계기로 여야가 '전월세 상한제' 도입을 놓고 숨가쁜 경쟁을 벌였는데 전월세 상한제 도입은 끝내 이루어지지 않았다. 나는 "국회의원님들, 제발 '전월세 상한제'만은 도입하지 마세요!"[5]를 비롯하여 여기저기 글을 써가면서 전월세 상한제 도입을 적극적으로 반대하고 나섰다.

이 글을 쓰고 있는 2015년 2월 현재 전세가격은 매매가격에 육박하고 있는 실정이다.

---

4 박동운(2012), 『좋은 정책이 좋은 나라를 만든다』, FKI미디어.

5 박동운(2011.3.17.), 〈국회의원님, 제발 '전월세 상한제'만은 도입하지 마세요!〉, 한국경제연구원 keri칼럼.

■ '전월세 상한제' 도입을 놓고 여야가 경쟁을 벌이다

2013년 초 '국회 경제 분야 대정부질문'에서는 '전월세 상한제' 도입이 핫이슈였다. '전세대란'으로 특히 서민들이 고통을 받는 현실에서 국회가 그렇게 나선 것은 당연하지 않을 수 없다. 당시 민주당은 전월세 계약갱신 때 그 인상률을 연 5% 이내로 제한하는 내용의 '전월세 상한제' 도입을 2월 8일에 당론으로 추진하기로 결정하고, 임대차보호법 개정안을 제출했다. 그러자 당시 한나라당이 민주당 당론은 시장논리에 어긋난다고 반대하는 바람에 논의는 더 이상 진전되지 않았다.

그 후 민주당을 비롯한 5개 야당이 시민단체와 함께 전월세난 대책에 관한 공동 여론조사를 실시하여 그 결과를 3월 3일에 발표했다. 이에 따르면, 전월세 상한제 도입에 찬성하는 의견은 72.8%, 세입자에게 추가계약 연장권을 주는 방안에 찬성하는 의견은 88.0%나 되었다. 이를 놓고, 한나라당은 주택 매매 활성화, DTI(Debt to Income; 총부채상환비율) 규제 완화, 민간아파트 분양가 상한제 철폐를 대안으로 제안하며 전월세 상한제 도입을 반대했다. 당시 김황식 총리도 "기본적으로 자유시장경제를 지원하는 헌법 체계 하에서는 재산권 침해가 없는 방법으로 풀어가야 한다"며 한나라당의 주장을 지지했다.

전월세 폭등이 멈추지 않자 급기야 한나라당도 3월 16일에 민주당이 주장하는 '전월세 상한제'를 지역에 따라 도입할 계획이라고 발표하고, 대안 마련에 들어갔다. 그 무렵 나는 전월세 도입 반대 글을 썼는데 이 글이 한 유력 정치인의 트위터에 올랐다. 그래서 그런지는 몰라도 전월세 상한제는 끝내 도입되지 않았다.[6]

■ 무엇이 '전월세 상한제'의 문제점인가?

'전월세 상한제'는 어떤 문제점을 안고 있는가? 그 시행이 가져올 부작용을 보자.

첫째, '전월세 상한제' 시행 다음날부터 전세금이 폭등할 것이다. '전월세 상한제'의 핵심 내용은 민주당 안에 따르면, '전월세 계약기간 갱신 때 전월세 인상률을 연 5% 이내로 제한하는 것'이다. 현행 법정 전월세 계약기간이 2년이므로 이는 곧 전월세 인상률은 '2년 동안 10% 이내'가 된다는 뜻이다. 전월세 계약은 전국적으로 일 년 내내 이루어지기 때문에 '전월세 상한제'가 시행된다면 시행 다음날부터 신규계약에 들어가는 집주인들은 '2년간 전월세 10% 이내 인상' 규제에서 벗어나고자 전월세를 미리 엄청나게 인상할 것이다. 전국 평균 전세금 인상률이 2010년 7.1%, 2011년 12.3%였는데, 이런 추세라면 특별법을 동원하여 강요한다 해도 2년 계약에 10% 이내의 인상률이 지켜지겠는가? 새로운 '전월세대란'이 일어날 것이다.

---

6 전월세 상한제 도입이 이뤄지지 않은 데는 필자의 글이 한몫 했다는 후일담(後日譚)이 있다. 당시 영향력 있는 한 장관이 필자의 글을 자신의 트위터에 올려놓아 전월세 도입의 문제점이 정치권에 널리 알려졌다는 것이다.
박동운(2011. 3. 17), 〈국회의원님, 제발 '전월세 상한제'만은 도입하지 마세요!〉, keri 칼럼.

둘째, 민주당 안에 따르면, '계약갱신 청구권'이 도입되어 세입자에게 총 4년에 걸쳐 추가계약 연장권이 보장된다면 계약이 끝나고 신규계약에 들어가는 집주인들은 4년 동안 20% 정도밖에 인상하지 못한다는 점을 내세워 신규계약 때 전세금을 엄청나게 올리게 될 것이다. 미국은 1970년대 초 닉슨 정부가 1차 유가파동 직후 임금 · 물가 규제정책을 2년 동안 실시했다가 이를 해제한 직후 임금과 물가가 폭등하자 이 같은 정책을 더 이상 실시하지 않는다. 이를 감안할 때 4년 동안 전세금 인상이 규제되다가 해제되면 전세금은 더욱 폭등하게 될 것이다.

셋째, 주택정책이 실효를 거두어 전월세 공급이 수요를 웃돌아 전세금이 하락할 경우 '전월세 상한제'는 독소조항으로 남게 될 것이다. 공급 초과로 전월세가 떨어지는 경우에도 전국의 모든 집주인들이 '전월세 상한제'를 내세워 2년간 10% 정도 인상을 요구한다면 세입자들은 여전히 피해를 보게 될 것이다.

넷째, '계약갱신 청구권'이 도입되어 세입자가 4년간 마음 놓고 살 수 있게 된다면 집주인이 어떤 이유로 자기 집을 반드시 팔아야 할 경우에도 팔기가 어렵게 될 수 있다. 자유시장국가에서 '계약갱신 청구권' 때문에 헌법이 보장하는 사유권이 침해당하는 것을 국회의원들은 어떻게 생각할까?

다섯째, 한나라당 안대로 집주인이 상한선 규정을 위반했을 경우 '과징금 부과나 형사처벌'로 벌을 준다면 헌법이 보장하는 사유권이 침해당하는 것을 자유시장국가의 국회의원들은 또 어떻게 생각할까?

■ '전세대란'의 해법은 주택공급 확대에서 찾아야

그래서 필자가 애절한 마음으로 글을 썼다.

"국회의원님들, '전월세 상한제'만은 제발 도입하지 마세요! 서민들은 물론 온 국민들이 '전월세대란' 폭탄을 맞게 됩니다."

2008년 미국발 글로벌 금융위기를 계기로 한국 주택시장은 위축될 대로 위축되어 왔다. 특히 2007년 9월부터 시행된 '분양가 상한제' 때문에 주택공급은 크게 감소해 왔다. 그래서 '전월세 상한제'는 전세대란 해결을 위한 올바른 해법이 아니다. 올바른 해법은 주택 매매 활성화와 공급 확대에서 찾아야 한다.

어떻든 2011년 초에 핫이슈로 등장한 '전월세 상한제'는 2015년 초까지 도입되지 않고 있다. 잘 된 일이다. 그러면 4년이라는 기간 동안 전월세와 관련하여 주택 정책은 변한 것이 있는가? 사실상 거의 없다. 정부와 정치의 무능의 결과다.

3
노무현 정부: 반시장정책으로 주택가격을 낮췄을까?

시중에 떠도는 이야기에 따르면, 노무현 정부는 출범 당시 '서울대 잡고, 삼성 잡고, 강남 잡고'라는 세 가지 정책을 강조했다고 한다. 우스갯소리에 지나지 않겠지만 역대 정부 가운데 노무현 정부에서 주택가격이 가장 많이 오른 것은 사실이다. 그 이유 가운데 하나는 노무현 정부가 주택정책을 무려 40여 차례나 바꿔가면서 주택가격 상승을 반시장정책으로 대처했기 때문이다.

■ 역대 정부 가운데 노무현 정부에서 주택가격이 가장 많이 올라

주택가격 변동 추이를 살펴보면 두 가지 사실이 두드러진다.[7] 하나는 주택가격 상승률이 노태우 정부(1988.2~1993.2)에서 1990년에

7 국민은행, 《월간 KB 주택가격 동향》, 〈시계열 자료 '86.1월~'15.1월〉(2010.7.2. 등록).

1986년 이후 가장 높은 21.04%로 올랐다가 1991~1995년까지 5년 내리 마이너스를 기록했다는 점이다. 다른 하나는 주택가격 상승률이 김대중 정부 때인 2002년에 16.43%로 시작하여 노무현 정부에서(2003.2~2008.2) 2006년에 11.60%를 기록하는 등 역대 정부 가운데 가장 높았다는 점이다.

노태우 정부에서 주택가격 상승률이 마이너스를 기록하게 된 것은 노태우 정부가 분당을 중심으로 주택 200만 호 신도시 개발을 추진했기 때문이다.[8] 위에서 언급한 대로, 주택가격 상승률이 1990년에 21.04%를 기록하자 노태우 정부는 주택 공급 확대로 주택가격 상승에 대처했다. 반면 노무현 정부는 주택가격 상승에 조세 부과, 소형평형 의무화, 개발이익환수제, 임대아파트건설 의무화 등으로 대처하여 주택가격 상승을 부채질했다.

■ 주택가격 상승을 부채질한 노무현 정부의 8 · 31 부동산대책

노무현 정부의 주택정책은 그 초점을 '강남 집값 잡기'에 맞춰 출발했다. 물론 여기에는 '서민들의 내 집 마련'을 위한 정책적 배려도 깔려 있었다. 서민들도 누구나 다 집을 갖게 하는 정책-이는 참으로 바람직한 정책이다. 그러나 사회주의가 아니고서야 가능할까?

이유야 어떻든 노무현 정부에 들어와 강남 집값은 어마어마하게

---

8 김정호(2006), 『땅은 사유재산이다』, 나남출판.

높은 데다 자고나면 오르는 추세였다. 한 예로, 재건축 허가를 받아놓은 강남의 14평형대 주공아파트가 노무현 정부가 출범한 2003년에 무려 6억 원 이상을 호가했다.

이를 계기로 노무현 정부는 2003년에 10 · 29 부동산대책을 도입했다. 10 · 29 부동산대책은 소형평형 의무화, 개발이익환수제, 임대아파트건설 의무화 등을 골자로 한 것인데 이는 한 마디로, 재건축을 규제한 결과를 가져왔다. 앞선 김대중 정부가 IMF 관리체제를 졸업하고자 경제 활성화를 위해 용적률을 높여주며 재건축 추진을 권장했다는 것과는 전혀 다른 정책이었다. 소형평형 의무화는 중대형 아파트 공급 증가를 규제하면서 서민들을 위한 소형 아파트를 공급하기 위한 수단으로 등장했지만 이 정책은 아파트가격 상승만 부채질한 채 약효를 나타내지 못했다.

뒤이어 노무현 정부에서 2005년 1월 후반기에 송파지역 36평 아파트 값이 15억 원을 호가呼價했다. 송파신도시 투기바람 때문이었다. 2005년 6월 한 달 동안에는 강남지역의 40평형대 이상 대형 아파트 값이 1억 원 이상 올랐다.[9] 중대형 아파트에 대한 공급 규제 때문이었다.

아파트 가격이 하루가 다르게 오르자 노무현 정부는 2003년에 10 · 29 부동산대책에 이어 2005년에 8 · 31 부동산대책을 발표했다. 8 · 31 대책의 특징은 다음과 같다.

---

9 박동운(2006), 『경제정책의 방향을 돌려라』, 자유기업원.

- 부동산세 부과와 관련된 부동산 합산방식이 종전의 개인별 합산방식에서 가구별 합산방식으로 바뀌었다.
- 주택의 과세 기준액이 공시가격 기준 9억 원 이상으로 오른다.
- 과표 적용률이 해마다 올라 2009년에 100%가 된다.
- 과세는 실거래 가격이 기준이 된다.
- 양도세가 강화된다.
- 세율구간이 현행 3단계에서 4단계로 확대된다.

이 대책의 등장에 앞서 노무현 정부의 김병윤 청와대 정책수석은 '어느 정부가 들어서도 고칠 수 없도록 헌법보다 강한 부동산정책을 마련하겠다'는 초강경책을 시사했다.

때맞춰 OECD는 2005년 10월 《한국경제보고서》를 통해 한국은 '시장 흐름에 맞는 부동산정책'을 세워야 한다고 권고하면서, '공급과 수요에 따른 가격 조절체계를 훼손하지 않는 주택정책과 일관성 있는 주택정책을 실시해야 한다'고 강조했다. 노무현 정부의 주택정책이 40여 차례나 바뀌었다는 점을 감안할 때 OECD의 권고는 적절했다고 평가된다. 이 같은 권고는 노무현 정부에서 수없이 들은 처방이었다. 아마도 노무현 정부의 주택정책 입안자들만 듣지 못했을 것이다.

■ 아파트가격 상승을 부채질한 규제 내용들

소형평형 의무화 내용을 보자.

정부는 건설된 지 20년이 넘은 아파트가 비교적 많이 집중되어 있는 강남지역 등을 중심으로 재건축 아파트의 소형평형 의무화 규정을 내놓았다. 이에 따르면, 소형평형 의무화 비율은 전용면적 18평 이하 20%, 25.7평 이하 40%로 전체 가구의 60%가 소형평형으로 짓도록 소형평형 가구 수를 규정했다. 그런데 정부는 서울 잠실 주공2단지 등 일부 재건축 단지에서 소형평형 의무 비율 60%를 형식적으로 맞추기 위해 초소형 아파트를 대량으로 짓고 나머지는 대형 아파트를 짓는 등 주택 공급을 왜곡시키고 있다고 보았다. 이에 따라 정부는 재건축 이익환수제가 시행되는 2005년 5월 19일 이후 사업시행 인가를 신청하는 재건축 단지는 전체 건설 면적의 절반 이상을 전용면적 25.7평 이하의 국민주택 규모로 지어야 한다고 본래의 규정을 바꿔버렸다.[10]

소형평형 의무화는 아파트가격을 올리고 말았다. 2005년 6월 현재 서울 강남지역의 40평형대 이상 대형 아파트 값이 다시 치솟았다. 강남구 대치동 선경아파트 55평은 5월 중반 이후 보름 동안 무려 1억 원 이상 올라 19억 원선에 거래되었다. 평당 3,454만 원선이다. 5월 중순 19억 원가량에 거래되었던 강남구 압구정동 신현대아파트 61평형은 호가가 22억 원까지 치솟았다. 평당 3,600만 원선. 송파구 오륜동 올림픽아파트 57평형도 호가가 한 달 새 1억 원 가까이 올랐다. 아파트 값이 이처럼 뛰는 시점은 정부가 재건축 때 아파트 총면적의 50% 이상을 전용면적 25.7평 이하의 '소형평형'을 의무적으로 지어야

10 《동아일보》, 2005.5.19.

한다는 규정을 발표한 2005년 5월 19일 이후부터다.

개발이익환수제와 관련하여 임대아파트 건설 의무화를 보자. 개발이익환수제란 토지로부터 발생하는 개발이익을 환수함으로써 토지에 대한 투기를 방지하고 토지의 효율적 이용을 촉진하기 위해 도입된 제도다. 개발이익의 25%를 개발부담금이라는 명목으로 환수했다.

정부는 재건축 단지에 임대아파트 건설을 의무화하는 규제를 강화했다. 이에 따르면, 개발이익환수제 적용으로 재건축 때 늘어나는 용적률의 25%를 임대아파트로 지어야 한다는 것이다. 이는 전국을 대상으로 한 것이지만 사실상 강남 때문에 내놓은 정책이다. 재건축에 따른 개발이익을 최대한 줄여 투기세력이 달려들지 않도록 하고, 강남지역에 서민용 주택을 공급한다는 것이 그 명분이었다.

■ 아파트가격은 왜 상승했는가?

노무현 정부의 주택정책은 시장원리를 철저하게 배제한 채 규제와 무거운 조세부과로 일관한 반시장적이었다. 잘사는 사람들이 원하는 중대형 아파트 공급을 줄이고, 서민들을 위한 소형 아파트 공급을 늘리려는 반시장적 주택정책이 어떤 효과를 가져왔을까? 몇 가지 효과를 언급한다.

8 · 31 부동산대책으로 재산세가 오르면 재산세 인상분은 전세가격에 전가되어 집 없는 서민들은 더욱 고통을 받게 될 것이다. 집은 상품이기 때문에 조세가 부과되면 소유주는 조세부과로 인한 인상분

을 다른 사람에게 떠맡기기 마련이다.

무거운 조세부과로 주택 소유가 규제되면 유동자금이 상가투기에 몰릴 것이다. 2005년 8 · 31 대책에서 상가만 유일하게 규제가 제외되어 있어 이런 현상이 나타났다.

주택 규제로 건설시장이 위축되면 경기가 죽는다. 건설업자들은 규제를 피하고자 2005년 분양분을 2006년으로 넘겼고, 이 결과 2006년 토목, 주택, 비주택 등 건설시장 수주액은 2005년에 비해 크게 감소했다. 특히 2006년 강남권 분양은 2005년의 10% 정도에 그쳤다. 모든 나라에서 건설지표는 경기지표 1호로 활용되고 있다는 점을 감안할 때 건설시장 위축은 경기불황으로 이어졌다.

집값이나 부동산 가격이 천정 모르고 올랐다가 떨어지게 되면 경제불황이 찾아올 수 있다. 일본이 1987~91년간 거품경제를 경험한 후 10여 년간 장기불황에서 벗어나지 못한 사실은 교훈이 된다.

주택 규제는 주택가격 상승을 가져와 분양가도 상승하게 된다. 따라서 서민주택 가격도 상승하기 마련이다. 서민들은 집 갖기가 더욱 어려워진다는 얘기다.

실제로 8 · 31 대책 발표 후 반년쯤 지난 시점에서 주택가격은 안정되지 않았다. 노무현 정부의 반시장적 주택정책은 주택가격 안정에 전혀 기여하지 못하고 오히려 주택가격 상승만 부채질하고 말았다.

■ 대안은 어떤 것인가?

서민들이 내 집을 마련하지 못하는 이유는 강남지역의 높은 집값 때문이 아니다. 고용 불안과 낮은 소득 때문이다. 그런데도 노무현 정부는 마치 강남지역의 높은 집값 때문에 서민들이 집을 가질 수 없다고 보고, 온갖 규제와 무거운 조세를 부과하여 집값을 안정시키려고 노력했다.

강남 집값을 잡으려면 강남에 집을 더 지어주면 된다. 이는 어떻게 가능한가. 강남 주변, 예를 들면, 판교지역에서 큰 평수의 아파트를 짓는다든가, 송파신도시 계획을 발표한다든가, 강남 고밀도개발안이나 재건축 규제완화안 등을 발표하면 된다. 이런 제안은 노무현 정부에서 학자, 언론, 전문가들이 수없이 내놓았다. 오죽했으면 시장군수청장협의회가 2006년 1월 정부의 재건축 사업승인권 환수방안을 놓고, 이는 '주택 규제의 강화를 의미하고, 결국 공급 축소로 이어져 가격 상승을 유도할 것'이라고 비판했겠는가!

정부는 가진 자들이 소유한 주택에 무거운 조세를 부과할 것이 아니라 '필요한 곳에 필요한 사람의 집'이 지어질 수 있도록 관리만 하면 된다. 정부는 주택 문제를 규제와 무거운 조세부과로 해결하는 대신 주택시장에 맡기는 것이 최선의 정책임을 알아야 한다. '필요한 곳에 필요한 사람의 집'이 지어지게 하기 위해서는 정부가 필요한 곳에서 주택 공급을 늘리도록 규제를 완화하면 될 것이다. 얼마나 간단한 논리인가.

4
이명박 정부: 휘발유 가격 100원 낮춰 서민들에게 도움 주었을까?

한국은 휘발유 한 방울 나지 않는 나라다. 그런데도 이명박 대통령은 2011년 1월에 리터ℓ당 휘발유 가격이 2,000원을 향해 치솟자 서민의 고통을 줄여주겠다며 태스크포스팀을 발족했고, 그래도 성과가 없자 '알뜰주유소'까지 도입했다. 그로부터 꼭 4년이 지난 현 시점에서 이명박 정부의 휘발유 가격 인하정책은 어떤 결과를 가져왔을까? 국제유가 하락으로 2015년 1월 19일 현재 리터ℓ당 휘발유 가격이 1,200원대까지 떨어진 데다 '알뜰주유소' 도입이 가져온 과열경쟁으로 많은 주유소가 폐업했다.

■ 정부가 휘발유 가격 100원 인하를 목적으로 태스크포스팀을 발족하다

국제유가(두바이 유가 기준)는 2003년 초에 배럴당 약 30달러에서 2008년 7월에 140.7달러로 가파르게 상승했다가 2012년 3월에

123.67달러로 오른 후 2014년 11월에 67.92달러로 떨어졌다. 국내 휘발유 가격 변동은 국제유가의 변동을 반영하기 마련이다.

그런데 국제유가가 지속적으로 상승하는 가운데 휘발유 가격이 2011년 1월 14일에 리터ℓ당 2,000원을 향해 치솟자 이명박 대통령이 국무회의에서 '기름값이 묘하다'고 말했다. 이를 계기로, 이명박 정부는 휘발유 가격 인하를 목적으로 태스크포스팀을 발족했고, 기획재정부 · 지식경제부 · 공정거래위원회가 총출동해 정유회사들을 압박하기 시작했다. 정유업계가 반발했다. 그러자 최중경 지식경제부장관이 "내가 회계사 자격증을 갖고 있다. 직접 원가原價를 계산해 보겠다"며 맞섰다. 그러고도 휘발유 가격 인하에 관한 논리적 근거를 찾지 못하자 관료들은 '눈 딱 감고 정부 체면을 살려달라'고 정유업계에 매달리기까지 했다.

결국 2011년 4월 3일에 SK를 시작으로 GS칼텍스, 에쓰오일, 현대오일뱅크가 '리터ℓ당 100원을 인하하겠다'고 발표했다. 그 후 소비자시민모임이 전국 8,239개 주유소(SK계열 제외)를 대상으로 조사한 결과 2011년 4월 6일 이후 18일까지 휘발유 값을 리터ℓ당 100원 내린 주유소는 91곳으로 1.1%에 불과했다.

■ 정부가 '알뜰주유소' 세워 싼 휘발유 공급하기로

그러자 정부가 다시 나섰다. 정부는 고유가 부담을 안고 있는 서민경제에 도움을 준다는 명분을 내세워 일반 주유소와 경쟁할 목적으로 '알뜰주유소' 도입 계획을 발표했다. 알뜰주유소는 공동구매를 통해 리터ℓ당 일반 주유소보다 30~50원 저렴하게 제품을 구매하고, 셀프주유소 전환에 따른 인건비 절약으로 10~30원, 서비스 상품 축소를 비롯한 기타 비용에서 20원 정도 비용을 줄여 총 60원에서 100원 싸게 구입하게 한다는 것이었다.

이명박 정부는 2011년 12월에 '알뜰주유소 확대 등 석유시장 경쟁 촉진 계획'을 발표했다. 이를 위해 정부는 수도권과 대도시를 중심으로 알뜰주유소를 2012년에 700개로 확대하고, 2015년까지 전체의 10%인 1,300개로 확대할 계획을 발표했다. 알뜰주유소 도입에는 혈세도 투입되었다. 알뜰주유소를 도입한 지 1년여가 된 2012년 10월 정부는 알뜰주유소 때문에 120억 원의 세금을 축냈다. 농협, 도로공사 등이 참여를 결정했다. 이를 놓고 한 신문은 사설에서 이렇게 썼다.

"대통령 · 장관 · 관료부터 소비자들까지 모두 패자敗者가 된 반면, 4대 정유회사들은 올 1분기에도 80~314%까지 순익을 늘려 회사당 3,000억 내지 1조 원까지 순이익을 냈다고 한다. … 사정이 이렇다면 정부가 무능하다고 할 수밖에 없다.

정부가 휘발유 값을 내려 서민층의 고통을 덜어주겠다고 작정했다면 공연히 힘에 부친 우격다짐을 벌일 게 아니라 정유사들의 이익 구조와 유류세 등을 면밀하게 종합 검토해야 한다. 그러고 나서 정부도 양보할 것을 양보하면서 정유사들의 협조를 부탁하는 게 백번 나을 것이다."[11]

■ 이명박 정부는 주유소 과당경쟁을 부추겨

그런데 알뜰주유소에 문제가 생겼다. 경기도 용인시 처인구 마평동에 개점한 '알뜰주유소' 1호점이 개점 20일 만에 다른 주유소는 리터ℓ당 29원 올렸는데도 66원이나 올린 것으로 밝혀진 것이다.[12] 이는 '국가 개입'에는 '속임수와 비효율'이 따르기 마련임을 보여 준 좋은 예다. 2012년 10월 현재 전국 고속도로 알뜰주유소는 모두 145개인데 이 가운데 10.3%에 이르는 15개가 전국 평균보다 높은 가격을 받고 있어 "이름만 알뜰주유소"라는 핀잔까지 받았다.[13] 흥미롭게도 서울지역 1호 알뜰주유소인 금천구 시흥동 형제주유소가 수익 악화로 2012년 9월에 문을 닫고 말았다.

왜 그랬을까? 과당경쟁이 가져온 결과다. 첫째, 주유소 거리제한을 폐지했기 때문이다. 정부가 석유사업 자유화 정책을 시행하면서 1991년 11월에 거리제한을 절반으로 완화했고, 1993년에 서울을 비롯한 6대 도시에서 거리제한을 폐지했고, 1995년에는 전국적으로 거리제한을 철폐했기 때문이다. 둘째, 정부가 2011년에 처음 도입한 알

---

11 《조선일보》 사설(2011.4.22).

12 《조선일보》, 2012.1.20, A8.

13 《조선일보》, 2012.10.10.

뜰주유소를 확대하고 대형마트 주유소 도입을 허가했기 때문이다.

이 같은 정책은 영업이익률 하락을 가져왔다. 주유소협회에 따르면, 매출이익률은 정유사 공급가격 대비 주유소 판매가격으로 결정되기 때문에 카드수수료 1.5%를 빼면 나면 3.7%로 떨어지고, 여기서 임대료와 인건비 등 판매관리비를 제하고 나면 영업이익률은 평균 1% 안팎이 된다고 한다. 특히 2014년 11월 말부터 국제유가가 폭락한 후로 국내에서도 저가 경쟁이 심화된 탓에 2015년 1월 16일 현재 휘발유 값은 최저 리터ℓ당 1,200원대까지 떨어졌다. 이 결과 주유소는 영업이익률이 낮은 실정에서 매출액 감소로 영업이익마저 감소하게 된 것이다.

전국 주유소 개수는 2010년 1만3천4개로 정점을 찍고 나서 과포화 상태에 따른 가격 경쟁과 수익률 하락으로 매년 감소해 오고 있다. 한국주유소협회에 따르면, 2014년 11월 말 현재 전국에는 1만2천498개 주유소가 영업중이고, 436곳이 휴업중이라고 한다. 주유소를 폐업하려면 시설을 철거하고 오염된 토양을 정화하는 데 1억 원이 넘게 들기 때문에 돈이 없어 폐업 대신 휴업을 택하게 된다고 한다. 폐업한 주유소를 연도별로 대충 살펴보면, 2012년 9월까지 194곳, 2013년 6월까지 185곳, 2014년 1월부터 11월까지 226곳이나 된다.

■ 대안은 시장에 맡기는 것: 유가파동 후 휘발유 가격을 시장에 맡긴 독일과 일본이 교훈을 준다

미국은 1970년대 석유생산국들의 감산減産으로 1, 2차 유가파동이 발생하자 주유소 앞에 긴 줄이 늘어서게 되었다.[14] 그 이유는 정부가 국민의 고통을 덜어주고자 직접 나서서 휘발유 가격을 종전 수준에서 동결했기 때문이다. 휘발유 가격이 종전 수준에서 동결됨으로써 휘발유 공급은 줄어들었는데도 휘발유를 사려는 사람 수는 종전과 같아 주유소 앞에 긴 줄이 늘어서게 된 것이다.

그러나 같은 시기에 석유 한 방울 나지 않는 독일과 일본에서는 주유소 앞에 긴 줄이 늘어서지 않았다. 그 이유는 이들 두 나라는 석유생산국들의 원유 감산減産으로 휘발유 공급이 줄어들게 되자 휘발유 가격이 수요와 공급 간의 경쟁을 통해 결정되도록 시장에 맡겼기 때문이다. 이 결과 휘발유 가격이 높게 오르자 일부 운전자들은 자동차를 굴리지 않아 주유소 앞에 긴 줄이 늘어서지 않게 된 것이다.

휘발유 한 방울 나지 않는 한국에서 '서민들에게 부담을 준다'는 이유로 휘발유 가격을 억지로 내려 휘발유 소비를 진작시키려 한 이명박 정부의 휘발유 가격 규제정책은 잘못된 것이다. 한국은 개방경제여서 과점형태의 정유사가 담합하지 않는다면 휘발유 가격 변동은 국제유가 변동을 반영하기 마련이다. 따라서 대안은 정부가 정유사의 과점형태의 유통구조를 개선하고, 휘발유 가격 결정에 개입하는 대신 시장에 맡기는 것이다. 정부가 나서서 알뜰주유소를 도입하는 등 무리하게 경쟁을 유도하다보면 주유소 폐업 속출로 휘발유 가격이 오히

---

14 Friedman, Milton & Rose(1979), *Free to Choose*, Harcourt Brace Jovanovich.

려 오를 수도 있다. 이런 정책도 세상에 나와서는 안 된다. 시장에 맡기는 것이 올바른 정책이다.

7부

노동시장은 왜 유연해야 하는가? : 여섯 나라 이야기

—

노동시장은 어느 나라에서나 관행, 규제, 노사관계, 법과 제도, 노조파워, 정보 부족 등으로 경직되기 마련이다. 따라서 경제 활성화를 위한 노동 이슈는 단연코 노동시장 유연화다.● 노동시장 유연화의 핵심 과제는 고용보호 완화와 노동시장 규제 완화다. 한국은 노동시장 규제가 약하기로 2012년 세계 152개국 가운데 134위다. 노동시장을 유연하게 하지 않으면 한국경제는 전망이 어둡다.
다룰 내용은 다음과 같다.

—

1. 미국: 해고가 쉬워 노동시장이 가장 유연한 나라
2. 영국: 노동개혁으로 노동시장이 유연하게 된 나라
3. 독일: 고용보호 완화로 '일자리 기적'을 이룩한 나라
4. 일본: 잘못된 노동 관행으로 비정규직을 양산(量産)한 나라
5. 뉴질랜드: '고용계약법 도입'만으로 노동시장이 유연해진 나라
6. 한국: 고용보호와 노동규제 강화로 노동시장이 지속적으로 경직된 나라

● 박동운(2009). 『노동시장은 왜 유연해야 하는가-노동시장 유연성의 국제비교가 주는 교훈』. 한국경제연구원.

1
미국: 해고가 쉬워 노동시장이 가장 유연한 나라

미국은 시장경제국가여서 노동시장이 주로 시장원리에 따라 작동하고, 노동시장 규제도 약한 나라다. 특히 미국은 세계에서 유일하게 '일시해고제도'temporary lay-off system를 갖고 있는데 이로 인해 해고와 채용과 복직이 쉬워 노동시장이 세계에서 가장 유연하다.

■ 미국은 처음부터 시장경제로 출발한 나라

앞에서 언급했듯이, 미국은 처음부터 시장경제로 출발한 나라다. 미국은 1620년에 영국에서 메이플라워Mayflower를 타고 건너간 102명의 청교도들이 세운 나라다. 미국은 개척시대부터 토지 분배를 바탕으로 사적소유제도의 기초가 마련되어 시장경제국가로 출발했다.

미국은 1776년에 13개 주州가 연합하여 독립한 나라로, 건국 초기에 미국을 지배한 사상은 '하나님 앞에서의 평등'이었다. 1860년대 남북전쟁 이후 '하나님 앞에서의 평등' 사상은 '기회의 평등' 사상으로 발전했다. 이를 계기로 미국은 자유, 자유기업, 경쟁, 자유방임, 시장경제 등을 강조하는 시장경제국가로 발전했다. 미국은 현재 세계에서 대표적인 자유시장경제국가다.

■ 미국 노동시장은 시장원리에 따라 작동하므로 유연해

시장경제 바탕에서 출발한 미국은 노동시장도 시장원리를 따른다. 미국은 노조조직률이 1964년에 29.3%였다가 지속적으로 감소하여 1984년에 19.1%, 현재는 13% 이내로 선진국 가운데 가장 낮은 편이고, 노조파워도 강하지 않다. 따라서 미국은 임금이 경쟁원리에 따라 결정되어 실질임금은 경기 상태에 따라 상승하거나 하락한다. 다른 나라에서는 거의 찾아보기 어려운 현상이다. 또 미국에서는 성과급이 일찍 도입되어 뿌리내렸다. 미국 노동시장이 경쟁원리에 따라 움직인다는 사실은 미국 노동시장이 유연하다는 것을 뜻한다. 노동시장 유연성을 나타내는 두 가지 지표가 이를 말해 준다.

첫째, OECD가 발표하는 '고용보호'employment protection를 보자.[1] 미국은 최저임금, 성차별 등과 관련된 근로기준법은 엄격하게 지키지

---

1 고용보호는 세 가지 항목을 바탕으로 평가된다. (1)정규직: 해고절차의 불편함, 해고상의 사전 통보 및 고충수당 지급, 해고의 어려움. (2)임시직(한국에서는 비정규직): 계약직은 계약 횟수, 파견근로는 실시 여부. (3)집단해고: 개별해고에 대한 집단해고의 어려움 정도.

만 고용보호는 OECD 국가 가운데 가장 약하다.[2] 고용보호가 약하다는 것은 해고와 복직과 채용이 쉽다는 것을 뜻한다. 따라서 미국은 OECD 국가는 물론 전 세계에서도 사실상 노동시장이 가장 유연하다.

미국은 왜 고용보호가 약한가? 그 이유는, 미국에는 고용보호 조항이 단 하나밖에 없기 때문이다. 이 조항은 1992년에 도입된 것으로, 이에 따르면 종업원 100명 이상인 기업이 해고를 하려면 60일 전에 해당 근로자에게 미리 통보만 하면 된다. 이 조항 하나만 지키면 미국 기업은 근로자 해고에서 아무런 걸림돌이 없다. 그래서 고용보호로 평가한 미국 노동시장은 세계에서 가장 유연하다. 한국은 해고와 관련된 조항이 근로기준법 23~26조와 시행령을 포함하여 엄청나게 많아 해고란 사실상 불가능하다고 봐도 된다.

둘째, 프레이저 인스티튜트가 발표하는 '노동시장 규제 관련 경제자유'economic freedom related to labor market regulation를 보자. 이는 '최저임금, 채용 · 해고 규제, 중앙집권적 단체협상, 채용비용, 해고비용, 징집徵集' 6개 항목의 '유무'를 따져 평가된다. 이들 6개 항목에서 미국은 경제자유 관련 노동시장 규제가 최저임금 하나뿐이다. 미국은 6개 항목을 바탕으로 평가할 때 노동시장 유연성이 높기로 2012년 152개국 가운데 홍콩을 제외하면 1위다.

---

2 OECD는 1999년, 2004년, 2008년에 회원국들의 고용보호에 관한 연구 결과를 발표했는데 이 글에서는 1999년과 2004년의 연구 결과를 바탕으로 논의한다.

미국은 '노동시장 규제 관련 경제자유' 순위에서 2000~2012년간 1~9위를 유지해 왔는데, 미국 이외는 홍콩, 피지, 브루나이, 우간다 등과 같이 국가체제를 제대로 갖추지 못한 국가들이다. 따라서 '노동시장 규제 관련 경제자유'로 평가할 때 미국 노동시장 역시 세계에서 가장 유연하다고 말할 수 있다.

■ 미국 노동시장은 미국만이 갖고 있는 '일시해고제도'로 인해 유연해

이 뿐만이 아니다. 미국은 세계에서 유일하게 '일시해고제도' temporary lay-off system라는 것을 갖고 있어서 사용자는 경영 상태가 악화되면 아무 때나 해고가 가능하다. 일시해고제도란 경영 악화로 가동률이 떨어질 때 사용자가 입사기간이 짧은 근로자부터 일시적으로 해고하고, 경영 사정이 좋아지면 재취업시키는 제도다. 2013년 10월 오바마 대통령의 건강보험 법안인 '오바마케어'(Obama와 health care의 합성어)를 놓고 공화당이 반대하여 공무원 20여만 명이 아무런 거부 없이 잠정적으로 일손을 놓게 된 것도 바로 일시해고제도 덕분이었다. 미국에서 일시해고제도가 폭넓게 활용되고 있는 이유는 다음과 같다.

첫째, 경영 악화로 사용자가 임금 삭감을 제안하면 노조는 임금에 관한 정보 부족으로 속는다는 생각을 갖게 되므로 임금 삭감 대신 최근에 입사한 근로자부터 해고되기를 바란다.

둘째, 사용자는 근속연수가 많은 근로자들에게 기업 특수적firmspecific 인적자본에 투자를 했을 경우 이들 근로자들이 임금 삭감 때문에 다른 기업으로 이동할 것을 우려하여 임금 삭감 대신 최근에 입사한 근로자부터 해고하는 것을 바란다.

셋째, 해고된 근로자는 실업보험금을 받을 뿐만 아니라 다른 회사에서 마음에 드는 일자리를 찾을 수도 있어서 일시해고를 쉽게 받아들인다.

이처럼 미국은 고용보호가 약한 결과 노동시장이 유연하고, 여기에다 일시해고제도까지 있어서 해고가 세계에서 가장 쉽게 이루어지는 나라다. 한 예로, 미국은 1979~1995년간 4,300만 명이 실직한 기록이 있다. 또 1991년 이후 대표적인 대량해고 사례는 GM 7만4천 명, IBM 6만3천 명, Sears 5만 명, AT&T 4만 명, Boeing 2만8천 명 등이다. 2008년만 해도 GM은 자국과 외국에 있는 회사 종업원 수천 명을 해고했다. 2008년 금융위기로 미국 기업들은 살아남기 위해 인력을 큰 폭으로 감축했다.

미국 노동시장은 언급해야 할 특징이 더 있다. 미국은 세계에서 노동이동률이 가장 높고, 장기실업률이 가장 낮다. 이는 미국 노동시장이 다른 나라에 비해 경쟁적이고 다이내믹하다는 것을 뜻한다. 또 미국 노동시장은 파견근로, 파트타임근로, 계약고용, 기타 임시직 등 고용형태가 매우 다양하고 이들 직종에 대한 규제는 사실상 없다.

■ 노동시장 유연성이 성장의 엔진 역할을 해

그러면 세계에서 가장 유연한 미국 노동시장의 성과는 무엇인가? 2008년 미국발 글로벌 금융위기 이전의 실업률과 성장률을 보자. 미국은 실업률이 1992년에 7.5%였는데 2000년에는 완전고용 수준인 4.0%, 2005년에는 4.6%로 낮아졌다. 뿐만 아니라 1992~2007년간 연평균 성장률은 3.1%로 G7 국가 가운데 사실상 가장 높았다. 이는 곧 노동시장 유연성은 미국경제에서 성장의 엔진 역할을 톡톡히 했다는 증거다. 성장률로 볼 때 글로벌 금융위기 이후 미국경제는 독일을 제외하고 대부분의 선진국들보다 앞서 있다.

■ 유연한 미국 노동시장이 우리에게 주는 교훈

미국 노동시장이 우리에게 주는 교훈은 우리도 노동시장을 유연하게 해야 한다는 것이다. 이를 위해 지나친 정규직 고용보호를 완화하고, 비정규직보호법을 폐기하고, 근로자파견제도를 전 업종으로 확대 실시하고, 고용형태를 다양하게 하고, 노조파워를 약화시키는 등 노동시장을 경직시키는 온갖 규제를 완화 · 철폐해야 한다.

2 영국: 노동개혁으로 노동시장이 유연하게 된 나라

영국은 마거릿 대처가 1979년 정권을 잡자마자 구조개혁 차원에서 노동개혁을 추진하여 성공한 결과 노동시장이 유연하게 된 나라다. 대처는 다섯 차례에 걸친 노동관계법 제정 및 개정을 통해 노조천국 영국을 미국 다음으로 노동시장이 유연한 나라로 바꿔놓았다.

■ 마거릿 대처, 노조천국 영국의 총리가 되다

1970년대의 영국은 노조천국이었다. 노조는 자기편인 노동당이나 반대편인 보수당 할 것 없이 총리를 멋대로 갈아치웠다. 1960년대 말~1970년대 초에 걸쳐 노동당 윌슨 총리와 보수당 히스 총리가 노조의 저항 앞에 물러났다. 이어 노동당 윌슨이 재집권하여 노조 편에 섰지만 실업률 증가와 인플레이션 발생으로 2년 만에 물러났다. 노동당 캘러헌 총리가 뒤를 이었지만 소득정책 실시로 노조의 지지를 잃었다. 설상가상으로 '불만의 겨울'winter of discontent로 불린 노조파업이 영국을 강타했다. 결국 노동당 캘러헌 정부도 1979년 5월에 물러나지 않을 수 없었다.

'불만의 겨울'이란 대처가 집권하기 직전 캘러헌 정부에서 1978년 말부터 1979년 초에 걸쳐 자동차 · 운수 · 병원 · 청소노조가 연대하여 일으킨 장기파업으로, 런던 거리가 쓰레기와 악취로 가득 찼고, 사람이 죽어도 치우지 않았고, 노인들은 겨울을 살아남을 수 있을까 불안에 떨었던 사건이다. 뒤이어 1979년 3월 28일에 하원의 급식업체가 파업에 들어갔다. 이를 놓고 실시한 불신임투표에서 노동당 정부가 지고 말았다. 그것도 딱 한 표 차이로! 캘러헌 총리는 총선거를 선언하는 것 외에 다른 대안이 없었다. 보수당 대처는 선거에서 '노조파워 무력화'와 '사회주의 추방'을 국민들에게 공약으로 내세웠다. 마거릿 대처는 영국 최초의 여성 총리가 되었다.

■ 마거릿 대처, 구조개혁을 추진하다

정권을 잡은 대처는 구조개혁을 추진했다.[3] 대처는 구조개혁에 성공하여 사회주의에 만연蔓延된 영국을 시장경제국가로 살려냈다. 대처는 같은 시기에 작은 정부를 실현한 미국의 로널드 레이건 대통령과

---

3 박동운(2004), 『대처리즘: 자유시장경제의 위대한 승리-구조개혁에 성공한 마거릿 대처 영국 수상 이야기』, FKI미디어.

함께 신자유주의를 탄생시켰다. 구조개혁 성공으로 대처는 영국 총리 가운데 이름 다음에 '이즘(ism · 대처리즘)'이 붙는 유일한 총리로 칭송받는다. 마거릿 대처가 추진하여 성공한 구조개혁 내용을 먼저 간략히 정리한다.

첫째, 대처는 예산을 삭감하고 정부개혁을 추진하여 '작은 정부'를 실현했다.

둘째, 대처는 세금으로 보전되어 정부부채를 증가시키는 공기업을 3단계에 걸쳐 48개나 민영화했다. 이 결과 대처는 '영국을 세계 최초의 민영화 수출 국가'로 만든 통치자로 역사에 기록되었다.

셋째, 다섯 차례에 걸친 노동관계법 개정 · 제정을 통해 노조파워를 무력화시켰다.

넷째, '빅뱅'이 되리라던 금융개혁을 추진하여 영국을 금융 중심 국가로 만들었다.

다섯째, 친시장적 분배 · 복지정책을 추진하여 영국병을 치유했다.

여섯째, 교육개혁 성공으로 교육에서 평등주의를 추방했다.

■ 마거릿 대처, 노동개혁을 추진하다

대처는 노동당 윌슨 정권과 보수당 히스 정권이 노조파워 앞에 힘없이 무너지는 것을 보았기 때문에 노조에 대해 적대감을 갖고 있었다. 더군다나 국민들도 '불만의 겨울'을 통해 지나친 노조파워에 식상해 있던 터라 대처는 이를 활용할 계획이었다. 대처는 집권하자마자 이전 정권에서 노조파워를 강화시키는 데 기여한 소득정책 관련 기구를 사실상 없애버렸다. 이어 대처는 노조의 위상을 낮추기 위해 노조파워 무력화 계획을 계속 발표해 갔다. 드디어 대처는 1980~1988년간 다섯 차례에 걸친 노동관계법 제정 및 개정을 통해 노조파워를 무력화시키는 데 성공했다.

■ 마거릿 대처, 법과 원칙으로 노동개혁을 추진하다

하이에크는 시장경제가 살아남기 위해서는 경제를 '법의 지배' 안에 가둬두어야 한다고 강조했다. 변호사 경력을 가진 대처는 막강한 노조파워를 무력화시키기 위해 노조를 '법의 지배' 안에 가둬두는 데 성공했다. 대처는 다섯 차례에 걸쳐 노동관계법을 제정하고 개정하면서 노조파워를 무력화시켰다. 주요 내용을 소개한다. 여기서는 클로즈드샵closed shop 제도 폐지, 노조의 면책특권 약화를 언급한다. 클로즈드샵이란 노조에 가입해야만 회사원이 될 수 있는 제도로, 노조의 결속 강화에 기여하는 노조조직의 한 형태다.

1980년 고용법 제정

- 클로즈드샵 제도의 지나친 보호조항 개정: 클로즈드샵을 채택할 때 비밀투표 의무화
- 동정파업 불법화
- 동정파업을 주도한 노조간부에 대한 면책조항 삭제

1982년 고용법 개정

- 클로즈드샵 제도를 더욱 약화: 5년마다 비밀투표를 통해 클로즈드샵 유지 여부를 결정케 함
- 노사분규 대상을 명문화하고, 정치적 파업 등과 관련해 노조간부의 면책특권 제한

1984년 고용법 개정

- 노동조합의 면책특권 약화
- 고용주의 명령권 강화

1984년 노동조합법 개정

- 노조파업 때 파업 여부에 관한 사전투표 의무화
- 노조간부는 5년마다 조합원의 비밀투표를 통해 선출되도록 의무화

1988년 고용법 개정

- 노조의 면책특권 완전 박탈: 클로즈드샵에 대한 법적 보호규정 삭제
- 투표절차 엄격 규제
- 노조에 반대할 수 있는 개별근로자의 권리 확대

이처럼 대처는 클로즈드샵 채택 때 조합원의 비밀투표를 의무화

했고, 그 유지를 5년마다 비밀투표를 통해 결정하게 했고, 노동조합의 면책특권을 약화시킨 후 클로즈드샵에 대한 법적 보호규정을 삭제해 버렸다. 드디어 노조파워가 무력화되었다.

■ 마거릿 대처의 노동개혁의 효과

마거릿 대처의 노동개혁으로 영국 노동시장은 어떻게 변했을까? 몇 가지 주요 내용을 보자.

첫째, OECD가 발표하는 '고용보호'를 보자. 영국은 OECD 국가 가운데 고용보호가 약하기로 미국에 이어 2위다. 고용보호가 약한 순서대로 쓰면, 미국, 영국, 캐나다, 뉴질랜드, 아일랜드 순이다. 고용보호가 약하다는 것은 해고와 채용이 쉽다는 것을 뜻한다. 그래서 영국 노동시장은 유연하다.

영국 노동시장이 유연한 또 다른 이유는 영국이 보통법의 전통을 가진 나라이기 때문이다. 보통법의 나라 영국에서는 고용계약이 사적 계약으로 받아들여진다. 사용자가 경영상태가 악화되어 근로자와의 고용계약 폐기를 원할 때 이는 수용되어야 한다는 관념이 전통적으로 강하기 때문에 영국 근로자들은 해고를 당하는 경우에도 크게 거부감을 나타내지 않는다. 이 때문에 영국은 다른 나라에 비해 해고가 쉽게 이루어지는 나라다.

둘째, 프레이저 인스티튜트가 발표하는 '노동시장 규제 관련 경제자유'를 보자. '노동시장 규제 관련 경제자유'로 평가할 때 홍콩, 피지,

우간다처럼 국가 체제를 제대로 갖추지 못한 몇몇 나라를 제외하면, 영국은 노동시장 유연성이 높기로 거의 해마다 미국, 뉴질랜드, 캐나다, 스위스, 일본, 아일랜드 순이다.

셋째, 노조조직률 감소를 보자. 영국은 노조조직률이 대처가 집권한 1979년 55.8%로 세계에서 가장 높은 나라 가운데 하나였는데 1985년에 50.5%, 대처의 임기가 끝난 1990년에 43.4%, 노동당 블레어 정부에서도 지속적으로 감소하여 2000년에 29.5%, 그리고 2012년에 26.0%를 기록했다. 2012년 노조조직률은 한국 10.3%, 미국 11.3%, 일본 17.9%, 호주 18.2%다.

■ 마거릿 대처의 노동개혁이 한국에 주는 교훈

대규모 정리해고가 발단이 된 '한진중공업 노조파업'이 2011년 6월 27일 타결되었다.[4] 사측 정리해고 방침에 맞서 노조가 2010년 12월 20일 총파업에 들어간 지 189일 만의 타결이었다. 타결의 실마리는 '무노동 · 무임금' 원칙 고수, 불법 점거에 대한 공권력 투입 가능성, 노조원에 대한 법원의 조선소 출입금지 결정 등 '파업에 대한 원칙적 대응'에 있었다. 타결 후 노사갈등 과정에서 빚어진 온갖 고소 및 고발

---

4 이 글은 한진중공업 노조파업이 노사 간에 자율적으로 해결된 것만 관련된다. 노사 간 자율적 해결 후 한진중공업 문제는 야당과 노동계의 개입으로 정치 이슈화했는데 이 부분은 포함되지 않는다.

사건은 노사 간에 모두 취소되었다.

한진중공업 노조파업 타결은 '노조의 불법 파업'은 법과 원칙으로 다스려야 한다는 것을 새삼 확인시켜준 사건이다. 한국은 김대중 정부에 이어 노무현 정부에서 '파업공화국'이라는 악명을 떨쳤다. 노무현 대통령은 2002년 16대 대선에서 '한국노조는 사용자에 비해 힘이 약하다'고 말함으로써 노조 편에 힘을 실어주었다. 이를 계기로 노무현 정부 출범과 함께 한국은 삽시간에 파업공화국이 되고 말았다. 노무현 정부에서 노사분규 발생건수, 참가자 수, 근로손실일수는 김영삼 정부에 비해 각각 무려 3~4배 이상이나 증가했다. 왜 그랬을까? 노무현 정부가 노조파업이 불법인 경우에도 '법과 원칙의 대응'으로 맞설 계획이 없었기 때문이다.

시장경제에서 '법치'가 지켜지지 않으면 세상은 무법천지가 되고 말 것이다. 그래서 시장경제는 '법치'를 주요 원리로 내세운다. 이와 관련하여 마거릿 대처는 이렇게 썼다.

> "나는 자유로 인해 무정부 상태가 되어서는 안 된다는 신념을 갖고 있다. 자유는 법에 의해 만들어진다freedom is the creature of law. 그렇지 않으면 인간은 야수野獸가 될 것이다."[5]

이처럼 자유는 법과 불가분의 관계가 있다.

---

5 Thatcher, M.(1992), "On Thatcherism: Its Ideology and Practicies," *The Future of Industrial Democracy*, The Inchon Memorial Lecture, Korea University, Sept. 3-4.

노사갈등은 반드시 '법과 원칙의 대응'으로 풀어야 한다. 한진중공업 노조파업에서 타결의 실마리가 된 '무노동 · 무임금' 원칙 고수 같은 '법과 원칙의 대응', 마거릿 대처의 법과 원칙에 근거한 노동개혁은 앞으로 노사분규 타결에서 지침이 되어야 할 것이다.

3
독일:
고용보호 완화로 '일자리 기적'을 이룩한 나라

독일은 슈뢰더Schröder 총리가 통치한 2005년경까지 선진국 가운데 노동시장이 사실상 가장 경직된 나라였다. 슈뢰더는 2003년 '어젠다 2010'을 발표하여 경제회생에 나섰으나 앙겔라 메르켈에게 정권을 내주고 말았다. 메르켈은 슈뢰더의 노동개혁안을 그대로 실시하여 '일자리 기적'을 이룩했다. 독일실업률은 2005년 11.3%였는데 2014년 12월에는 4.8%로 낮아졌다. 이는 고용보호 완화의 성과로 평가받는다.

■ 독일경제, 사회주의 정책으로 침체에 빠지다

루드비히 에르하르트 전 독일 총리는 2차 세계대전 직후 자유주의를 바탕으로 '라인강의 기적'을 이룩했다. 1970년대 이전의 연평균 성장률은 1950년대에 7.9%, 1960년대에 4.5%로 높았고, 평균 실업률은 1960년대에 1%대로 낮았다.

그 후 독일은 1970년대부터 사민당이 정권을 잡고 16개 주 가운데 15개 주에서 사회주의 정책을 실시하여 경제가 침체에 빠졌다. 독일은 '유럽의 병자'로 불리기도 했다. 독일경제는 사회주의 정책이 도입되기 시작한 1970년대부터 2000년대 전반까지 지속적으로 침체에 빠져들었다. 이 기간 동안 연평균 성장률은 1970년대에 2.7%, 1980년대에 2.6%, 1990년대에 1.4%로 감소했고, 앙겔라 메르켈 집권 이전인 2001~2005년간에는 0.6%를 기록했다. 게르하르트 슈뢰더가 통치한 2005년에 독일의 성장률은 0.8%였는데, 이는 OECD 국가 가운데 가장 낮았다(2005년 OECD 평균 성장률은 2.9%). 또 실업률은 1970년에 0.6%였는데 1981년에 4.6%, 1991년에 5.6%, 2001년에 7.9%로 지속적으로 오른 후 2005년에는 11.3%를 기록했다. 한 마디로, 메르켈 이전의 독일경제는 저성장 · 고실업 구조였다. 이는 사회주의 정책이 가져온 결과로, 사민당 슈뢰더 총리가 '어젠다 2010'을 발표하게 된 배경이다.

지속적인 경제 침체를 우려한 좌파 정당인 사민당의 게르하르트 슈뢰더 총리는 2003년 3월 '독일 자체가 망하지 않게 하기 위해 분배 중심의 사회주의 정책을 버리고 성장 중심의 시장경제 정책을 실시하겠다'고 선언하고, 사회 · 경제 개혁 프로그램인 '어젠다 2010'을 발표했다. 이 프로그램은 2004년 1월부터 시행되었는데, 2004년 말에 정권을 잡은 메르켈은 2005년부터 '제2의 대처'로 불리며 시장경제 정책과 함께 '어젠다 2010'을 지속적으로 추진하여 독일경제를 살려냈다.

'어젠다 2010'은 '독일경제 회생의 주역'으로 평가받는다.[6]

■ 슈뢰더, '어젠다 2010'으로 시장경제로의 전환을 계획하다

'어젠다 2010'은 '노동시장, 사회복지제도, 경제 활성화, 재정, 교육 및 훈련'에 관한 개혁을 골자로 한 것이다. 이는 시장경제로의 전환이다. 슈뢰더가 추진한 노동개혁은 '하르츠Hartz 개혁'으로 불린다. 이는 슈뢰더가 2003년 폴크스바겐 인사담당 임원 출신인 페터 하르츠를 기용해서 단행한 노동시장 개혁이다. 하르츠 개혁은 정규직 고용보호 장치를 완화하고 시간제 · 한시적 일자리를 대거 도입하는 등 노동시장을 유연하게 만든 정책이다. 어젠다 2010의 주요 내용을 소개한다.

- 노동시장: 지나친 고용보호 완화, 실업급여 수급기간 단축, 실업급여 제도와 사회보장 혜택을 통합, 임금교섭을 산업별 단체협약 외에 기업별로도 가능케 함, 고용창출 지원
- 사회보장제도: 퇴직연금수령 개시 연령을 65세에서 67세로 조정, 의료보험제도 개혁
- 경제 활성화: 수공업 촉진 위해 수공업법 제정, 중소기업 세부담 완화
- 재정: 구 동독지역 지원, 지방재정 개혁, 세금감면 앞당김
- 교육 및 훈련: 민간기업의 직업훈련 촉진, 전일제학교교육 강화, 3세

6 Spiegel Online(2008.1.15.), "Schröder Reforms Bear Fruit in German Recovery."

미만 보유 확대

■ 독일경제의 침체 원인은 경직된 노동시장 때문

독일경제의 침체 원인은 근본적으로 사회주의 정책 실시에서 찾아야 하지만 노동시장 경직도 주요 원인의 하나다.

'어젠다 2010' 발표 이전 독일 노동시장은 산업별노조가 막강한 파워를 행사하고, 임금교섭은 산업별 단체교섭으로 이루어져 경직된 구조였다. 이는 기업들, 특히 중소기업들에 경영상 큰 부담이었다. 중소기업이 실적이 악화되어 구조조정을 실시하려 해도 고용보호가 지나쳐 해고가 쉽지 않았던 것이다. 노동자경영참여제도 역시 기업이 경쟁력 제고를 위해 사업을 다각화하거나 경영구조를 개선하려 해도 걸림돌이 되었다. 여기에다 정부가 노동 관련 법안을 도입하거나 개정하려 해도 노조와의 합의 없이는 이루어질 수 없었다. 이처럼 경직된 노동시장 구조에다 높은 노동비용으로 인해 독일 기업은 1980년대부터 생산기지를 해외로 이전했다. 2001년 현재 500명 이상 대기업의 경우 85%가 생산기지를 해외로 이전한 상태였다.[7]

독일 노동시장은 한때 선진국 가운데 가장 경직되었다. 프레이

7 박영곤(2003. 10), 「독일 '구조개혁안(Agenda 2010)'의 주요 내용과 향후 전망」, KIEP.

저 인스티튜트가 발표하는 '노동시장 규제 관련 경제자유'를 보자.[8] 독일 노동시장은 규제가 약하기로 2000년에 123개국 가운데 74위였는데 2005년에는 141개국 가운데 124위로 악화되었다(〈표 3〉 참조). 2000~2005년은 사회주의 정책을 실시한 슈뢰더 통치 기간이다. 그러다가 메르켈 통치 기간인 2006년부터 빠르게 개선되어 2012년에는 152개국 가운데 80위를 나타냈다. 〈표 3〉은 한국의 순위가 지속적으로 떨어졌음을 보여 준다.

〈표 3〉 독일과 한국의 '노동시장 규제 관련 경제자유' 순위, 2000~2012

	2000 김대중 정부	2003 노무현 정부	2005 노무현 정부	2006 노무현 정부	2009 이명박 정부	2012 이명박 정부
	123개국 중	127개국 중	141개국 중	141개국 중	141개국 중	152개국 중
독일	74위	101위	124위	124위	112위	80위
한국	58위	81위	74위	107위	129위	134위

※주: 순위 수치가 낮을수록 노동시장이 유연하다는 것을 뜻한다.
※자료: Fraser Institute, *Economic Freedom of the World*, 2000~2012.

■ 독일경제의 회생은 '근본적으로 어젠다 2010이 도입한 노동시장 개혁의 결과'

슈뢰더는 2012년 "어젠다 2010-독일의 경제적 성공의 열쇠"라는

8 이는 '최저임금, 채용 · 해고 규제, 중앙집권적 단체협상, 채용비용, 해고비용, 징집(徵集) 유무(有無)' 6개 항목을 바탕으로 평가된다.

연설에서, 독일경제의 회생은 "근본적으로 '어젠다 2010'이 도입한 노동시장 개혁의 덕분"이라고 밝혔다.[9] 메르켈은 정권을 잡자마자 슈뢰더가 계획한 '어젠다 2010'의 노동개혁을 그대로 추진했다. 메르켈이 2006년 이후 도입한 노동개혁은 신규 직원 해고 가능 기간을 6개월에서 2년으로 연장하고, 고령자 고용에 대한 고용주 지원 등 재취업 촉진 정책 정도다. '어젠다 2010'이 내포한 노동시장 개혁의 주요 내용을 소개한다.[10]

- 5인 이하의 소기업들이 해고를 쉽게 할 수 있게 하여 신규채용 부담을 줄였다.
- 파트타임과 임시직(비정규직) 규제를 완화하여 이 분야 일자리 증가를 꾀했다.
- 실업자들이 취업에 나서도록 자극책을 마련했다.
- 실업급여 기간을 32개월에서 12개월로 줄여(55세 이상은 18개월) 취업을 촉진했다.
- 취업 알선 거부자에게는 실업급여 지급을 중단하여 일자리를 고르지 못하게 했다.
- 창업의 경우 창업 이후 4년까지는 고용계약기간을 신축적으로 조정

---

9 Schroeder, Gerhard(2012.4.23.), "Agenda 2010—The Key to Germany's Economic Success."(*http://www.egmontinstitute.be/*).

10 박영곤(2003. 10), 「독일 '구조개혁안(Agenda 2010)'의 주요 내용과 향후 전망」, KIEP.

할 수 있게 하여 단기계약근로자 채용을 촉진했다.

- 산업별 단체협상으로 이루어졌던 임금협상을 기업별 협상으로도 가능하게 했다.
- 연방고용서비스청을 민간운영체계로 개편하여 고용알선제도를 효율화했다.
- 실업자나 훈련생을 고용한 기업에 감세와 저리 융자로 10만 유로까지 지원했다.
- 연방 · 지방정부로 나뉜 실업자 지원체계를 하나로 통합하여 재정 부담을 줄였다.

'어젠다 2010'이 내포한 노동개혁의 핵심 내용은 소기업 고용보호 완화와 단기계약근로 활성화다. 이는 어떤 성과를 가져왔을까? 대표적인 성과는 실업률 감소와 고용률 증가다. 독일 실업률은 2005년에 11.3%로 OECD 국가 가운데 두 번째로 높았으나 지속적으로 감소하여 2014년에는 4.8%로 낮아졌다. 실업률이 9년 동안에 무려 6.5%포인트나 감소했다. 특히 2008년 글로벌 금융위기로 거의 모든 나라들이 성장률이 감소하고 실업률이 크게 증가했지만 독일은 2009년 성장률이 −5.1%였는데도 실업률 증가는 겨우 0.3%포인트에 지나지 않았다.

독일이 마이너스 성장률에도 실업률 증가가 낮은 것을 놓고, OECD는 한 보고서에서 '독일의 일자리 기적'German job miracle이라

표현하고,[11] 이는 '단시간근로'short-time work 제도 도입의 효과라고 평가했다.

단시간근로제도란, 경기 불황이나 계절적 이유로 인해 근로시간이 감소하게 될 때 사용자가 근로시간 단축을 연방고용청에 신고한 후 근로자에게 근로시간 단축 이전 임금의 60~70%를 지급하면 나머지를 연방고용청으로부터 지원받는 제도다. '단시간근로'의 효과는 독일 고용률 증가에 결정적인 영향을 미쳤다. 독일 고용률은 2005년에 65.5%였는데 2013년에는 73.3%로, 8년 동안에 7.8%포인트나 증가했다. 이는 '독일의 일자리 기적'의 성과다.

■ 독일의 노동개혁이 한국에 주는 교훈

노무현 정부는 일자리 창출을 주요 노동정책 과제로 내세워 '사회적 일자리 창출'을 추진했다. 그러나 그 결과는 예산 낭비에 그치고 말았다. 이어 이명박 정부는 노무현 정부가 계획한 '사회적 기업 육성을 통한 일자리 창출'을 추진했다. 그 결과 역시 성과가 크지 않았다. 일자리 창출의 확실한 해법은 경제 활성화다.

박근혜 대통령은 2012년 대선 후보로서 '70-70정책'을 제시하여 '중산층 70%에 고용률 70% 달성'을 약속했다. 그런데 '중산층 70%' 달성 약속은 실종된 지 오래다. 대신 박근혜 대통령은 '고용률 70%

---

11 OECD(2013), *Economic Survey of Germany 2012*, p.47.

달성'에 전력투구하고 있다. 그러나 이 또한 '꿈'으로 끝나고 말 것 같다. 한국은 고용률이 2002년에 63.3%였는데 2012년에 64.2%로 10년 동안에 겨우 0.9%포인트 증가했다. 이같이 느리게 증가해 온 고용률을 박근혜 대통령이 2017년에 70%로, 곧 5년 동안에 5.8%포인트나 올리겠다고 한다.(앙겔라 메르켈은 8년 동안에 7.8%포인트 올려 연평균 1%포인트 정도 올린 셈인데 박근혜 대통령은 2012~2013년 1년 동안에 겨우 0.2%포인트 올렸을 뿐이다.)

따라서 박근혜 정부는 노동시장 규제 완화는 물론 해고와 채용을 쉽게 할 수 있도록 고용보호도 완화하면서 독일의 '단시간근로제'를 벤치마킹할 필요가 있다.

4
일본: 잘못된 노동 관행으로 비정규직을 양산量産한 나라

장기불황을 겪은 일본은 경제회생이 더딘 나라다. 그 이유는 일본이 구조개혁을 외면해 왔기 때문이라는 견해가 지배적이다. 일본이 구조개혁을 외면해 왔으니 노동개혁이 이루어질 리 있겠는가! 그래서 장기불황을 겪은 일본은 비정규직을 양산하는 나라가 되고 말았다. 2014년 말 일본의 비정규직 수는 2,000만 명을 넘어섰는데 이는 전체 근로자의 37.3%에 이른다고 한다. 이는 한국과 비슷한 비율이다. 일본은 노동개혁을 외면한 결과 '종신고용의 나라'에서 '비정규직의 나라'로 전락한 것이다.

■ 일본은 왜 장기불황을 겪게 되었는가?

일본은 1987~1991년간 연평균 성장률이 5.1%에 이르는 소위 거품경제bubble economy를 경험했다. 이 기간 동안 미국 LA에 있는 32개

대형 건물 가운데 16개를 일본인이 소유했을 정도로 일본 거품경제의 위력은 대단했다. 그러나 곧이어 일본은 1992~2002년간 연평균 성장률이 −0.1%에 이르는 장기불황에 빠졌다. 그 후 글로벌 금융위기 이전까지인 2003~2007년간 연평균 성장률이 1.9%였으나 금융위기 후 2008~2013년간에는 0.2% 이하다. 일본경제의 장기불황의 원인은 여러 각도에서 분석되어야 하지만 필자는 이를 잘못된 노동 관행에서 찾고자 한다.

■ 국제비교로 평가할 때 일본 노동시장은 유연한 편

일본은 노동시장 규제가 그다지 심하지 않은 나라다. 노동시장 유연성을 측정하는 지표가 이를 말해 준다.

첫째, OECD가 발표하는 '고용보호'를 보자. 일본은 OECD 국가 가운데 고용보호가 약하기로 1998년에 14위, 2003년에 9위다. 고용보호가 그다지 심한 편이 아니다. 고용보호가 심하지 않다는 것은 해고가 어렵지 않다는 것을 뜻한다.

둘째, 프레이저 인스티튜트가 발표하는 '노동시장 규제 관련 경제자유'를 보자. 이를 바탕으로 평가할 때 노동시장 규제가 약하기로 일본은 2012년에 152개국 가운데 15위인데, 홍콩, 피지, 우간다 같은 국가 체제를 제대로 갖추지 못한 국가들을 제외하면 5위 정도다. 일본은 노동시장 규제가 약한 나라다.

■ 일본 노동시장은 잘못된 노동 관행으로 경직돼

일본 노사관계의 3대 특징은 '종신고용제도, 연공급 임금체계, 기업별 노조'로 표현된다. 이들 노사관계의 3대 특징은 1970년대의 유가파동과 뒤이은 스태그플레이션 기간에도 일본경제를 고도성장으로 이끌어 한때 세계적으로 선망의 대상이 되었다. 그러나 '기업별 노조'를 제외하면, 이들 특징은 노동시장을 경직시켜 일본경제를 장기불황에 빠뜨리게 한 요인으로 작용했다.

그런데 이들 노사관계의 3대 특징은 OECD의 '고용보호'나 프레이저 인스티튜트의 '노동시장 규제 관련 경제자유'로 나타내는 노동시장 유연성 평가 항목에 포함되지 않는다. 대신 이들 노사관계의 3대 특징은 '잘못된 노동 관행'으로 보아야 한다. 여기서 언급하려는 잘못된 노동 관행이란 '종신고용제도, 연공급 임금체계'에다 '일본 기업의 해고 기피 성향'이다.

■ 종신고용제도의 등장

일본은 1904~1905년간 러일전쟁을 치른 후 기계 산업발전으로 전문 인력이 크게 부족하게 되었다. 이로 인해 기업들은 유능한 사원을 확보하기 위해 스카우트 전쟁을 벌였다. 기업 간 스카우트 전쟁은 모두에게 피해를 주었다. 그러자 정부가 나서서 훈련학교를 세웠다. 그러나 훈련학교의 강의내용과 시설은 좋지 않았고, 훈련을 마친 근로자들이 반드시 자기 회사로 돌아간다는 보장도 없었다. 이때 큰 기업들이 나서서 회사 내에 훈련학교를 세워 필요한 인력을 확보하기로 하고, 내부승진을 원칙으로 삼아 사원들을 관리하기로 합의했다. 이를 계기로 종신고용제도가 출발하게 되었다. 종신고용제도에서는 근로자가 다른 회사로 옮길 경우 취업기회를 잃기 마련이었다.

■ 연공급 임금체계의 등장

종신고용제도가 뿌리 내리기 위해서는 근로자들에게 어떤 인센티브가 주어질 필요가 있었다. 그래서 1920년대에 들어와 일본 기업들은 근로자들의 지속적인 근무와 협조적인 노사관계를 유도하기 위해 연공급 임금체계(또는 호봉제)를 도입했다.

연공급 임금체계란 임금이 성, 직급, 경력, 학력을 바탕으로 결정되는 일종의 임금결정 방식이다. 연공급 임금체계는 1947년 일본전력산업 노조가 성인 근로자의 하루 필요 섭취량 2,400cal를 근거로 '생활임금'을 채택함으로써 본격적으로 도입되었는데, 노동력이 부족하던 시기에 종신고용제도가 뿌리 내리는 데 결정적으로 기여했다. 임금이 경력이나 근속연수에 따라 결정된다면 어느 근로자가 다른 회사로 옮기려고 하겠는가. 다른 회사로 옮길 경우 어느 회사도 받아주지 않는다면 어느 근로자가 회사를 옮기려고 하겠는가. 그래서 종신고용제도는 연공급 임금체계에 힘입어 쉽게 뿌리 내릴 수 있었다. 한국은 일본의 연공급 임금체계를 베껴다가 지금까지 사용하고 있다.

일본 기업의 해고 기피 성향

여기에다 일본 기업들은 전통적으로 해고 같은 과격한 고용조정을 기피하는 성향이 짙다. 일본 기업들이 해고를 기피하는 이유는 첫째, 해고를 할 경우 회사의 평판이 나빠져 좋은 근로자를 유치하기가 어렵다. 둘째, 해고가 잘못되었을 경우 일본 법원이 이를 바로 무효화시킬 수 있기 때문이다. 실제로 일본 후생노동성이 발표하는 《노동경제동향조사》에 따르면, 일본 기업들의 정리해고 건수는 해마다 거의 제로에 가깝다.

잘못된 노동 관행이 장기 불황의 원인

'종신고용제도, 연공급 임금체계, 일본 기업의 해고 기피 성향'으로 표현되는 잘못된 노동 관행이 일본경제에 미친 효과를 언급한다.

일본경제가 장기불황에 들어간 1990년대 전반기를 보자. 이 무렵, 1960년대 고도성장기에 입사한 근로자들이 연공급 임금체계하에서 최고호봉에 놓여 있었고, 퇴직보너스까지 받게 되어 있어서 일본 기업들은 임금비용의 부담을 안고 있었다. 뿐만 아니라 1987~1991년간의 거품경제기에 무더기로 입사한 근로자들이 30대 중반에 이르고 있어서 일본 기업들은 인력이 남아돌고 있었다. 이러한 실정에서도 일본 기업들은 해고를 기피하는 성향 때문에 남아도는 인력과 인건비 부담을 해결하기 어려웠다. 이 결과 일본 노동시장은 경직되지 않을 수 없었다. 이로 인해 나타난 것이 1992~2002년간의 장기불황, 곧 저성장이다.

일본의 잘못된 노동 관행과 관련하여 비정규직 문제를 언급할 필요가 있다.[12] 일본은 비정규직이 1975년에 290만 명에서 1999년에 630만 명으로 증가했고, 2003년에 불황을 벗어날 무렵 정규직 대 비정규직 비율은 6대 4에 근접했다. 또 일본은 2001년에 정규직에 대한 파트타임 비중이 약 28%로 OECD 회원국 가운데 네덜란드 다음으로 높았다. 뿐만 아니라 청년실업률은 1990년에 4.3%에서 2003년에 10.2%로 증가했다. 2012년에 일본의 청년실업률은 7.0%다. 2014년 말에 일본의 비정규직 근로자는 2,000만 명이 넘는데 이는 전체 근로자의 37.3%에 이른다.

그러나 일본은 2003년 이후 경제가 다시 호황국면으로 치닫자 고용 사정이 크게 호전되어 대학생 취업은 3년 연속 20% 이상 증가했고, 대학생들의 취업은 입도선매立稻先賣식으로 이루어졌으며, 근로자 1명당 채용을 원하는 사용자 수 비율인 구인배율求人倍率은 2.14로 기록한 적도 있다. 이 과정에서 글로벌 금융위기가 2008년 일본경제도 강타했다. 이 결과 2008~2013년간 일본의 연평균 성장률은 다시 장기불황 때와 비슷한 0.2% 정도의 저성장으로 떨어졌다.

어떻든 일본이 다른 선진국들과는 반대로 1992년부터 장기 불황

---

12 박동운(2003), 『한국 노동시장, 어디로 가고 있는가 〈Q&A〉 노동시장 유연성의 국제비교』, FKI미디어.

에 빠지게 된 원인의 하나는 일본이 '종신고용제도, 연공급 임금체계, 사용자의 해고 기피 성향'이라는 잘못된 노동 관행으로 노동시장이 경직되었기 때문이라고 볼 수 있다. 일본에서는 1990년대 초부터 종신고용제도와 연공급 임금체계가 빠르게 무너져 가고 있다.

■ 일본 노동시장이 한국에 주는 교훈

한국은 일본 노사관계의 3대 특징인 '종신고용제도, 연공급 임금체계, 기업별 노조'[13]를 베껴다가 사용해 왔다. 한국 사회에서는 아직도 '한 번 직장은 평생 직장'이라는 사고가 지배적이고, 노조는 파업 때마다 '연공급 임금' 고수를 내세우고, 기업별 노조는 대표적인 노조 조직형태로 뿌리내려 있다. 일본의 영향을 받은 한국이 앞으로도 계속 '종신고용제도, 연공급 임금체계'를 유지해 간다면 한국 노동시장은 일본처럼 경직에서 벗어나기 어려울 것이다.

만일 한국이 일본처럼 고용보호 완화와 노동시장 개혁을 외면한다면 고용 증가는 기대하기 어려울 것이다. 박근혜 정부가 2014년 하반기에 들어와 정규직 과보호 완화와 노동개혁을 추진하려는 의지를 보이고 있어서 그 결과가 기대된다.

---

13 기업별 노조는 전두환 대통령이 1980년 무력으로 정권을 잡은 후 노조에 대한 탄압을 완화할 목적으로 도입되어 뿌리내린 것으로 알려져 있다.

5
뉴질랜드: '고용계약법 도입'만으로 노동시장이 유연해진 나라

뉴질랜드는 약 1,000년 전에 북쪽에 위치한 폴리네시아의 하와이키에서 마오리족이 이주하여 세운 마오리족의 나라였다. 유럽인 아벨 타즈만이 뉴질랜드를 처음 발견했는데, 그는 전설속의 거대한 남쪽대륙을 찾아 1642년에 이곳에 왔다고 한다. 그 후 1769년에 제임스 쿡 선장이 이곳을 영국의 땅으로 선포했다. 이를 계기로 유럽인들이 뉴질랜드로 이주해 뉴질랜드는 한때 무법천지가 되기도 했다. 그러자 영국이 1840년에 윌리엄 홉슨 선장을 부총독으로 보내 마오리 족장들과 '와이탕기 조약'을 체결케 하여 뉴질랜드를 하나의 독립국가로 세웠다. 뉴질랜드는 영연방의 일원이다.

■ 100년 동안 중앙집권적 노사관계를 유지하다

뉴질랜드는 사실상 영국인들이 '신이 내린 천국'을 건설할 목적으로 1800년대 중반부터 뉴질랜드에 정착하기 시작하여 세워진 나라다. 영국인들은 출발부터 뉴질랜드를 '노동자 천국'으로 건설해 갔다. 뉴질랜드는 1894년 세계 역사상 처음으로 최저임금제도를 도입했고, 같은 해 '노동자 천국'의 기반을 마련해 준 '산업평화와 중재에 관한 법'(Industrial Conciliation and Arbitration Act of 1894)을 도입했다.

'산업평화와 중재에 관한 법'은 항만노조의 격렬한 파업을 막고 산업평화와 중재를 목적으로 도입되었다. 이 법은 노조에게 파업을 불허하는 대신 그 대가로 분쟁 해결을 위한 분쟁조정기구로서 노동법정을 설치하게 했다. 이 법은 노동문제를 보통법에서 분리하여 특별법으로 다뤘다. 이 법을 기반으로 뉴질랜드는 중앙집권적 노사관계를 도입했다. 그런데 이 법이 뒷받침되어 강성노조는 오히려 법을 무시하고 파업을 강행하다가 1916년 노동당을 창설했고, 1935년 집권에 성공했다. 노동당은 모든 노동자를 의무적으로 노조에 가입케 했고, 각종 사회입법과 사회보장제도를 도입했다. 이로 인해 노조 권한이 막강해졌다. 모든 노동자는 고용계약 체결 후 14일 이내에 노조에 가입해야 했고, 정부에 설립신고를 마친 노조는 해당 직종의 모든 노동자에 대해 독점권을 갖게 되었다. 뉴질랜드는 '산업평화와 중재에 관한 법' 도입으로 100여 년 동안 중앙집권적 노사관계를 유지했다. 그러다가 뉴질랜드는 경제 활력을 잃고 말았다.

■ '고용계약법' 도입만으로 노동개혁에 성공하다

영국경제에 의존해 오던 뉴질랜드는 1950년대만 해도 1인당 국민소득이 세계 5위인 선진복지국가였다. 1960년대에 들어와 영국경제가 몰락하자 영국경제 의존도가 높았던 뉴질랜드경제도 기울기 시작했고, 1970년대에 들어와 두 차례의 유가파동을 겪고 나서는 그만 활력을 잃고 말았다. '산업평화와 중재에 관한 법'을 기반으로 중앙집권적 노사관계가 100여 년간 유지된 결과 뉴질랜드는 1980년대 중반에 노동시장이 세계에서 가장 경직된 나라가 되고 말았다. 이런 여건에서 노동당 롱이 총리는 1984년에 정권을 잡자마자 영국의 마거릿 대처처럼 구조개혁을 추진하기 시작했다.[14] 롱이 총리에 이어 팔머 총리, 무어 총리, 볼저 총리도 1996년까지 지속적으로 구조개혁을 추진했다.

구조개혁은 어렵지 않게 추진되었지만 노동개혁은 노조의 막강한 힘에 밀려 성역聖域으로 남아 있었다. 노동개혁은 1, 2차 개혁은 실패로 돌아갔고, 1990년에 국민당이 재집권한 후에야 비로소 추진되었다. 국민당은 1991년 5월 15일에 가까스로 '고용계약법'(Employment Contract Act of 1991) 도입에 성공했다. 이 결과 100여 년 동안 유지되어왔던 중앙집권적 노사관계가 분권적 노사관계로 '혁명적으로' 바뀌었다. 드디어 노동개혁이 성공한 것이다. 노동개혁 성공으로 노동시장이 크게 변했다. 대표적인 변화 내용을 요약한다.

14 이계식 · 배준호 · 전성인(1998), 『350만의 드라마』, 중앙M&B.

- 고용계약은 고용주와 노동자가 자유롭게 체결하게 되었다.
- 고용계약에서는 법적 규제가 거의 없어졌다.
- 노조가 가졌던 의무가입규정과 독점적 교섭권이 폐지되었다.
- 노조는 특별한 경우가 아니고는 산업별 · 직종별 파업을 할 수 없게 되었다.
- 분쟁조정은 원칙적으로 자율적으로 해결하게 되었다.
- 단체협약의 포괄적 적용이 폐지되었다.
- 기업별 임금교섭이 가능해져 교섭에 수반되는 거래비용이 감소했다.
- 노동이 더 이상 특별 상품으로 간주되지 않게 되었다.
- 노조파워 약화로 단체행동에 의한 파업이 크게 감소했다.
- 임금상승률이 낮아졌고 근로형태가 다양하게 되었다.

■ 노동개혁 성공으로 노동시장이 유연해지다

뉴질랜드는 '고용계약법' 도입만으로 노동시장이 유연하게 된 나라다. 구조개혁 차원에서 노동개혁을 추진한 결과 뉴질랜드는 지금 노동시장이 유연하기로 세계 3위 안에 든다. 노동시장 유연성을 나타내는 두 가지 지표가 이를 말해 준다.

첫째, OECD가 발표하는 '고용보호'를 보자. 뉴질랜드는 OECD 국가 가운데 고용보호가 약하기로 1998년 3위, 2003년 4위다. 고용보호가 약하다는 것은 해고가 쉽다는 것을 뜻한다. 뉴질랜드는 고용보호에서 미국, 영국 다음으로 노동시장이 유연한 나라다. 뉴질랜드의 고용보호가 이렇게 약한 이유는 집단해고가 가장 쉽게 이루어질 수 있기 때문이다. OECD의 한 보고서에서 따르면, 1980년대 중반까지 뉴질랜드 노동시장은 OECD 회원국 가운데 가장 경직되었을 정도로 온통 규제로 범벅되어 있었다. 이로 보아, 뉴질랜드의 약한 고용보호는 노동개혁의 성과가 얼마나 컸는가를 알 수 있다.

둘째, 프레이저 인스티튜트가 발표하는 '노동시장 규제 관련 경제자유'를 보자. '노동시장 규제 관련 경제자유'로 평가할 때 뉴질랜드는 노동시장이 유연하기로 2012년에 152개국 가운데 8위인데 홍콩, 피지, 우간다 같은 국가 체제를 제대로 갖추지 못한 국가들을 제외하면 미국에 이어 2위다.

노동개혁 성공의 결과 1990년 이전에는 노조천국이었던 뉴질랜드가 크게 달라졌다. 노조조직률 감소 추세가 이를 말해 준다. 뉴질랜드는 노조조직률이 노동개혁 이전인 1988년에 44.7%였는데 1995년에 21.7%로, 7년 만에 무려 23.0%포인트나 감소한 것이다. 노조조직률이 7년 동안에 23.0%포인트나 감소한 예는 세계 어디서도 찾아볼 수 없다.

■ 노동시장 유연성이 성장의 엔진 역할을 하다

노동개혁으로 노동시장이 유연해진 뉴질랜드경제는 어떠했는가? 2008년 글로벌 금융위기 이전의 실업률과 성장률을 보자. 1992~2007

년간 뉴질랜드는 연평균 성장률이 2.8%로, G7 국가 가운데 미국 다음으로 높았다. 뉴질랜드는 실업률이 1992년에 10.3%였는데 최근에 이를수록 지속적으로 감소하여 2006년에 3.5%, 2007년에 3.6%까지 떨어졌다. 2006년에 뉴질랜드 실업률 3.5%는 OECD 회원국 가운데 가장 낮았다. 이는 노동시장 유연성이 뉴질랜드에서도 성장의 엔진 역할을 톡톡히 했다는 증거다.

■ 유연한 뉴질랜드 노동시장이 우리에게 주는 교훈

뉴질랜드 노동시장이 주는 교훈은 무엇일까? 미국은 애초부터 시장경제로 출발했기 때문에 경쟁원리가 바탕이 되어 노동시장이 유연한 나라다. 뉴질랜드는 '고용계약법' 도입만으로 노동개혁을 추진하여 노동시장이 유연하게 된 나라다. 한국은 고용보호로 평가할 때 포르투갈 다음으로 정규직 해고가 어려운 나라다. 김대중 정부의 '정리해고법' 도입이 노동시장을 경직시킨 것이다. 경직된 노동시장을 유연하게 하려면 합리적인 노동법을 도입하여 노동개혁을 추진해야 한다.

6
한국: 고용보호와 노동규제 강화로 노동시장이 지속적으로 경직된 나라

한국은 역대 정부의 규제 강화로 노동시장 유연성이 아프리카의 미개국이나 남미의 독재국가 수준이다. 프레이저 인스티튜트가 발표하는 '노동시장 규제 관련 경제자유'로 평가할 때 한국은 노동시장 규제가 약하기로 김대중 정부에서 2000년에 58위였는데, 노무현 정부에서 2003년에 81위, 2005년에 124위로 떨어졌다가 이명박 정부에서 2012년에 152개국 가운데 134위로 더더욱 떨어졌다.

■ 김대중 정부가 노동시장 유연화를 추진

한국에서 노동시장 유연화가 등장한 것은 김영삼 정부 때다. 김영삼 정부는 '노사개혁위원회'를 만들어 정리해고법, 파견근로제 등을 도입하려 했지만 당시 김대중 대표가 이끈 평민당의 반대로 성공하지 못했다. 그 후 1997년 12월 3일에 한국경제가 IMF 관리체제에 들어

가자 정권을 미리 인수한 김대중 정부가 IMF의 권고에 따라 구조개혁 차원에서 노동시장 유연화를 추진했다. 김대중 정부는 '노사개혁위원회'가 있는데도 '노사정위원회'를 만들어 1998년 2월에 60개 항의 '국민적 합의' 사항을 이끌어냈고, 이 과정에서 정리해고법과 28개 업종에 한정된 근로자파견법을 도입했다.

■ 김대중 정부의 노동시장 유연화는 오히려 노동시장 경직화를 불러와

그러나 김대중 정부가 도입한 정리해고법은 노동시장 경직화에 기여했다. 한국은 정리해고법 도입으로 정규직 해고가 어렵기로 OECD 국가 가운데 포르투갈에 이어 2위가 된 것이다.[15] 근로기준법 제23~26조 및 관련 시행령에 따르면, 정규직을 해고하려면 첫째, '긴박한' 경영상의 이유가 있어야 하고, 둘째, 노조와의 성실한 협의가 있어야 하고, 셋째, 고용노동부장관의 허가를 받아야 하고, 넷째, 고충수당을 지급해야 하고, 다섯째, 해당 근로자에게 50일 전에 통보해야 한다. 김대중 정부가 도입한 정리해고법은 '경영상의 이유'로 인한 집단해고가 법적으로 허용된 것이라고는 하나 그것은 기존 판례를 명문화한 것이었을 뿐 실제에 있어서는 집단해고의 요건과 절차를 더욱 강화시킨 결과를 가져왔다. 정규직 해고가 사실상 어렵게 되고 만 것이다.

---

15 이는 OECD가 발표한 *Employment Outlook 1999*에 따른 것이다.

■ 노무현 정부는 친노(親勞)정책으로 파업공화국 만들어

노무현 정부는 출범하자마자 한국을 노조천국, 파업공화국으로 만들었다. 노무현 대선 후보는 2002년에 '한국은 사용자에 비해 노동자의 힘이 약하다'며 노동자 편에 힘을 실어줬고, '한국은 근로자의 56%가 비정규직이다'며 비정규직 철폐를 내세웠다. 이를 계기로 2003년 2월 노무현 정부가 출범하기가 바쁘게 한국은 '비정규직 정규직화' 등을 내세운 노조의 파업공화국이 되고 말았다. 노조파업은 2006년경에 안정되었다.

특히 노무현 대통령은 어렵사리 2006년에 비정규직 보호법을 도입하여 비정규직을 2년 고용하면 자동으로 정규직으로 전환되게 함으로써 노동시장 경직화에 박차를 가했다.

■ 이명박 정부도 노동시장 경직화에 일조

이명박 정부도 노동시장 경직화에 일조했다. 이명박 정부의 기여라면 노조전임자 수 관련 '타이오프제' 도입과 김대중 정부 때부터 유예되어 온 공공 부문 노조 설립 허용이 될 것이다. 그런데 이명박 정부는 2011년 말에 포퓰리즘에 빠져 노동시장을 더욱 경직시킬 '비정규직 종합대책'을 발표했다. 대표적인 예로, '사내하도급 근로자가 불법근로자로 밝혀지면 그가 사원이 아닌데도 원청회사는 그를 즉각 정규직으로 고용해야 한다'는 등의 비정규직 보호대책을 내놓은 것이다.

■ 한국 노동시장은 유연성이 낮고 지속적으로 경직되어 온 나라

한국 노동시장은 얼마나 경직되어 있는가? 먼저 OECD의 고용보호 수준을 보자. 한국은 고용보호가 약하기로 1998년 27개국 가운데 정규직 26위(포르투갈이 27위로 꼴찌), 임시직 16위, 개별해고에 대한 집단해고의 어려움 3위로, 종합순위 17위를 기록했다.[16] '고용보호'의 경우 한국은 정규직 고용보호가 지나치게 심한 것이 문제다. 임시직(비정규직) 보호도 심한 편이고, 집단해고의 경우는 법 도입으로 해고의 근거가 마련되어 보호가 약한 것으로 나타나 있으나 실제에 있어서는 그렇지 않다.

프레이저 인스티튜트가 발표하는 '노동시장 규제 관련 경제자유'를 보자. 이를 바탕으로 평가할 때 한국 노동시장은 지속적으로 경직되어 왔다. 한국 노동시장은 규제가 약하기로 김대중 정부에서 2000년에 123개국 중 58위였는데, 노무현 정부에서 2003년에 127개국 가운데 81위로 악화되었다가, 노무현 정부 말에는 141개국 가운데 107위를 기록했다. 이어 이명박 정부 말인 2012년에는 152개국 가운데 134위로 더욱 악화되었다. 2012년에 한국보다 노동시장 규제가 더 심한 나라들을 보면, 앙골라(152위), 볼리비아(143위), 브라질(139위), 에

---

16 한국의 고용보호 종합순위가 1998년의 17위에서 2003년에 12위로 개선된 것은 정규직 고용보호가 26위에서 16위로 개선되었기 때문인데 이는 법조문 하나 고쳐지지 않고 이루어진 것이어서 의미가 없다.

콰도르(140위), 그리스(141위), 이란(137위), 모로코(142위), 노르웨이(144위), 니제르(146위), 파라과이(135위), 세네갈(145위), 베네주엘라(150위) 등 거의 모두 아프리카의 미개국들이나 남미의 독재국가들이다. 이렇게 비교할 때 한국은 노동시장 규제에 관한 한 아프리카의 미개국이나 남미의 독재국가와 다를 바 없다.

한국 노동시장을 독일과 비교해 보자. '노동시장 규제 관련 경제자유'로 평가할 때 독일은 2000~2005년까지 노동시장 규제가 강화되어 한국에 크게 뒤졌으나 2006년부터는 개선되기 시작하여 노동시장 규제가 약하기로 2012년에는 152개국 가운데 80위를 나타냈다. 이와 달리 한국은 2000년부터 지속적으로 노동시장 규제가 강화되어 2012년에는 134위로 악화되었다. 〈독일 노동시장〉에서 논의한 대로, 슈뢰더가 계획한 '어젠다 2010'에 포함된 노동개혁을 메르켈이 그대로 추진한 결과 독일 노동시장은 유연하게 된 것이다. 우리에게는 메르켈이 필요하다.

■ 박근혜 정부는 노동시장을 경직시키면서 노동개혁을 내세워

박근혜 정부는 대선 후보로서 2012년에 '70-70정책'을 제시하여 '중산층 70%에 고용률 70% 달성'을 약속했다. 그런데 '중산층 70% 달성'은 실종된 지 이미 오래다. 대신 박근혜 대통령은 '70% 고용률 달성'을 목표로 일자리 만들기에 전력투구해 오고 있다. 박근혜 정부는 집권 2년차를 맞으면서 '정규직을 늘리기 위해 고용보호를 완화'하고 경제개혁 차원에서 노동개혁을 추진할 계획이라고 의지를 밝혔다.

그동안 박근혜 정부가 관심두어 온 노동정책은 고용률 올리기, 정년 연장, 공공 부문 일부 비정규직을 정규직화, 공공 부문 채용 늘려 4명 중 1명을 '시간선택제 근로자'로 뽑기, 근로시간 단축, 통상임금 조정, 임금체계 개편, 임금피크제 도입, 최저임금 인상 등으로, 역대 어느 정부보다도 적극적이다. 그런데 이 같은 정책은 '일자리 만들기'보다는 '일자리 나누기'이고, '노동시장 유연화'보다는 '노동시장 경직화'라고 평가된다. 네 가지 내용을 언급한다.

첫째, '60세 정년 의무화'는 청년들의 노동시장 진입을 늦춤으로써 노동시장 규제로 등장했다.

둘째, '공공 부문 일부 비정규직 정규직화'는 경쟁을 배제함으로써 역시 노동시장 규제로 등장했다.

셋째, '통상임금[17] 조정'은 해법을 찾기가 쉽지 않아 노동시장 규제는 물론 새로운 노사분규 불씨로도 등장했다. 한 예로, 현대차 노조는 2014년 8월 15일에 '전체 조합원들을 대상으로 노조 쟁의행위 찬반 투표를 실시한 결과, 재적 인원의 68.7%가 파업에 찬성'함으로써 통상임금 확대 입장을 고수하면서 파업을 선택했다. 통상임금 확대를 요구하는 노조파업은 다른 기업으로 계속 이어질 것으로 우려된다.

---

17 통상임금은 박근혜 대통령이 2013년 미국을 순방했을 때 미국 GM의 한 간부가 한국에서 통상임금 문제를 해결해 달라고 요청하자 박 대통령이 즉석에서 긍정적인 답변했고, 그 후 대법원의 한 판사가 '고정적이고, 정기적이고, 일률적인' 성격의 통상임금에 보너스가 포함되어야 한다고 판결을 내림으로써 한국사회에서 새로운 노사분규 불씨가 되고 있다.

넷째, 박근혜 대통령은 대선 공약의 하나로 최저임금 인상안[18]을 발표하여 적용되어 왔는데 2014년에는 다시 최저임금을 인상할 계획이라고 밝혔다. 최저임금제도는 대표적인 노동시장 규제인데, 최저임금을 다시 올린다면 이는 노동시장 규제를 강화하는 셈이다.

■ 박근혜 정부는 노동시장 유연화에 관심 둬야

이 글은 노동시장 유연성의 국제비교다. 노동시장이 유연한 나라는 경제가 좋고, 그렇지 않은 나라는 경제가 좋지 않다. 따라서 이 글의 핵심 내용은 한국 노동시장을 유연하게 해야 한다는 데 있다. 이 점을 감안하여 중요하다고 평가되는 몇 가지 내용을 중심으로 한국 노동시장의 유연화 방안을 논의한다.

첫째, 지나친 정규직 보호는 완화되어야 한다. 완화 내용은 근로기준법 제24조(경영상 이유에 의한 해고의 제한) ①항의 "긴박한 경영상의 필요"는 "긴박한"을 빼고 "경영상의 이유"로 바뀌어야 한다. 이렇게 해야 정규직 해고가 쉬워진다. 이는 노무현 정부 때부터 재계는 물론 심지어 노동부와 산자부까지 나서서 제안한 내용이다. 정규직 보호가 심하면 신규채용이 이루어지지 않아 실업이 증가하기 마련이다. 그래서 OECD 국가들은 정규직 보호를 완화해 왔다. 메르켈은 '어젠

18 박근혜 대선 후보가 제시하여 적용되고 있는 최저임금 인상률은, 물가상승률에다 노동생산성 증가율을 더하고 여기에 노동소득 증가분을 더한 것이다.

다 2010'을 근거로 '5인 이하의 소기업들이 해고를 쉽게 할 수 있도록' 고용보호를 완화하여 신규채용을 늘렸다.

둘째, '비정규직으로 2년 근무하면 자동으로 정규직으로 전환'되게 한 노무현 대통령의 비정규직법은 폐기되어야 한다. 특히 박근혜 대통령이 '4대 보험, 복리후생 등'을 정부가 지원하는 '시간선택제 일자리'를 폭넓게 도입해 오고 있어서 노무현 대통령의 '비정규직 보호법'은 이제 의미가 없다고 평가된다.

셋째, 노조의 힘에 밀려 28개 직종에 제한적으로 도입되었던 '근로자파견제'는 전 직종으로 확대 실시되어야 노동시장이 유연하게 된다. 노동시장이 경직된 독일은 물론 일본도 전 직종에 걸쳐 적용되는 근로자파견제를 진작 도입했다.

넷째, 불법 파업은 '법과 원칙'으로 다스려야 한다. 한진중공업 노사분규 해법이 좋은 사례다. 마거릿 대처는 '법과 원칙' 적용으로 노조천국 영국을 노동시장이 미국 다음으로 유연한 나라로 만들었다.

다섯째, 임금체계가 개편되어야 한다. 관리직, 전문직, 연구직, 영업직 등은 연공급 임금체계(호봉제)를 폐지하는 대신 능력과 업적에 따라 임금이 결정되는 연봉제가 도입되고, 생산직은 근무연수에 관계없이 직무에 따라 동일한 시간급 또는 일급이 지급되는 직무급제가 도입되는 것이 바람직하다. 다행히도 박근혜 정부가 '연공에 따라 정기적으로 임금이 오르는 호봉제를 축소하고 성과와 직무에 따라 임금을 지급'하는 내용의 임금체계 개편 매뉴얼을 2014년 3월 19일에 내놓았다.

여섯째, 정치 싸움만 일삼아 온 노사정위원회를 생산적 노사정위원회로 발전시켜야 한다. 박근혜 정부는 아일랜드의 '사회연대협약'을 벤치마킹해야 할 필요가 있다. 현 시점에서 노사정위원회는 통상임금 조정, 임금피크제 도입 등에서 할 일이 많다. 어떻든 정치 싸움만 일삼아 온 한국의 노사정위원회는 폐지되는 것이 바람직하다.

8부

웰빙시대 가꾸기

—

내 나이 70대가 즐겨 쓰는 말이 하나 있다.

“대한민국은 정말 살기 좋은 나라다.”

나는 최근 남쪽 지방을 돌아다니며 이를 확인한 바 있다. 여기저기 들러 본 시골은 내가 자랄 때의 시골과는 전혀 딴판이었다. 예를 들면, 시골마을 어디를 가나 자동차가 있었고, 시골길 어디를 가나 대문 앞까지 말끔하게 포장되어 있었고, 시골마을 어디를 가나 풍요로움이 넘쳐흐르고 있었다. 이런 여건에서 ‘웰빙의 나라 대한민국’ 가꾸기에 도움이 되리라고 기대되는 4가지 정책을 제안한다.

다룰 내용은 다음과 같다.

—

1. 전국을 하나의 관광도시로 만들어 소득 5만 달러 시대를 앞당기자.
2. 우리도 이제 주말농장을 도입할 때가 되었다.
3. 규제 풀어 생활체육시설을 확충하자.
4. 규제 풀어 장묘문화(葬墓文化)를 바꾸자.

1
전국을 하나의 관광도시로 만들어 소득 5만 달러 시대를 앞당기자

현대경제에서 관광산업은 농업, 공업, 서비스업은 물론 역사, 문화, 전통 등 거의 모든 요소들까지도 한데 융합하는 종합산업이다. 관광산업의 장점은 많은 사람들을 쉽게 끌어 모을 수 있다는 데 있다. 사람들이 많이 모이면 돈이 잘 돌아 소득과 일자리가 저절로 늘어나기 마련이다. 나는 관광산업이 소득증대와 일자리 창출의 보고寶庫라고 믿는다. 그래서 전국을 '하나의 관광도시'로 만들어 1인당 국민소득 5만 달러 시대를 앞당기자고 제안한다.

■ 토니 블레어: "관광산업은 일자리 창출에 큰 영향 미쳐"

먼저 관광산업의 기여를 살펴보자. 토니 블레어 전 영국 총리는 2013년 9월 10일에 서울에서 열린 세계여행관광협회WTTC 아시아 총회 개막식 특별 연사로 참여해 "관광산업은 국가 경제의 중요한 성장동력 중 하나"라고 강조하면서 관광산업의 기여를 다음과 같이 표현했다.

"퇴임 후 25개 국가에서 활동하며 관광산업이 국가 경제발전에 얼마나 중요한지 깨달았습니다. 관광산업은 국가의 경제 개방 가속화와 더불어 일자리 창출에도 큰 영향을 미치기 때문입니다."

■ 우리나라는 '하나의 도시'가 될 수 있다

중국 충칭시重慶市는 남한 면적의 약 80%와 남한 인구의 약 60%에 이르는 하나의 도시다. 중국은 몇 년 전 후베이성 우한에서 광동성 광저우까지 1,068.6㎞에 이르는 긴 거리를 시속 394㎞로 2시간대에 달릴 수 있는 고속철도를 개통했다. 이런 추세라면 남한 면적의 100배나 넓은 중국이 머지않아 고속철도시대를 열어 동서남북을 이웃집 드나들 듯 왕래할 수 있게 될 것 같다. 중국 충칭시를 벤치마킹한다면 우리도 중국의 100분의 1 정도에 지나지 않은 작은 나라 대한민국에서 하나의 도시에서처럼 사는 것이 가능하다.

남한은 면적 10만㎢에 인구 4,900만 명 정도의 나라로, 충칭시보다 다소 큰 편이다. 머지않아 우리도 시속 400㎞대의 고속철도를 이용하여 서울~부산, 서울~목포, 서울~속초, 속초~부산, 부산~목포를 1시간대에 달릴 수 있게 된다. 그래서 우리는 우선 서울을 중심으로 남한을 부채꼴 모양의 관광도시로 만들고, 통일 후에는 역시 서울을 중심으로 북쪽도 부채꼴 모양의 관광도시로 만들어 세계 사람들을 끌어들인다면 우리나라는 '하나의 도시'가 되어 더욱 잘사는 나라로 발돋움할 수 있을 것이다.

■ 모나코는 관광산업 발전시켜 1인당 국민소득이 18만 달러에 육박해

필자는 10여 년 전 관광차 모나코를 들른 적이 있다. 모나코는 면적 1.95㎢, 인구 3만여 명에 지나지 않은 아주 작은 나라로, 도박 중심의 관광산업이 발달한 나라다. 모나코는 1인당 국민소득이 1970년에 12,372달러였는데 2013년에 173,377달러로 껑충 뛰어올랐다(모나코는 1인당 국민소득이 높아도 세계 1등 국가로 인정받지는 못한다). 모나코에서는 화려한 카지노를 쉽게 찾을 수 있는데, 이는 대부분 1878~1910년 사이에 세워졌다고 한다. 1800년대 후반 한 귀족이 노름판에서 '기왕 노름을 할 바에야 국제적으로 크게 놀아보자'고 한 말이 불씨가 되어 오늘날처럼 도박 중심의 관광산업이 발달했다.

모나코는 국토 대부분이 바위로 이루어진 작고 열악한 나라다. 왕궁으로 가기 위해서는 바위를 뚫어 만든 통로 사이를 오르락내리락하는 엘리베이터를 타야 한다. 그런 나라가 도박 중심의 관광산업이 발달하여 1인당 국민소득이 무려 17만 달러에 육박했을 정도이니 우리도 모나코를 벤치마킹할 필요가 있지 않을까. 다만 '도박 중심'이 아닌 '한국적인 콘텐츠 중심'으로!

■ 이명박 정부의 '관광산업 선진화 계획'은 실현되어야 한다

관광산업의 장점은 사람들을 쉽게 끌어 모을 수 있다는 데 있다. 관광산업이 성공하려면 농산품 · 공산품 · 문화상품 · 서비스상품 · 자연환경 · 역사 · 문화 등이 뒷받침된 통합 인프라가 갖춰져야 한다. 한국은 이런 요건들을 대부분 갖춘 나라다. 이런 여건에서 이명박 정부는 2008년 4월에 '관광산업 선진화 계획'을 발표했다. 그 내용 몇 가지를 소개한다.

첫째, 정부는 중저가 숙박시설을 확충하고 서민을 위한 휴양촌을 건설하여 전 세계 배낭여행자들을 위한 '월드게스트빌리지'World Guest Village를 만든다.

둘째, 정부는 관광 인프라 투자 활성화를 위해 관광단지 입주가능시설을 금지대상만 열거하는 네거티브 방식으로 전환하는 등 규제를 완화한다.

셋째, 정부는 교통 · 관광 · 숙박을 통합 이용할 수 있는 교통카드인 '코리아 패스'Korea Pass를 도입한다.

넷째, 정부는 우수 관광서비스를 보증해 주는 '관광 KS마크'를 도입한다.

다섯째, 본래 계획에 포함된 것은 아닌데, 2012년 말까지 4대강 인근 지역에 7개의 캠핑장을 개설한다.

이 같은 계획이 실현된다면 관광산업 선진화에 필요한 인프라는 어느 정도 갖춰지게 될 것이다. 현재 '관광산업 선진화 계획'이 어느 정도 이루어졌는지 정확한 정보는 얻지 못했다.

■ 이제는 '관광산업 통합 인프라'를 갖춰야 한다

그런데 이명박 정부의 '관광산업 선진화 계획'이나 그 이전의 관광정책에는 '관광산업 통합 인프라'가 사실상 포함되어 있지 않다. 여기서 내가 말하는 '관광산업 통합 인프라'란 전국을 하나의 관광도시로 만들기 위해 교통 · 산업 · 자연 · 문화 · 역사 · 의료 · 숙박 등을 유기적으로 한데 연계시키는 계획을 뜻한다. 따라서 나는 이미 갖춰진 관광산업 선진화 계획에다 '관광산업 통합 인프라' 계획을 새롭게 추가할 것을 제안한다.

우리나라는 국내외 항공 · 고속도로 · 국도 · 지방도 등 교통 인프라가 잘 갖춰져 있기 때문에 동서남북 시속 400㎞대의 고속철도만 추가한다면 어디든지 1일 생활권 안에 들어가게 된다. 특히 우리나라는 택배산업이 고도로 발달한 나라다. 이런 여건에서 '관광산업 통합 인프라'만 갖춘다면 우리나라는 하나의 관광도시가 될 수 있다.

이런 계획들이 실현되었다고 가정하고 예를 든다. 눈 내리는 한국의 겨울은 동남아 사람들에게 특수상품이다. 대만 관광객이 한국의 겨울을 찾는다고 하자. 그는 비행기로 인천공항에 도착해 시속 400㎞의 KTX를 타고 순식간에 강원도로 간다. 그는 신나게 스키를 타고, 맛있는 한정식으로 저녁을 먹고, 식사 후에는 폐광을 개조하여 만든 카지노에서 즐거운 시간을 보내고, 싸고 좋은 호텔에서 하룻밤을 푹

쉰다. 그는 다음 날 다시 KTX를 타고 부산으로 가 싱싱한 회를 먹으면서 눈 내리는 해운대의 겨울바다를 즐긴다. 이어 그는 서울로 와 예약된 병원에서 성형수술을 받는다. 이 과정에서 세계에서 가장 발달한 한국의 택배산업은 공항에서부터 목적지까지 여행 가방을 미리 배달해줌으로써 외국인의 한국 여행을 편안하게 해 준다.

■ 관광산업 발전은 1인당 국민소득 5만 달러로 가는 길

뉴욕타임즈가 2010년에 연례행사로 발표하는 '가볼 만한 세계적인 여행지'로 31곳을 선정했는데, 그 가운데 1위가 스리랑카, 2위가 아르헨티나의 파타고니아 와인 마을, 3위가 서울로 선정되었다. 서울시도 진즉 관광객 1,000만 명 유치 시대를 열었다. 2011년 '세계 7대 경관'의 하나로 선정된 제주도는 이미 '글로벌 관광 메카'로 떠올라 있다. 2012년 구정을 맞아 제주도에는 중국 관광객들이 평년의 두 배나 몰려왔다. 2014년에 중국 관광객은 한국 백화점 특수를 몰고 왔다. 한국을 찾는 중국인 관광객이 2018년에 1천만 명을 넘으리라고 한다. 여기에다 최근 들어 우리나라는 국제의료관광의 허브로 떠오르고 있다. 대한민국은 지금 '하나의 관광도시'로 진화하고 있다. 지금이야말로 서둘러 '관광산업 통합 인프라' 계획을 세워야 할 때다.

'관광산업 통합 인프라'가 마련되어 전국이 하나의 관광도시가 된다면 지역 격차가 줄어들고, 외국자본 · 인력 · 기술을 지방으로 유입시키는 것도 쉬워지며, 고질적인 지역감정도 사라지게 될 것이다.

이제 통일 후까지 염두에 두고, '산 좋고 물 좋고 문화와 역사가 풍성한 금수강산錦繡江山 대한민국'을 '하나의 관광도시'로 만든다면 한국경제는 가속도가 붙어 더욱 빠르게 성장하여 소득과 일자리가 늘어나게 될 것이다. 이것이 우리가 1인당 국민소득 5만 달러 달성을 앞당기는 확실한 길이라고 믿는다.

2
우리도 이제 주말농장을 도입할 때가 되었다

블라디보스토크에서 시베리아 횡단열차를 타고 서쪽으로 달리다 보면 끝없이 펼쳐진 시베리아 대평원의 낮은 산기슭에 바둑판처럼 수놓여진 '다차'dacha라는 주말농장주택이 창밖을 스쳐간다. '다차'는 구소련이 20평이 안 되는 비좁은 아파트에서 생활하는 도시인들의 주말생활을 위해 도입한 주말농장주택이다. 푸틴 러시아 대통령도 블라디보스토크 주변에 있는 '다차'에서 가끔 주말을 보낸다고 한다. '다차'는 텃밭이 딸려 있어 러시아 도시인들이 주말을 보내면서 시골생활을 즐길 수 있는 쉼터 역할을 톡톡히 해 왔다.

■ 주말농장주택은 러시아, 독일, 일본 등에서 일반화 돼

다차를 빼놓고 러시아인의 삶을 이야기할 수 없을 만큼 다차는 지금 러시아인들에게 중요한 의미를 갖는다고 한다. '다차'는 주말농장과 주말주택 기능을 겸하고 있다. 다차는 단순한 주말농장 · 주말주택 기능을 넘어 떨어져 살고 있는 가족들이 만나는 공간이고, 이웃 간 사랑을 나누는 커뮤니티 공간이기도 하다. 뿐만 아니라 다차는 도시로 이주한 사람들 때문에 공동화空洞化된 시골에 활력을 불어넣어 주기도 한다.

러시아의 다차와 같은 주말농장주택은 독일에서도 일반화되어 있다. 독일 시골의 어디를 가도 작은 규모의 주말농장주택을 볼 수 있다. 독일 도시인들은 주말이면 시골에 와 농사를 지으며 주말농장주택에서 한가한 시간을 즐긴다.

일본은 '2지역 거주' 같은 주말농장주택제도를 진작 도입했다. 많은 선진국에서 주말농장주택은 일반화되어 있다. 한국은 규제 때문에 일반화될 수 없는 실정이다.

■ 우리는 주말농장주택 도입 여건을 충분히 갖추고 있다

우리 농촌은 지금 인구 감소와 인구 고령화로 인해 위기에 처해 있다. 농촌 어떤 곳에서는 아기 울음소리가 들리지 않은 지 오래다. 농촌 어디를 가나 멀쩡한 집들이 텅텅 비어 있다. 여기에다 FTA 등 개방물결이 경쟁력이 약한 우리 농촌을 위협하고 있다. 이대로 10년쯤 가면 우리 농촌은 폐허가 되지 않을까 걱정된다. 농촌 살리기에 전력투구해야 한다. 이런 여건에서 농촌을 살리면서 경제도 살릴 수 있는 정책을 제안한다. 그것은 주말농장주택 도입이다.

주말농장주택 도입과 관련하여 우리가 갖추고 있는 여건을 얘기한다.

첫째, 우리는 지금 주5일근무제를 실시하고 있는데 주말농장주택을 도입하여 이를 활용한다면 농촌을 살리면서 경제도 살릴 수 있다.

둘째, 우리 국민 가운데 적잖은 사람들이 산업화 과정에서 도시에 살면서 시골에도 주택을 갖고 있는데 이런 경우 '1가구 2주택' 규제가 완화된다면 주말농장주택 도입은 농촌을 살리면서 경제도 살릴 수 있을 것이다.

셋째, 우리나라는 땅이 많아 주말농장주택을 도입하는 데 어려움이 없다.

■ 땅은 많으나 문제는 규제다

김정호는 주말농장주택 도입에 필요한 땅은 충분하다고 주장한다.[1] 우리가 집과 학교와 상가와 공장과 철도와 도로용지로 사용하는 면적은 전 국토의 6%에 불과하다. 나머지 94%는 농지와 임야와 하천 등이다. 이 가운데 주말농장주택을 위한 가장 유망한 땅은 그린벨트다. 전 국토의 5.4%인 16억 평이 그린벨트로 묶여 있다. 그린벨트의 토지 중에서 임야는 62%이고, 나머지 38%는 농경지이거나 대지, 공공용지, 잡종지 같은 것들이다. 농경지는 대부분 비닐하우스나 축

1 김정호(2006), 『땅은 사유재산이다』, 나남출판.

사 같은 것으로 이용되기 때문에 특별한 보존가치를 가지지 않는다. 이 38%를 가지면 도시인구의 상당수가 러시아 도시인들처럼 '다차'를 가질 수 있다.

그러면 수도권 인구의 3분의 1이 러시아인들처럼 '다차'를 가진다면 어느 정도의 면적이 필요할까? 김정호에 따르면, 수도권 가구 수가 대략 5백만이니까 그것의 3분의 1은 170만 가구가 된다고 한다. 170만 가구가 백 평씩의 땅을 사용한다면 1억 7천만 평이면 된다. 이는 농민과 도시민 모두에게 이로운 거래이기 때문에 법적으로 허용만 된다면 '비닐벨트'의 대부분이 러시아의 '다차'와 같은 주말농장 겸 별장으로 바뀔 것이다. 그 안에서 우리들은 웰빙시대의 주인공으로서 큰 행복을 누리며 살 수 있다.

그런데 주말농장주택제도 도입에서는 해결해야 할 문제가 있다. '1가구 2주택' 규제, 농민 아닌 사람의 농지 소유를 제한하는 '농지제한법' 규제 등을 완화하는 것이다.

■ 정부가 의지를 나타내야 한다

한국경제는 지금 저성장에서 빠져나오지 못하고 있다. 경제 활성화를 위해서는 종합적인 대책을 강구해야 하는데, 그 가운데 하나가 주말농장주택 도입이 될 수 있다.

그런데 토지 이용에 관한 수많은 규제가 걸림돌이 되고 있어서 중앙정부는 이런 문제부터 해결해야 한다. 지방정부는 주말농장주택 도입과 관련된 내용을 관리해야 한다. 지방정부는 난개발을 막고 효율성을 살리기 위해 마스터플랜을 세워야 한다.

1인당 국민소득 3만 달러를 눈앞에 두고 있는 우리는 농촌도 살리고 경제도 살리면서 웰빙시대의 주인공이 될 수 있도록 주말농장주택을 도입할 필요가 있다. 정부가 적극적으로 나서야 한다.

3
규제 풀어 생활체육시설을 확충하자

박근혜 정부는 출범과 함께 '알파도 일자리, 오메가도 일자리'라고 외쳐왔지만 성과는 아직 미미한 것 같다. 나는 돈 적게 쓰고 소득과 일자리를 창출할 수 있는 정책을 제안한다. 이는 도시 주변에 생활체육시설을 확충하여 소득과 일자리를 창출하는 정책이다.

■ 토지 규제가 완화되어야 한다

어느 일요일 오후에 인천공항에 나간 적이 있다. 다른 때 같으면 한가하기 마련인 인천공항 고속도로가 그날따라 오가는 차들로 큰 혼잡을 이루었다. 공항에 이르러서야 그 이유를 알 듯했다. 공항은 소년소녀들로 넘쳐났는데, 이들 가운데 상당수는 골프 연습하러 외국 가는 것이 아닌가 생각되었다. 골프를 즐기는 주변 친구들은 동남아에 가면 싼 비용으로 골프를 즐길 수 있다면서 일 년 내내 외국에서 살다시피 한다.

산 좋고 물 좋은 대한민국이 왜 이렇게 되었을까? 그 이유는 토지 이용 규제 때문이다. 우리나라는 도시 주변이 '비닐벨트'로 둘러싸여 있다. '비닐벨트'란 규제의 대명사인 '그린벨트'를 말한다. 김정호는 "우리나라는 도시와 바로 접한 전 국토의 5.4%에 이르는 16억여 평의 녹지가 그린벨트로 묶여 있다"며 "땅은 사유재산이므로 자유화하자"고 갈파한 적이 있다.

그래서 토지 규제 풀어 전국의 도시 주변에 여러 가지 생활체육 시설을 마련할 것을 제안한다. 여기서 말하는 생활체육시설이란 축구장, 야구장, 테니스장, 배드민턴장, 농구장, 골프장, 게이트볼장 등 모든 종류의 체육시설을 포함한다.

의정부시는 근교에 생활체육시설을 만들어 주민들에게 좋은 반응을 얻고 있다. 의정부시는 인라인스케이트장, 실내빙상장, 국궁장, 수영장, 배드민턴장, 인조잔디축구장 등 체육시설을 마련하여 주민들로부터 인기를 끌고 있다. 특히 송산배수지 확장사업으로 2014년 7월에는 테니스장 6면, 풋살장 1면, 산책로와 소풍길을 마련하여 주변 환경을 즐길 수 있는 환경도 마련했다.

■ 생활체육시설의 효과는 어떤 것일까?

이런 식으로 전국의 도시 주변에 생활체육시설을 마련하면 어떤 효과가 있을까?

첫째, 일자리 창출 효과가 있다. 한국은 지금 대통령이 앞장서서

'일자리 창출'을 최우선 정책과제로 내세우고 있을 만큼 일자리 창출은 중요한 정책과제다. 도시 주변에 이를테면, 테니스장을 마련한다고 하자. 이와 관련하여 직접적으로는 코트, 관리실, 주차장, 편의시설 등이 마련되고, 간접적으로는 이들 시설을 지원하는 업종들이 활성화되어 여러 가지 일자리들이 창출될 것이다.

둘째, 소득 증가 효과가 있다. 생활체육시설 마련으로 많은 일자리들이 창출되면 이 분야에서 일하는 사람들의 소득이 증가하고 또한 창출될 것이다.

셋째, 국민건강 향상 효과가 있다. 생활체육시설이 마련되면 많은 사람들이 자연 속에서 가족이나 친구들과 함께 주말이나 휴일을 즐기게 되어 국민건강이 향상될 것이다. 이 결과 사적 의료비는 물론 건강보험 의료비 지출도 감소할 것이다.

넷째, 사람들 간에 친목 분위기 증진 효과가 있다. 스포츠는 모르는 사람들과도 친해질 수 있는 분위기를 만들어주므로 생활체육시설 마련은 사람들 간에 친목 분위기를 조성하여 사회통합에도 기여할 것이다.

이 외에도 긍정적인 효과는 더 있을 수 있다. 생활체육시설 효과에 관한 연구는 이 분야 전문가들에게 맡기면 된다.

■ 생활체육시설 확충 방안을 제안한다

이제 생활체육시설 확충 방안을 제시한다.

첫째, 정부는 도시 주변의 토지이용 규제를 완화해야 한다. 앞에서 언급한 대로 전국의 도시 주변은 대부분 그린벨트로 묶여 있다. 이런 여건에서 생활체육시설 마련은 그림의 떡일 뿐이다.

둘째, 도시 주변의 토지이용 규제가 완화되면 지자체는 도시 주변에 마련할 생활체육시설 마스터플랜을 세워 이를 주민들에게 알린다.

셋째, 지자체는 도시 주변의 토지 소유자들이 지자체가 계획하고 있는 생활체육시설 마련에 참여할 수 있도록 여러 가지 인센티브를 제공한다. 예를 들면, 지자체는 생활체육시설 건설에 드는 비용의 일부를 보조한다든가, 낮은 이자율의 대출을 알선해 준다든가 등 여러 가지 인센티브를 제공할 수 있다.

그러고 나서 지자체는 마스터플랜에 따라 마련될 시설을 결정한 후 시설 마련과 시설 운영권을 토지 소유자 또는 관련 토지의 임대업자에게 준다. 이렇게 되면 그동안 그린벨트에 묶여 규제되어 온 사적 소유권도 부분적으로는 빛을 볼 수 있을 것이다. 이렇게 한다고 해서 그린벨트 본래의 취지가 훼손되는 것은 아니다.

넷째, 시설 이용료는 시설 운영권자에게 일정한 수익을 보장하되 이용자에게 부담이 되지 않는 수준에서 지자체가 결정하여 감독한다.

이처럼 전국의 도시 주변을 둘러싸고 있는 그린벨트를 완화하면 소득과 일자리가 창출될 것이다. 비단 이뿐일까! 관광 적자 또한 크게 줄어들 것이다.

4
규제 풀어 장묘문화葬墓文化를 바꾸자

서울에서 기차를 타고 남원을 지나 한참 가노라면 전남 구례구역에 이른다. 구례구역에 도착하기 전 기차가 속도를 줄이기 시작하는 지점에 이르면 바로 왼쪽 편에 자그마한 산등성이가 눈에 띈다. 산천이 낙엽으로 장식된 11월쯤이면 이 산등성이는 전체가 온통 분묘墳墓로 빼꼭히 들어차 있는 것을 볼 수 있다.

실제로 우리나라 산은 어디를 가나 분묘로 가득 차 있다. 우리나라는 현재 분묘 면적이 1,000㎢를 넘어 전 국토의 1%에 이르고, 연고 없는 분묘는 무려 900만 기基를 넘는다고 한다. 여기에다 해마다 새로운 분묘가 17만여 기基씩 증가하여 국토가 여의도 면적만큼 잠식되어 가고 있다. 아름다운 금수강산이 분묘천지로 변해가고 있는 지 이미 오래다.

■ 한국의 장묘문화는 바뀌어야 한다

나는 신문 칼럼과 저서를 통해[2] 우리나라의 장묘문화는 바뀌어야 한다고 주장해 왔다. 이를 뒷받침하기 위해 나는 약 5년 전까지 10년 넘게 시간 나는 대로 여기저기 산을 돌아다니며 금수강산을 훼손하는 분묘의 실상을 카메라에 담아 작은 사진첩으로 만들어 두었다. 어떤 산에는 천 년 만 년 가도 모서리 하나 망가질 것 같지 않은 화강석으로 탑을 만들어 조상 묘를 장식한 경우도 있었다. 어떤 산에는 자손의 무관심 때문에 3미터가 넘는 석재묘비가 땅바닥에서 뒹구는 경우도 있었다. 이대로 가다가는 금수강산이 버려진 석재묘비로 가득 차게 될지도 모른다는 걱정이 앞섰다.

이런 실상을 보고 한 신문에 〈문중 납골당을 활성화하자〉라는 글을 썼는데(《조선일보》, 2005.9.1.) 충주에서 환경 · 조경 · 조경석재사업을 크게 하는 김용규 사장이라는 분이 내 칼럼을 읽고 자신은 비록 석재 묘비를 팔아 사업을 하고 있지만 '한국의 장묘문화는 나의 생각대로 바뀌어야 한다'며 격려 전화를 보내온 적도 있었다.

---

2 박동운(2008), 『CEO 정신을 발휘한 사람들』, 三英社.

■ 장묘문화가 바뀌고 있다

다행히도 장묘문화가 빠르게 바뀌고 있다.

먼저 화장에 관한 인식 변화를 보자. 서울시가 2001년 7월에 실시한 설문조사 결과에 따르면, 응답자의 50.2%가 죽은 후에 화장을 선호하는 것으로 나타났다. 이 결과는 설문조사 실시 첫 해인 1994년의 29.0%에 비해 20% 포인트 이상 증가한 것이다. 한국토지행정학회가 2004년 초에 실시한 '장묘문화 의식'에 관한 설문조사에서는 응답자의 68.6%가 화장을 선호한 것으로 나타났다. 한국보건사회연구원이 2011년에 실시한 '장사제도 및 장사문화에 대한 국민인식조사'에서는 화장 선호가 79.3%, 매장 선호가 15.1%로 나타났다.

봉안[3]시설 안치에 관한 선호도를 보자. 서울시의 2001년 7월 설문조사에서는 응답자의 61.0%가 봉안당 안치를 선호한 것으로 나타났다. 이 결과는 1994년의 11.1%에 비해 7년 사이에 무려 6배 가까이 증가한 수치다. 또 한국토지행정학회가 2004년 초에 실시한 설문조사에서는 선호하는 유골 처리 방안으로서 봉안당 안치가 40.0%, 봉안탑 · 봉안묘 안치가 24.6%로 이를 합하면 봉안시설 안치가 64.6%에 이른다.

위의 내용을 요약하면, 국민의 80%가 죽은 후에 화장을 원하고,

---

3 '납골(納骨)'이라는 용어는 어감(語感)이 좋지 않다고 하여 법률적으로 '봉안(奉安)'으로 바뀌었다.

65%가 봉안시설에 안치되기를 원한다. 이와 같은 선호도는 10년 사이에 화장은 약 2배 이상, 봉안시설 안치는 약 6배 이상 증가한 것이다. 그 변화 속도가 참으로 빠르다.

그러나 규제 때문에 봉안시설은 부족 상태에서 벗어나기 어렵고, 시설 부족 때문에 화장장의 긴 줄은 사라지기 어렵고, 게다가 많은 장례비용 때문에 화장과 봉안시설 안치는 국민의 선호일 뿐 많은 사람들에게는 '그림의 떡'일 뿐이다.

■ 자연장도 수요에 미치지 못한다

그래서 정부는 2007년 5월에 25일에 〈장사 등에 관한 법률〉을 개정하여 2008년 5월부터 자연장自然葬 제도를 도입했다. 자연장은 유골을 나무 뿌리에 안치하는 수목장樹木葬, 꽃밭 등에 안치하는 화목장花木葬, 강이나 바다 등에 뿌리는 산장散葬으로 나뉜다.

그러나 자연장도 수요를 채우지 못하고 있다. 2014년 3월 현재 공설 자연장지는 23곳, 사설 자연장지는 전국에 330개에 지나지 않은 데다 비용마저 만만치 않은 실정이다. 정부는 2017년까지 공설 자연장지를 17개 더 늘릴 계획이지만 그래도 수요는 턱없이 부족할 것으로 이야기된다.

■ '종중 · 문중 봉안당'과 '평장' 활성화를 제안한다

그러면 정부는 어떤 방안을 도입하여 장묘문화를 바꿀 수 있을까? 나는 현행 장묘제도를 그대로 둔 채 '종중宗中 · 문중門中 봉안당'과, 미국 등에서처럼 일반화되어 있는 평장平葬을 적극적으로 활성화할 것을 제안한다.

내가 제안하는 '종중 · 문중 봉안당' 활성화 방안은 다음과 같다.

첫째, 특별시장, 광역시장, 시장, 구청장, 군수 등 지자체장은 해당 지역에서 종중 · 문중별로 신청을 받아 조건이 갖춰지면 종중 · 문중별로 봉안당을 설치할 장소 '한 곳'을 허가해 준다. 지자체장은 종중 · 문중별 봉안당 설치 조건으로 각 종중 · 문중으로 하여금 해당 지자체 내에 여기저기 흩어져 있는 기존 분묘 수와 앞으로 안치하려는 영위 수를 신고하도록 하여 이를 바탕으로 봉안당 규모를 정해 준다. 예를 들면, 분묘 1기의 면적을 평균 약 5평으로 볼 때 기존 분묘 1,000기는 50평 규모의 봉안당에 안치될 수 있을 것이고, 100년 앞을 내다볼 경우 종중 · 문중의 인원 수에 따라 봉안당 규모가 정해질 수 있다. 지자체는 봉안당 규모에 맞춰 일정 면적이 공원, 관련 시설, 도로, 주차장 등으로 활용될 수 있도록 허가해 준다. 폐기된 분묘 자리에는 종중 · 문중으로 하여금 나무를 심도록 한다.

둘째, 종중 · 문중 봉안당이 활성화되려면 현행법 정비가 시급하다. 현재 종중 · 문중 봉안당 허가면적은 100㎡ 이내로 규제되어 있다.

뿐만 아니라 봉안당 설치와 관련하여 상수원 관련 법, 수도법, 하천법, 농지법, 산림법, 사방사업법, 군사시설보호법, 붕괴 · 침수 등과 관련한 지자체 조례 등 규제가 지나치게 많다. 이 같은 규제 때문에 봉안당 설치는 사실상 불가능하다. 따라서 이들 규제는 크게 완화되어야 한다.

셋째, 종중 · 문중 봉안당 활성화를 위해서는 인센티브가 주어져야 한다. 2000년에 김대중 정부가 실시했다가 1년 만에 폐지한 제도를 예로 든다. 보건복지부는 봉안당 중심의 새로운 장묘문화 확산을 위해 2000년에 '장례식장 · 사설봉안시설 설치 지원'을 위해 재정특별회계자금 60억 원을 확보하여 그 중 25억 원을 사설봉안 시설자금으로 지원한 바 있다. 그 내용을 보면, 정부가 봉안당과 봉안묘의 건축비 또는 설치비를 전체 비용의 70% 범위 내에서 지원하기로 하고, 봉안당은 개소 당 5억 원, 봉안묘는 개소 당 150만 원까지 지원한 것이다.

넷째, 종중 · 문중 중심으로 봉안당이 활성화되면 이어 지자체는 일정 기간의 정비를 위한 유예기간을 주어 연고 · 무연고 묘를 정비할 수 있을 것이다. 현재 900만 기에 이르는 무연고 묘를 없앤다는 것은 법적인 차원에서 어려움이 따른다. 따라서 필자의 제안대로 정비한다면 어려움은 해소될 것이다.

종중 · 문중 봉안당 활성화는 국토의 효율적 이용에 기여하고, 국토 훼손 방지에 기여하고, 종중 · 문중 간의 친목을 다지며, 영구 안치가 가능하다는 이점이 있어 사람들이 선호하게 될 것이다.

여기에다 '종중 · 문중'은 물론 가족이나 사설私設 평장도 활성화할 것을 제안한다. 그 내용은 '종중 · 문중 봉안당'의 경우와 다르지 않다. 평장의 경우 화장을 전제로 허가한다면 필요로 하는 면적이 많지 않을 것이다. 내가 아는 한 교회는 60평의 좁은 땅에 200기를 안치했다. 분묘에 비하면 얼마나 효율적인가!

■ 주은래(周恩來) 유언으로 중국은 화장법을 도입해

중국 천진天津에 가면 주은래기념박물관周恩來記念博物館을 관람할 수 있다. 1층 기념관 관람이 끝나면 복도는 2층으로 연결된다. 2층은 주은래와 그의 부인 등영초鄧潁超의 유물 전시장인데, 2층 중앙 전시실에는 대략 30cm×20cm×20cm 크기의 유골함遺骨函이 테이블 위에 단정하게 놓여 있다. 이 유골함에는 주은래 부부의 유골이 들어 있다.

주은래(1898~1976)는 강소성 회안에서 태어나 일찍 부모를 잃고 큰아버지 밑에서 자라다가 9살 때 천진으로 옮겨왔다. 그는 일본, 프랑스 등지에서 공부했다. 그는 한때 장개석이 있던 황포군관학교의 정치부 주임으로 임명되어 장개석과의 인연을 맺었다가 곧 결별하고 모택동의 2인자로서 중국의 공산혁명을 도왔다. 이러한 공적과 천진에서 살았다는 인연을 내세워 강택민江澤民 전 주석이 천진에 주은래 기념박물관을 짓도록 지시했다고 한다.

주은래는 죽기 전 자신의 시신屍身을 화장하도록 유언으로 남겼다. 그는 땅이 좁아 묘지가 부족하게 될 것을 염려하여 화장을 부탁했다는 것이다. 남한의 100배나 큰 중국이 땅이 좁다니! 하기야 13억 인구와 앞으로 늘어날 인구가 묘지 1기씩만 챙겨도 넓고 넓은 중국 땅도 좁아질 수밖에! 주은래의 유언으로 중국은 화장법을 도입했고, 지금은 누구나 이 법을 따라야 한다고 한다. 듣고 보니 주은래는 훌륭한 지도자라는 생각을 갖지 않을 수 없었다. 주은래의 유언 하나로 중국의 장묘법이 바뀌었으니!

참, 덩샤오핑은 죽은 사람이 산 사람의 자리를 차지해서는 안 된다며 화장을 택했고, 그래서 그의 유골은 바다에 뿌려지지 않았던가!

주은래의 유골함을 보고 있는 동안 우리나라 정치지도자 한 분이 생각났다. 그 분은 경기도 용인으로 조상의 묘를 이장移葬하면 대통령이 될 수 있다는 한 지관地官의 말을 듣고 그렇게 했다고 한다. 그 분은 지관의 예언대로 대통령이 되었다. 만일 그 정치지도자가 묘로 가득 찬 우리나라 산을 염려하여 이장移葬 대신 다른 방법을 택했더라면 어땠을까.

9부

신변잡기身邊雜記도 '대한민국 가꾸기'에 도움이 되지 않을까?

–

나는 내 자신과 관련된 이야기 하는 것을 무척 꺼리는 성격이다. 자랑할 것이 별로 없기 때문이다. 그런데도 '대한민국 가꾸기'라는 거창한 제목의 책에서 나의 신변잡기를 꺼내는 이유는 비록 보잘 것 없는 이야기들일지라도 나의 아들딸과 며느리를 비롯하여 누군가에게는 '대한민국 가꾸기'에 작은 도움이라도 되지 않을까 기대되기 때문이다.

여기에 실린 이야기들–사회적 이슈, 예의, 직업 관련 이야기, 육아, 병 치료 등 잡다한 이야기들은 우리가 살아가는 동안에 알게 모르게 접하게 되는 것들이다.

다룰 내용은 다음과 같다.

–

1. '행정착오' 방지에 기여한 행정소송 이야기
2. 정치가들, 교수들, 목사들에 의해 망가져가는 '올바른 말투'
3. '통일적금통장 갖기 운동'①: 부부가 함께 추진한 이야기
4. '통일적금통장 갖기 운동'②: 신문에 소개된 이야기
5. H군의 몽둥이
6. 육아 일기: 아들놈의 울음소리
7. 암 투병기: "저렇게 훌륭한 의술도 하나님의 은혜다!"

1
'행정착오' 방지에 기여한 행정소송 이야기

(다음 글은 〈엉터리 행정 봐주지 맙시다〉라는 제목으로 1996년 7월 11자 《조선일보》 사회면에 '박스 기사'로 실린 기사다. 법조계의 후일담에 따르면, 내가 소송에서 승리하자 '세금납부 예고'나 '벌금부과 예고' 같은 '행정착오를 막기 위한 제도'가 도입되었다고 한다.)

아니 이럴 수가?

작년 4월 어느 날, 단국대 박동운 교수(55 · 경제학)는 경기도 안양시로부터 주차위반 과태료 납부고지서를 받아들었다.

그보다 1년 전인 94년 3월 10일 오전 10시 43분 안양시 동안구 한 다방 앞에서 주차위반을 했다는 내용이었다. 박 교수는 그러나 아무리 생각해도 엽서에 적힌 장소에 간 걸 떠올릴 수 없었다. 강의시간표를 뒤져보니 그 시각에는 오히려 강의를 하고 있어야 했다.

박 교수는 고지서에 적힌 '이의를 제기할 수 있다'는 안내에 따라

"행정착오가 있는 것 같다"는 편지를 내용증명으로 안양시에 보냈다. 1년이 지나도록 답장이 없었다.

그런데 올 5월 초, 다시 안양시로부터 청천벽력 같은 우편엽서가 날아들었다. "주차위반 과태료 납부를 촉구한 바 있으나 응하지 않아 … 지방세법 28조1항과 국세징수법 24조1항 규정에 의해 귀하의 차량을 압류하였음을 통보합니다." 난생 처음 당하는 재산 압류에 박 교수는 당황했다. 시민의 이의 제기에 일언반구 설명도 없이 덜컥 압류 통보를 보내는 행정기관의 무책임과 오만에 분노감도 느꼈다. 그러다 퍼뜩 놀라운 사실을 발견했다. 박 교수가 새 차를 사서 신규등록을 한 날짜는 그해 4월 23일. 고지서의 위반 날짜인 3월 10일은 자동차가 공장에서 출고되기도 전이었던 것이다.

박 교수는 '유령 차량'에 주차단속을 한 안양시를 상대로 소송을 냈다. "법정에서 정식으로 사과하고, 정신적인 피해에 대해 1백만 원을 배상하라"고 요구했다. 다급해진 안양시 직원들이 집과 연구실로 찾아와 "없던 일로 해달라"고 사정했다. 박 교수는 취하를 거절했다. 지난 달 20일 서울지방법원법정에서 열린 재판에서 박 교수는 승소했다. 안양시는 공식 사과와 함께 50만 원의 위자료를 지급했다.

"주변에서는 번거롭게 소송까지 하느냐고 말리기도 했습니다. 그러나 엉터리 행정으로 애꿎게 피해를 보는 수많은 사람들을 위해 선례를 남겨야 한다고 생각했습니다." 박 교수는 "이번 경험을 바탕으로, 행정착오를 손쉽게 정정할 수 있도록 '주민고충위원회' 같은 제도적 장치를 마련하자는 시민운동을 벌이겠다"고 말했다. (차학봉 기자)

2
정치가들, 교수들, 목사들에 의해 망가져가는 '올바른 말투'

(나는 '올바른 말투'가 훼손되어 가는 것을 보면서 20년 넘게 제자들과 타 대학 학생들에게 올바른 말투를 끈질기게 과외로 강의해 왔다. 올바른 말투는 주로 정치가들, 교수들, 목사들이 망가뜨리고 있다.)

'올바른 말투'가 훼손되는 가장 중요한 이유는 우리말 사용이 어렵기 때문이다. 쉬운 예를 하나 든다. 내가 내 제자의 동생을 만났다고 가정한다. 나는 제자의 동생과도 아주 가까운 사이이다. 내가 제자의 동생에게 말한다.

"자네 형 잘 지내나?"

이제 가정을 달리 한다. 나는 제자의 동생을 한두 번 만났을 뿐이다. 다음은 공적인 대화로 봐도 된다. 내가 제자의 동생에게 말한다.

"형님 잘 지내시나요?"

그런데 영어는 꼭 한 가지 표현밖에 없다.

"How's your brother?"
우리말은 확실히 어렵다.

(다음 글에서 〈에피소드 1~6〉은 '올바른 말투'와 관련된 에피소드이고, 이어 첨부된 〈올바른 말투〉는 내가 대학에서 과외로 수많은 학생들에게 가르쳐온 '올바른 말투' 텍스트다.)

에피소드 1

사회적으로 유익한 활동을 하는 분이 최근 몇 차례 메일을 보내왔다. 만나본 적이 없는데도 그 분은 "○○○ 원장입니다"라는 제목으로 메일을 보내왔다. 망설이고 망설이다가 "원장 ○○○라고 쓰세요" 라고 메일을 보냈다. 바로 회신이 왔다. "그게 어떤 의미인지 정확히 몰라 그 뜻을 헤아리지 못하고 있어 송구합니다"라는 질문이었다.

이 질문 때문에 이 글을 쓴다. '○○○ 원장님'의 질문에 대한 답은 뒷부분에 첨부된 〈올바른 말투〉가 보여 줄 것이다.

에피소드 2

아빠가 투병을 마치고 만 73회 생일을 맞았다며 아들이 식사기도를 자청하고 나섰다. 기도 때면 요리조리 피해 오던 아들이 자진해서 기도를 하겠다니 참으로 대견스러웠다. 아들의 기도- "아버지 하나님… 아버지 생일을 맞아…"

그날 오후. 아들의 기도가 마음에 걸렸다. 생일의 존댓말은 생신인데… 아들에게 알려줄까 말까 꽤나 망설였다. 아들과 통화할 기회가 생겼다. 대화가 끝날 무렵 어렵사리 말을 꺼냈다.

"생일의 존댓말은 생신이다."

"알아요. 하나님께 드리는 기도여서…."

아뿔싸. 내가 그렇게 가르쳤지! 하나님 앞에서는 아버지를 존댓말인 '아버님'으로 불러서는 안 된다고. 하물며 하나님께 드리는 기도에서 '생일'을 존댓말인 '생신'으로 써야 되겠는가!

에피소드 3

퇴임 전 일이다. 조교가 들어왔다. 그와 얼굴을 맞대고 의자에 앉았다.

"교수님. 김 교수가 교수님이 말씀하신 대로 하지 말라고 했어요."

이 녀석 봐라. '김 교수가 … 했어요'라니! '김 교수님이 … 하셨어요'라고 해야지. 그 자리에서 고쳐줬다. 내가 분명히 잘 가르쳤는데 잘못 이해한 것 같다. 김 교수가 나보다 나이가 30년쯤 어리다고 해도 김 교수와 나는 동급이기 때문에 제자인 조교는 나에게 말하듯이 내 앞에서 김 교수를 '존칭을 써서' 나와 동급으로 대해야 한다.

에피소드 4

타 대학에 특강 갔다가 일어난 일. 본 강의에 앞서 몇 분 동안의 '올바른 말투' 강의를 위해 학생들에게 나눠주고 남은 유인물을 그 대학 교수인 내 제자에게 한 장 내밀었다. 그걸 읽고 나서 제자가 내게 친근감 있는 어조로 쏘아붙였다.

"교수들 대부분 자기를 소개할 때 'ㅇㅇㅇ 교수'라고 말하는데요!"

"몰라서 그래."

나도 친근감 있는 어조로 쏘아붙였다.

"서로 아는 사이에는 문제가 되지 않지만 공적인 자리에서는 자신을 밝힐 때 겸손의 표시로 직함을 이름 앞에 붙여야 해. 영어는 그 반대고."

그러고 나서 큰 목소리로 마무리했다.

"역대 대통령들이 신년 휘호揮毫에서 'ㅇㅇㅇ 대통령'이라고 쓴 걸 봤어? '대통령 ㅇㅇㅇ'이라고 쓰지. 만일 'ㅇㅇㅇ 대통령'이라고 쓰면 상식 없다고 물러나라고 할 거야. 대통령은 '대통령 ㅇㅇㅇ'이라고 쓰는데 교수는 'ㅇㅇㅇ 교수'라고 써도 된다는 말인가!"

에피소드 5

후배 교수가 공지사항을 알리면서 영어로 쓴 메일을 보내왔는데 끝에다 다음과 같이 썼다.

"… Professor Choi."

몇 번이나 망설이다가 가까스로 메일을 보냈다.

"최 교수님. 남이 최 교수님을 영어로 부를 때는 존경의 뜻으로 'Professor Choi'라고 부르지만 자신이 글로 표현할 때는 겸손의 뜻으로 'Choi, Professor'라고 해야 할 것 같은데요? 우리말과는 반대지요. 우리말에서는 남이 부를 때는 존경의 뜻으로 '최 교수님' 하지만 자신이 말할 때는 '교수 ○○○'라고 말해야 하지요."

바로 회신이 왔다. 영어식 표현을 아는데 깜빡 실수했다고, 앞으로는 실수하지 않겠다고.

글을 읽다보면 분통이 터지는 경우가 종종 있다. 잘 알려진 교수나 목사가 분명히 자신이 직접 쓴 글로 편집된 것인데도 글쓴이를 다음과 같이 표현하기 때문이다.

"○○○ 교수"

"○○○ 목사"

이 같은 표현은 큰 실례다. 글에서도 말과 같이 편집자가 편집한 글에서는 당연히 "○○○ 교수", "○○○ 목사"라고 표현되어야 하지만, 자신이 직접 쓴 글로 편집된 경우에는 말에서와 마찬가지로 겸손의 뜻으로 "교수 ○○○", "목사 ○○○"라고 표현해야 한다.

에피소드 6

이화여대 특강 때, 강의에 앞서 〈올바른 말투〉 프린트를 나눠주고 몇 분 동안 설명한 다음 이렇게 말했다.

"여러분들은 결혼해서 남편에 관한 전화를 받을 때 '그이는 집에 계시지 않는데요'라고 말하지 마세요."

내 말이 끝나기가 무섭게 그들은 초등학생들처럼 한 목소리로 강의실이 떠나갈 듯이 “예” 하는 것이었다.

〈올바른 말투〉

(내가 정리해서 학생들에게 나눠준 ‘올바른 말투’ 텍스트)

“새 주소로 잡지를 보내주셨으면 합니다. 서울시 세종로 1번지 청와대….”(김윤옥)

“주소가 청와대라구요? 그럼 비서실에서 전화를 하신거구요?”(출판사)

“그게 아니라 … 제 남편이 이번에 대통령이 된 이명박인데요.”(김윤옥)

청와대 입주 후 이명박 대통령의 부인 김윤옥 여사가 평소 받아오던 잡지의 배달 주소를 바꾸려고 출판사에 전화를 걸었을 때 오간 대화다(《조선일보》 2008. 3. 12).

김윤옥 여사의 말투의 핵심은 ‘대통령 이명박’으로 요약된다. 이는 우리가 흔히 저지르기 쉬운 실수를 바로 잡아준다. 김윤옥 여사는 ‘이명박 대통령’이라고 해도 될 것을 ‘대통령 이명박’이라고 했다. 남에게 가족을 이야기할 때는 존칭을 사용하지 않아야 하는데 김윤옥 여사는 그렇게 한 것이다. 이제 ‘올바른 말투’와 관련된 예를 든다.

〈예 1〉: 2007년 8월 어느 날 예술의 전당에서 국악페스티벌이 열렸다. 이 자리에는 노무현 대통령을 비롯하여 11개국 외국대사가 참석했다. 사회를 맡은 50대의 한 한국정신문화원 교수가 자신을 소개했다.

"저는 사회를 맡은 한국정신문화원 ○○○ 교수입니다."

이 말이 채 끝나기도 전에 여기저기서 욕설이 터져 나왔다. 사회를 맡은 그 교수는 이렇게 말했어야 한다.

"저는 사회를 맡은 한국정신문화원 교수 ○○○입니다."

직명은 남이 부를 때는 존경의 뜻으로 이름 다음에 붙이지만 자신이 부를 때는 겸손의 뜻으로 이름 앞에 붙여야 한다. 김윤옥 여사는 남편의 경우에도 '이명박 대통령' 대신 '대통령 이명박'이라고 말했다.

〈예 2〉: 올바른 말투를 사용하지 않는 직업이 주로 목사, 교수, 정치가 등이 아닌가 생각된다. 많은 경우 목사들은 자신이 쓴 글이나 공식석상에서 자신을 '○○○ 목사'라고 서슴없이 표현한다. TV에서 교수들은 적잖게 자신을 '○○○ 교수'라고 소개한다. 내가 아는 한 교수는 자동응답기에다 아예 자신의 목소리로 이렇게 녹음해 두었다.

"저는 ○○○ 교수입니다."

내가 아는 한 국회의원은 항상 자신을 가리켜 '○○○ 국회의원'이라고 말하고, 자기 아버지를 지칭할 때는 '어른께서…'라고 말한다. 아나운서들은 으레 '저는 KBS ○○○ 아나운서입니다'라고 자신을 소개한다.

〈예 3〉: 남에게 자신의 가족을 말할 때는 존칭을 써서는 안 된다. 한 젊은 목사는 "제가 어렸을 때 제 아버님께서…" 하고 설교를 시작했다. 귀에 좀 거슬리다 싶어 주의를 기울이다 보니 그 목사는 그 설교에서 무려 11번이나 "아버님께서…"라고 말하는 것이었다.

이 목사는 '아버님께서'라는 말에서 두 가지 실수를 저질렀다. 즉, 자신의 아버지를 존경한 나머지 '아버님'과 '께서'를 함께 쓴 것이다. 가족 이름에 붙이는 '님'은 남이 존경의 뜻으로 붙여주는 것이지 내가 공석에서 남에게 말할 때는 '아버지'의 경우에도 겸손의 뜻으로 '님'을 붙이지 않는 것이 옳다. 이 목사는 또 '께서'도 써서는 안 된다. 이 경우 이 목사는 '님'과 '께서'를 빼고 '나의 아버지는… 하셨다'로 써야 한다.

〈예 4〉: 내 친구 부인은 내가 전화할 때마다 "그이는 집에 계시지 않는데요"라고 말한다. 남편의 친구인 나와 통화할 때는 겸손의 뜻으로 "제 남편은 집에 없는데요"라고 말해야 한다. 그러나 남편의 손아랫사람 예를 들면, 남편의 제자나 조카 경우에는 존댓말을 써도 무방하다. 우리말 말투는 확실히 어렵다.

3
'통일적금통장 갖기 운동' ① : 부부가 함께 추진한 이야기

('통일적금통장 갖기 운동'과 관련된 이야기. 이 운동은 지금 다시 펼친다 해도 늦지 않다고 생각한다. 다음은 《빛과 소금》 1993년 8호에 실린 〈박동운 · 김애실[1] 공동집필〉의 「통일비용 마련을 위한 '통일적금통장 갖기 운동'을 펴자」라는 특별기고다.)

사회주의 체제 붕괴와 그 후로 나타나기 시작한 세계정세 변화는 남북통일이 곧 이루어질 수 있음을 시사한다. 실제로 통일을 대비하자는 목소리가 여기저기서 쉬지 않고 들려오고 있다. 다행히도 최근에 있었던 독일의 통일 경험은 한반도 통일에 대한 구체적인 대비책의 마련에 도움을 주고 있다.

---

1 아내 김애실은 현재 한국외국어대 경제학과 명예교수이고, 17대 한나라당 비례대표 국회의원을 지냈다.

이 같은 흐름에 맞춰 필자들은, 한반도 통일은 전 국민의 참여로 이루어져야 한다는 생각에서 통일의 대비책 하나를 제시하고자 한다. 결론부터 말한다면, 그것은 전 국민의 '통일적금통장 갖기 운동'이다.

지금까지 정부와 전문가 중심으로 진행되어 온 경제적 측면의 통일 논의는 아마도 두 가지로 요약될 수 있지 않을까 생각된다. 하나는 한반도 통일은 독일처럼 막대한 비용을 필요로 한다는 것과 다른 하나는 한반도 통일비용은 정부가 마련해야 한다는 것.

통일비용은 주로 북한경제를 남한 수준으로 끌어올리는 데 쓰이게 되는데 그 돈이 엄청나다는 것은 이미 잘 알려져 있다. 한 연구에 의하면, 남북한 경제통합이 1993년에 이루어진다는 가정에서 북한경제를 남한 수준으로 끌어올리는 데 드는 통일비용은 무려 163조 원에 이른다고 한다. 통일비용이 막대하다는 것은 통일로 인해 경제 기반마저 흔들리고 있는 독일의 경험이 우리에게 잘 말해 주기도 한다.

그런데 이처럼 엄청난 통일비용은 정부가 마련해야 한다는 것으로 논의되고 있다. 물론 당연한 논리다. 알려진 바에 의하면, 정부는 통일비용의 마련을 위해 세 가지 방안을 강구하고 있는 것 같다. 첫째 방안은 증세이다. 그러나 신경제계획이 끝나는 1998년에 조세부담이 23%로 증가, 조세저항을 불러일으킬 우려가 있으므로 통일세를 부과한다는 것은 어려운 일이다. 둘째 방안은 국공채 발행이다. 그러나 국공채 발행으로 엄청난 통일비용을 마련한다는 것도 어려운 일이다. 셋째 방안은 차관 도입이다. 그러나 통일비용을 마련하기 위해 막대한 외채를 진다는 것도 어려운 일이다. 물론 막상 통일이 된다면 정부는 앞에서 언급한 세 가지 방안에 의존할 수밖에 없을 것이다.

그런데 민족의 숙원인 통일 문제를 정부의 손에다 맡겨둔 채 우리는 구경만 하고 있을 것인가? 그럴 수는 없다. 그래서 온 국민은 통일 문제를 하루 빨리 해결하기 위해 한마음으로 참여해야 할 필요가 있을 것이다. 필자들의 제안은 바로 이 같은 생각에서 우러나온 것이다.

'통일적금통장 갖기 운동'이란 저축이 가능한 전국의 모든 가구가 통일비용의 마련을 위해 매월 일정액씩 일정 기간 적금을 하는 운동이다. 여기에서 일정 기간이란 3년 또는 5년을 의미하고 일정액이란 각 가구의 능력이 바탕이 되는 저축액이다. 한 예를 들어보기로 하자.

만일 1가구가 1만 원씩 5년간 정기적금을 한다면 이 돈은 5년 후에 약 78만 원 정도가 될 것이다. 따라서 만일 전국적으로 저축이 가능한 700만 가구가 월 2만 원씩 5년간 정기적금을 한다면 5년 후에 이 돈은 약 10조 원을 훨씬 넘어설 것이다. 이렇게 볼 때 온 국민이 지금 당장 '통일적금통장 갖기 운동'을 펴나간다면 5년 후에 우리는 10조 원의 통일비용을 마련하는 데 큰 어려움이 없을 것이다. 김영삼 정부도 3단계에 걸친 통일 방안을 제시하고 있다는 점을 감안할 때 통일시점에 따라서는 50조 원의 돈도 마련될 수 있을 것 같다.

이 운동에는 정부의 정책적 지원이 반드시 마련되어야 한다. 정부의 정책적 지원은 두 가지로 요약될 수 있다.

첫째, 정부는 온 국민이 참여할 수 있도록 인센티브를 제공해야 한다. 그것은 통일적금의 이자소득에 대한 면세 조치다. 그런데 개인적인 사정으로 통일적금을 도중에 해약한다든가 만기 후에 개인적으로 사용하게 될 경우에는 일반 적금과 같이 이자소득에 대한 조세를 부과함으로써 개인의 선택의 자유도 인정할 필요가 있다. 그리고 만기 후에 통일적금은 다시 정기적금으로 이어질 수 있도록 정부는 계속 인센티브를 제공해야 한다.

둘째, 정부는 통일이 될 때 통일적금이 북한의 경제수준을 향상시키는 데 투자될 수 있도록 관리해야 한다. 이는 곧 북한에 투자하는 정부기업이나 민간기업의 채권이나 주식을 매입하는 데 통일적금이 사용될 수 있도록 정부가 관리해야 한다는 것을 의미한다.

앞으로 한반도가 통일이 된다면 북한 주민은 경제적 여건이 좋은 남한으로 이주하게 될 것이고 이로 인해 한반도는 일시에 실업문제, 주택문제, 교통문제, 범죄문제 등에 부딪히게 될 것이다. 이런 점을 감안하여 전문가들은 북한 주민의 남한으로의 이동은 한시적으로 규제되어야 한다고 주장하기도 한다.

이 같은 규제에는 통일 후 북한 주민을 한시적으로 북한 땅에 묶어둘 수 있는 대안이 마련되어야 한다. 그 대안이란 남한이 북한 땅에 투자하여 북한 주민들에게 고용기회를 마련하고 소득증대를 보장해 주는 방안이다. 그러기 위해서는 역시 돈이 필요하게 된다. 이렇게 볼 때, '통일적금통장 갖기 운동'은 통일적금이 북한 투자에 효율적으로 사용될 경우 북한 주민에게는 경제력 향상을, 남한 주민에게는 투자수익 보장을 마련해 줄 수 있는 대안이 될 수 있을 것이다.

'통일적금통장 갖기 운동'은 설사 통일이 쉽게 이루어지지 않더라도 통일을 향한 우리 세대의 열망을 다음 세대에게 이어줄 수 있는 매체가 될 수 있도록 자녀들을 참여시키는 것도 바람직하다. 이렇게 온 국민이 참여함으로써 '통일적금통장 갖기 운동'은 민족의 숙원인 통일을 앞당길 수도 있을 것이다.

4
'통일적금통장 갖기 운동' ②
: 신문에 소개된 이야기

(우리 부부가 국가를 위해 함께 한 일이 하나 있다. 그것은 '통일적금통장 갖기 운동' 캠페인을 벌인 것. 이 운동은 지금 다시 펼친다 해도 늦지 않다고 생각한다. 다음은 《조선일보》 1993년 7월 30일자에 '박스 기사'로 소개된 내용이다.)

경제학을 전공하는 대학교수 부부가 통일비용 마련을 위해 '통일적금통장 갖기 운동'을 펴고 있다.

단국대 박동운 교수(52)와 한국외국어대 김애실 교수(47)는 지난 6월 말부터 자신들이 다니는 서울 논현동 서울영동교회 신도들을 중심으로 남북한 통일 때 필요하게 될 막대한 비용을 미리 준비하기 위해 '통일적금'에 가입하자는 운동을 벌이고 있다. 이들은 우선 이웃에 거주하는 다른 신도 6가족과 함께 5년 만기의 정기적금에 가입했으며 만기 후에 찾는 돈은 교회가 북한 선교 등을 위해 사용하도록 했다.

이 운동에 참가하는 가족들은 '온 가족이 함께 참여하고 각자 능력에 맞게 적금액을 정한다'는 원칙을 세웠다.

"독일의 경우에서 보는 것처럼 통일 후 북한경제를 남한 수준으로 끌어올리기 위해서는 엄청난 비용이 필요합니다. 이를 모두 정부가 마련하는 것은 결국 세금 증가, 국공채 발행, 차관 도입 등 어느 방법을 택해도 국가경제에 커다란 부담을 초래하게 됩니다. 따라서 전 국민이 일정액씩 미리 모아두는 운동이 필요합니다."

박 교수는 저축이 가능한 전국의 7백만 가구가 한 달에 2만 원씩 정기적금을 하면 5년 후에 10조~15조 원의 통일기금을 마련할 수 있다고 계산했다.

박 교수 부부는 3년 전 남북한 무역 비교, 북한의 여성 노동력 등 북한 관련 논문을 쓰면서 통일문제에 관심을 갖게 됐다. 게다가 독일이 통일비용문제로 커다란 어려움을 겪는 것을 보고는 우리도 대비할 필요성을 느꼈지만 정부와 민간 어느 쪽도 적극적으로 준비하지 않는 것을 보고 안타깝게 생각하다가 통일적금 아이디어를 만들어 냈다.

'통일적금통장 갖기 운동'은 7월 초 서울영동교회가 전 교회 차원의 운동으로 전개하기로 결정한 데 이어 중순부터는 6월 하순 가졌던 '평화통일을 위한 다니엘 기도운동'에 참가했던 서울지역 15개 교회로 확산되고 있다. 박 교수 부부는 온 국민이 이 운동에 참여할 수 있으려면 '통일적금'을 새로 만들어 이자소득에 대해 면세하고 만기 후에는 북한에 투자하는 공기업의 주식이나 채권으로 전환하는 등 제도적으로 뒷받침하는 것이 바람직하다고 말했다. 김 교수는 "통일적금운동은 경제적 성과 못지않게 통일에 대한 민족적 열망을 높이는 효과도 거둘 수 있고 이런 점에서 특히 자녀들을 참여시키는 것이 바람직하다"고 덧붙였다. 〈이선민 기자〉

5
H군의 몽둥이

(30년 가까이 교수를 하면서 후회스러운 일이 있다. 왜 운동권 학생들을 끝까지 설득하려고 노력하지 않았을까? 학생들이 들으려고 하지 않았기 때문이기도 하지만 애써서 설득해도 성과가 별로 없다고 생각하여 스스로 포기했기 때문이라고 변명한다. 정년퇴임한 지 10년 가까이 되는 시점에서 이는 약간 후회스러운 일로 남는다.

다음 글은 내가 정년퇴임하기 전 한창 나이에 쓴 것으로, 교수로서 아쉬움을 갖는 추억 가운데 하나다.[2])

작년 4월 하순, 어느 늦은 오후였다. 자가용 십부제 운행에 해당된 나는 서문 쪽 버스정류장을 향해 캠퍼스를 가로질러 가고 있었다. 잘 익은 봄 향기가 캠퍼스 가득히 넘쳐흐르고 있었다. 어디선가 요한 스

2 박동운(1993), 「H군의 몽둥이」, 단국대학교, 『檀苑』, 제23호 봄.

트라우스의 '봄의 소리'가 쫭하고 울려 퍼질 것만 같은 느낌이었다. 서문이 한눈에 들어오는 동양학연구소 입구에 이르렀을 때였다.

네 명의 학생들이 서문 앞 큰길가에서 길 건너편의 전경들을 향해 뭐라고 열심히 외쳐대고 있었다. 무슨 말인지 전혀 알아들을 수는 없었지만 4~5월이면 으레 등장하는 학생들의 시위일 거라고 생각하며 서문 쪽을 향해 계속 언덕길을 내려갔다.

얼마 후 네 명의 학생들은 구호를 외치다 말고 갑자기 돌아서서 언덕길을 올라오기 시작했다. 먼발치서 보아도 그들의 모습은 의기양양했다. 그들은 제각기 손에 몽둥이를 들고 있었다.

봄 향기에 흠뻑 취한 채 몽둥이를 들고 있는 그들을 내려다보면서 나는 '저것은 협화음인가 불협화음인가'를 내 자신에게 열심히 묻고 있었다. 이윽고 그들의 얼굴을 알아볼 수 있을 만큼 가까워졌을 때 나는 그만 깜짝 놀라고 말았다. 그들 중 한 명은 내가 가르치고 있는 4학년 H군이 아닌가! 지금쯤 책을 들고 있어야 할 4학년 학생이 몽둥이를 들고 있다니!

나는 H군이 나를 알아볼까 봐 한사코 고개를 왼쪽으로 돌린 채 학생들 사이로 언덕길을 내려갔다. 마치 보아서는 안 될 것을 본 것 같은 민망함이 나를 무척 가슴 조이게 만들었다.

나는 끝내 뒤돌아 볼 생각을 할 수 없었다. 행여나 H군도 나처럼 뒤돌아보다가 나와 눈이 마주치게 될지도 모른다고 생각했기 때문이다. 그 대신 '저것은 누구의 책임인가?'를 마음속으로 열심히 되뇌면서 나는 계속 길을 갔다.

내가 H군과 눈이 마주칠까 봐 염려했던 이유는 두 가지였다. 하나는 그가 나를 보고 수줍어할까 봐 걱정되었기 때문이다. H군은 4년 전 서울캠퍼스 전체 수석으로 합격한 학생이다. 그는 1학년 때 교수와 급우들의 기대 속에서 열심히 공부했다. 그러한 그가 전국의 대학 캠퍼스를 휩쓴 대학민주화 물결에 뛰어들기 시작했다. 캠퍼스를 지날 때마다 마주치곤 하던 크고 작은 집회에서 그가 어김없이 한 자리를 차지하고 있는 것이 발견되곤 했다. 어쩌다가 학생들 사이에서 구호를 외치던 그와 눈이 마주치게 되면 그는 매우 수줍어하며 어색해했다. 내가 고개를 한사코 한쪽으로 돌렸던 이유도 손에 몽둥이를 든 채 언덕길을 올라오다가 눈이 마주치면 그가 어색해할까 봐 걱정되었기 때문이다.

우연한 기회에 나는 그의 성적을 열람할 기회가 있었다. 1학년을 제외하고 결코 좋은 편이 못되었다. 그는 내게서 네 과목을 수강했는데 모두 좋은 성적을 얻지 못했다. 그가 내가 가르치는 과목을 마칠 때까지 어떤 식으로 충고해 줄까 생각하곤 했다. 아버지를 연구실로 부를까도 여러 번 생각해 보았다. 그가 내 강의를 마지막으로 듣던 학기가 끝날 무렵 드디어 조심스럽게 그에게 말을 건넸다.

"자네, 내 연구실에 한번 들르겠나?"

그는 대답은 분명히 했지만 두 차례에 걸친 조심스러운 제의에 한 번도 응하지 않았다. 어쩌다 복도에서 마주치기라도 하면 공손히 인사만 할 뿐이었다.

내가 그와 눈이 마주칠까 봐 한사코 외면했던 또 다른 이유는 4학년인데도 손에 책 대신 몽둥이를 들고 있는 것에 대한 나의 책임감 때문이었다.

제자들의 연애상담을 한 적이 있다. 제자들의 취직을 위해 저돌적으로 대들어 도와준 적도 있다. 그러나 비판적인 시각을 가진 학생을 단 한 번이라도 끝까지 설득하여 문제를 해결해 준 적은 없다. 아니, 비판적인 학생들을 설득하려고 노력해 본 적도 사실은 별로 없다. 교내 집회가 금기시禁忌視되던 시절, 정부차원의 권유에 못 이겨 소위 '문제 학생'과 여러 차례 대화를 나눈 적은 많다. 그때마다 학생들의 장래를 염려해 주는 어휘들을 열심히 사용했지만 학생들은 그 같은 어휘에 별로 관심을 갖지 않았다.

나는 H군의 문제가 무엇인지를 모른다. H군의 문제를 놓고 그와 대화를 나누어 본 적이 없기 때문이다. 네 과목을 가르치는 동안 나는 한 역량 있는 제자를 너무 무관심하게 지나쳐버리고 말았다는 생각이 들었다. 나는 그에게 별로 도움이 안 되는 것들만 가르쳤을 뿐 그가 무엇을 필요로 하는지를 알려고도 하지 않았다. 손에 책을 들고 있어야 할 시기에 몽둥이를 들고 있는 그에게, 나는 마땅히 책임을 져야 한다는 생각이 들었다.

교수가 강의를 통해 학생들이 당면하고 있는 현실 문제를 해결해 준다는 것은 실제로 기대하기 어려운 일이다. 특히 학생 자신이 문제 해결에 참여할 의사가 없을 때는 더욱 그러하다. 그렇다고 교수는 항상 변명만 늘어놓고 있어야만 하는가?

세상은 지금 무섭게 빠른 속도로 변해가고 있다. 교수는 강의를 통해서 학생들에게 세상의 빠른 변화를 인식시켜 줌으로써 학생들이 당면하고 있는 현실 문제를 해결하는 데 도움을 줄 수 있어야 하지 않을까?

H군은 다행히 대학원에 들어갔다. 그가 대학원에서 몽둥이 대신 책을 얼마나 힘차게 움켜잡을 것인가는 역시 그의 의사에 달려 있다. 어떻든 나는 그에게 세상의 빠른 변화를 알리기 위해 레스터 더로우 Lester Thurow가 최근에 펴낸 『세계경제 전쟁』(원명: Head to Head)을 반드시 읽힐 것이다.

6
육아 일기: 아들놈의 울음소리

(아이들을 기른다는 것은 어느 부모에게나 힘들지만 즐거운 일이다. 이 글이 아이를 둔 젊은 부부에게 작은 도움이라도 되었으면 한다. 다음 글은 《신앙계》 1983년 6월호에 게재된 아들딸 기르기 이야기다.)

길을 걷고 있노라니 여섯 살쯤 되어 보이는 사내아이 하나가 "엄마아 엄마아…" 하며 목청껏 울어대고 있다. 아마 엄마 따라 모처럼 나들이라도 나왔다가 그만 엄마의 손을 놓쳐버리고 말았나 보다. 아이는 사방을 두리번거리며 더욱 극성스럽게 울어대기 시작한다. 그래도 엄마는 나타나지 않는다. 아이는 그만 발을 동동 구르며 사뭇 울부짖다시피 아우성을 친다. 어느 모퉁이에서라도 엄마가 불쑥 나타나 주었으면 싶다. 그러나 내가 그 길모퉁이를 돌아설 때까지도 엄마는 끝내 나타나 주지 않는다. 아이는 아직도 "엄마아 엄마아…" 하며 울부짖고 있다.

문득 한 생각이 가슴을 파고든다. 7월이면 만 4살이 되는 내 아들놈은 왜 저 아이처럼 "엄마아 엄마아…" 하고 울지 않을까? 참, 아들놈뿐만 아니라 올해 초등학교에 갓 들어간 딸애도 그렇게 울지 않지. 오랜만에 참으로 희한한 발견이라도 했다는 듯이 나는 묘한 기분이 되어 계속 길을 걷는다. 어렸을 때 나는 엄마를 찾느라고 극성스럽게 "엄마아 엄마아…" 하고 수없이 울었던 적을 기억하고 있다. 심지어 꿈속에서도 엄마를 찾다가 "엄마아 엄마아…" 하고 서글프게 울던 나머지 눈물이 흥건한 채 꿈을 깬 적이 한두 번이 아니다. 그렇게 울고 나면 가슴이 얼마나 후련해지던가! 그런데 아들놈은 "엄마아 엄마아…" 하고 울지를 않는 것이다. 기껏해야 "으아…" 하고 울어댈 뿐이다. 길을 걸으면서 무슨 까다로운 숙제라도 풀듯이, 아들놈의 그 같은 울음소리에 나는 골똘히 빠져들어 간다.

내게는 앞에서 얘기한 딸 하나와 아들 하나가 있다. 아내와 나는 다 같이 대학에 나가고 있으므로 자녀교육에 까다롭게 신경을 쓰지 않을 수 없다. 딸애는 미국에서 낳아 3개월이 되면서부터 지금까지 줄곧 낮 동안에는 항상 남의 손에서 자라왔다. 아들놈도, 한국에서 낳기는 했지만, 어김없이 낮 동안에는 남의 손에서 자라왔다. 이 때문에 아내와 나는 애들의 성격이 행여 비뚤어지지나 않을까 걱정하면서 온갖 정성을 다 들여 키워오고 있다.

많은 사람들도 우리 부부와 같은 경험을 하고 있겠지만 애들에 대한 우리 부부의 관심은 사뭇 필사적이다. 학교가 끝나면 우리들은 곧

장 집으로 돌아와 애들의 절친한 친구가 되어준다. 만일 둘 중 하나라도 강의나 모임 때문에 집에 늦게 돌아오게 되면 다른 하나는 반드시 집에 일찍 돌아와 애들과 저녁시간을 함께 보낸다. 이 같은 생활규칙은 지금까지 별로 어겨본 적이 없다. 낮에 못 준 사랑을 저녁에라도 주어야 한다는 것이 우리 부부의 하루하루의 생활규칙인 것이다. 이렇게 생각하다 보니 아들놈이 왜 "으아…" 하고 우는 것인지 그 이유가 밝혀지는 것 같다. 그것은 아이들에 대한 우리 부부의 하루하루의 생활규칙 때문이리라. 엄마와 아빠에게서 어느 한 편에 치우치지 않는 사랑을 받게 되어 우리 애들은 "으아…" 하는 울음만으로도 후련함을 느끼게 되는 것이리라.

우리 애들은 둘 다 유아세례를 받고 자라나고 있다. 일요일이면 엄마와 아빠가 돌봐줘야 하기 때문에 딸애는 갓난아이 적부터 교회를 열심히 나가고 있다. 다섯 살이 되면서부터는 아파트단지 안에 있는 교회의 주일학교에 일요일이면 꼭꼭 나가고 있다. 주일학교에서 배우는 하나님의 말씀이 너무나도 재미있는지 집에 돌아와서는 성경을 읽고 외우며 매우 즐거워한다.

아들놈이 만 세 살이 조금 지나자 딸애는 아들놈을 주일학교로 인도하기 시작했다. 추운 겨울에는 동생의 손목을 꼭 붙잡고, 비오는 때에는 동생의 머리 위로 우산을 받쳐 들고, 딸애는 일요일이면 주일학교에 가곤 한다. 아파트 사이의 나무 밑을 지나 교회로 향하는 길로 들어서는 애들의 모습을 창 너머로 바라보면서 우리 부부는 매우 대견한 느낌을 갖곤 한다.

그런데 아들놈이 네 살 가까이 자라면서 꾀가 늘기 시작했다. 일요일 아침이면 배가 아프다느니, 입을 옷이 없다느니, 날씨가 춥다느니, 주일학교가 시작할 시간이 되면 심심찮게 거드름을 피우기 시작한다. 우리 부부는 아들놈이 주일학교에 가기 싫어 꾀부린다는 것을 잘 알고 있으므로 온갖 수단을 다해 아들놈을 달래본다. 그러나 막판에 아들놈이 "싫어" 하고 한 마디 쏘아대면 우리들의 노력은 끝장이 나고 만다.

그러한 동생이 측은했던지 딸애는 일기에서까지 동생 걱정을 하고 있다. 만 세 살 때부터 읽고 쓰기를 익힌 딸애여서 초등학교 입학 예비소집일에 일기장을 사다 주며 권해 보았더니 딸애는 철자법이나 문장구조에서 거의 틀린 것 없이 어른다운 일기를 하루도 거르지 않고 써 오고 있다. 동생에 관한 대목은 이렇다.

"유진이가 또 교회에 안 갔다. 그래서 다음 일요일에는 꼭 데리고 갈 거다."

"유진이는 또 교회에 안 갔다. 내가 너무 늦어서 안 데리고 갔다."

어느 주 중 사람들이 복잡하지 않은 하루를 골라 딸과 아들의 손목을 붙잡고 우주박람회에 구경을 간 적이 있다. 전시장 안에 들어서니 초등학교 때부터 배운 광대무변한 우주의 신비가 한꺼번에 나를 짓눌러 버리는 느낌을 갖지 않을 수 없었다. 그 넓고 넓은 우주 속에서 내가 숨 쉬고 있는 지구는 겨우 주먹만 할 뿐이고, 영원히 태양 주위를 돌고 있는 아홉 개의 별들 가운데 하나인 토성은 그 크기가 산더미 같다는 것을 알고 나서 나의 존재가 더없이 무력해지는 것을 느끼지 않을 수 없었다. 끝없는 우주의 신비 속을 오가면서 인간은 어떻게 태어나게 되었는가를 다시 한번 생각하지 않을 수 없었다. 그때 우주의 생성에 관한 설명을 열심히 읽고 있던 딸애가 갑자기 질문을 던졌다.

"아빠, 저기에는 우주가 대폭발로 생겼다고 써 있는데 우주는 하나님이 만드신 거지?"

아직도 우주의 신비 속을 헤매고 있던 나는 딸애의 갑작스런 질문에 그만 어리둥절해지고 말았다. 하나님을 믿고 있으면서도 우주가 하나님에 의해서 만들어졌다는 것을 별로 깊이 생각해 본 적이 없는 나는 그만 어물쩍 넘어가버렸다. 딸애는 이 문제를 그 날 일기에 기어이 끌어넣고 말았다.

"오늘은 우주박람회에 아빠와 유진이와 함께 보러 갔다. 가서 맨 처음 우주가 생겨난 것을 보았다. 나는 우주가 대폭발로 생긴 것이라고 믿지 않고 하나님이 우주를 만드셨다고 생각한다."

이 대목을 읽으면서 아내와 나는 어느 훌륭한 목사님의 설교보다도 더 큰 감동을 받지 않을 수 없었다.

어린이날에 선물을 두둑이 받고 나들이까지 다녀온 애들은 어버이날을 앞두고 엄마와 아빠한테 무슨 선물을 드릴까 안절부절못했다. 막상 하루 전에는 엄마와 아빠한테 드릴 선물이 있다고 자랑이었다. 물론 어버이날 우리는 카네이션 한 송이씩을 선물로 받았다. 그 날 일기에 딸애는 이렇게 썼다.

"어버이날이다. 나는 카네이션을 선물해 드렸다. 부모가 없는 아이는 얼마나 슬플까 하고 생각해 보았다. 그래서 나는 하나님께 감사드려야지."

요 깜찍한 것. 이렇게 귀여운 애들이 있다는 걸 나는 어떻게 감사드리나. 딸애의 일기는 오랫동안 하나님께 감사드리지 못하고 살아온 나를 사정없이 후려치기 시작한다.

"으아…" 하고 우는 아들놈의 울음소리는 엄마와 아빠의 차별 없는 사랑에 대한 감사의 상징이리라. 슬프고 즐거운 일을 당할 때마다 하나님께 감사드릴 줄 아는 딸애의 마음은 분명히 하나님의 말씀을 듣고 굳어진 것이리라. 보는 것이 믿는 것이요, 듣는 것이 믿는 것이다. 하나님을 보면서, 하나님의 말씀을 들으면서 아빠인 나는 지금 어디에 서 있는 것일까?

7
암 투병기: "저렇게 훌륭한 의술도 하나님의 은혜다!"

(살다보면 예기치 않은 일들을 만나게 된다. 그 가운데 하나가 병, 특히 암이다. 나도 악성림프종에 걸려 5개월 남짓 투병생활을 했다. 이 얘기를 들은 〈조선pub〉 운영진이 필자에게 투병기 집필을 권했고, 필자가 이를 받아들여 이 글이 발표되기에 이르렀다. 필자의 종교 관련 이야기를 너그럽게 이해해 주었으면 하는 마음이다.)

■ 림프종 암을 선고받다

"캔서입니까?"

내가 혈액종양과 의사에게 물었다.

"그렇습니다."

의사가 나를 빤히 쳐다보며 대답했다.

2012년 12월 초로 기억된다. 테니스를 마친 후 집에 돌아와 샤워를 하고 우연히 왼쪽 목을 만져보니 두 개의 몽우리가 손끝에 잡혔다.

느낌이 좋지 않았다. 다음 달에 종합검진을 받을 때 별도로 검사를 받아보기로 했다. 종합검진 때 그만 깜빡 잊고 말았다. 2월에 동네 내과 의원을 찾았는데 의사가 몽우리를 만져보더니 이렇게 말했다.

"대부분의 사람들이 달고 삽니다."

한 달 후. 몽우리가 커졌다는 느낌이 들어 다시 동네 내과를 찾았다. 의사가 두 말 없이 소견서를 써 주어 S병원의 이비인후과로 갔다. 검사 일주일 후 이비인후과 의사가 검사 결과를 설명했다.

"부분마취로 침으로 검사한 결과 생명에는 지장이 없을 것 같습니다. 전신마취로 조직검사를 해야겠습니다."

생명에 지장이 없다는 말에는 고취되었지만 전신마취와 조직검사라는 말에는 놀라 의사에게 통사정하여 집으로 왔다.

한동안 잊어버리고 살았다. 7월 초에 또 우연히 목을 만져보니 몽우리가 한 개 더 늘었다. S병원 이비인후과로 달려갔다. 의사가 1주일 후 전신마취로 조직검사를 하겠다고 예약 날짜를 잡았다. 검사 1주일 후 초조한 마음으로 이비인후과를 찾았다. 이비인후과 의사는 이제부터는 자기 소관이 아니니 혈액종양과로 빨리 가라고 내게 말했다.

혈액종양과 의사인 K 교수는 내 병이 악성림프종이라고 말했다. 의사는 의학용어를 사용하여 친절하게 설명했지만 아무 말도 귀에 들어오지 않았다. 골수에 전이轉移되었는가를 알아보기 위해 다음 주에 골수검사를 하자는 의사의 말을 듣고 진료실을 나왔다.

■ 나의 죽음을 보다

악성림프종이라는 암 선고를 받는 순간 눈물이 핑 돌았다.

'나도 이제 죽게 되었구나.'

슬픈 생각이 솟구쳤다. 그런데 그런 생각은 잠시뿐. 감사기도가 터져 나왔다.

"아버지 하나님, 감사합니다. 누구나 가야 할 길을 제게도 보여 주셨으니 저도 그 길을 가겠습니다. 아버지 하나님, 그동안 저같이 보잘 것 없는 놈에게 남부럽지 않는 건강 주시고, 능력 주시고, 좋은 직업 주시고, 좋은 아내 주시고, 재물 주시고, 좋은 아들딸과 며느리 주시고, 무엇보다도 하나님 알게 해 주시어…."

진료실을 나왔다. 눈물이 앞을 가렸다. 오가는 사람들의 표정, 그들의 말은 이제 나와는 아무런 관계가 없는 것들이다. 긴 병동을 걷는 동안 감사기도가 계속 터져 나왔다.

"아버지 하나님, 감사합니다. 일흔세 살이 될 때까지 건강 지켜주시고, 하는 일 다 잘 되게 도와주시고, 능력 주시고, 좋은 가정 주시고…."

눈물이 줄줄 흘러내렸다. 그런데 아내에게는 뭐라고 말해야 하나, 걱정이 가슴을 짓눌렀다. 집에 왔다. 아내에게 뭐라고 말해야 하나?

"결과 어떻게 나왔어요?"

"악성은 아니어서 괜찮다고 하던데."

적당히 둘러댔다.

다음 날. 아내는 외출하고 나만 홀로 남았다. 눈물이 걷잡을 수 없이 줄줄 흘러내렸다. 그런데도 감사기도는 그치지 않았다. 찬송가를 부르고 싶었다. 〈301장 지금까지 지내온 것〉 찬송가를 부르니 기쁨이 북받쳤다.

지금까지 지내온 것 주의 크신 은혜라
한이 없는 주의 사랑 어찌 이루 말하랴
자나 깨나 주의 손이 항상 살펴주시고
모든 일을 주 안에서 형통하게 하시네.

생각나지 않는 가사를 들춰 3절까지 수없이 불렀다. 3절.

주님 다시 뵈올 날이 날로날로 다가와
무거운 짐 주께 맡겨 벗을 날도 멀잖네
나를 위해 예비하신 고향집에 돌아가
아버지의 품안에서 영원토록 살리라.

이제 모든 것을 정리하자. 무엇부터 시작할까? 회개다. 하나님 앞에 내가 지은 죄를 모두 털어놓고 떠나자. 지은 죄들이 주마등처럼 스쳐간다. 이런 식으로 회개해서는 안 되는데…. 회개는 마지막 절박한 시간에 하기로 유보했다.

다음은? 이 세상에서 미련이 남는 일이 무엇일까? 생각하고 또 생각하니 꼭 하나가 남는다. 고향에 있는 부모님 산소를 한적한 곳으로 모실 생각이었는데 그걸 못했다. 내가 떠나기 전에 꼭 마무리 해야지.

친구들? 걱정할 것 없다. 이 세상은 나 없이도 잘 돌아갈 테니까. 나의 친구들은 나 없는 세상에서 오늘도 내일도 아무렇지 않게 잘들 살아갈 것이다. 그들은 가끔 이런 얘기를 하겠지.

"동운이가 살아 있었으면 좋을 텐데."

그러고 나서 그들의 기억 속에서 나는 차츰 사라져 갈 것이다. 나 없이도 세상은 계속 돌아가기 마련이다.

친척? 이제 와서 내가 친척들에게 할 수 있는 일이 뭐가 있겠는가? 아무것도 없다. 평소에 잘 했어야 했는데. 참으로 고마운 친척들이다.

가족? 그렇다. 소중한 가족을 남겨둔 채 나만 떠나야 한다니! 아버지 하나님, 도와주세요. 사랑하는 딸 주은이와 아들 유진이 그리고 며느리 보라를 두고 어떻게 저만 떠나야 합니까? 손자 손녀 유모차 한 번 밀어보지 못하고 어떻게 제가 떠나야 합니까? 아버지 하나님, 도와주세요. 눈물이 걷잡을 수 없이 줄줄 흘러내렸다.

한참 후 정신이 들었다. 아버지 하나님, 감사합니다. 결혼은 안 했지만 뉴욕에서 조명디자이너로 활동하고 있는 딸은 저 없이도 자립할 수 있습니다. 남에게 뒤지지 않고 잘 살아갈 수 있습니다. 아들과 며느리도 얼마나 똑똑합니까? 어디에 내놔도 남에게 뒤지지 않고 잘 살아갈 수 있습니다. 그런 아들딸, 며느리 주셔서 감사합니다.

아내? 44년을 함께 살아온 아내, 그런 아내를 두고 나만 먼저 떠나야 한다니! 하나님, 너무하십니다. 저는 아내에게 너무나 많은 빚을 졌습니다. 이제 나이 들어 아내에게 진 빚을 조금이라도 갚으려고 하는데 저만 먼저 떠나다니요! 아내가 치매라도 걸려 행여나 길에서 헤매기라도 한다면 어찌합니까! 안 됩니다. 제가 더 살아 있어야 합니다. 아내의 팔을 부축하며 세상을 더 걸어야 합니다. 아버지 하나님, 저를 도와주세요, 제발 도와주세요. 아내를 두고 떠날 수 없어요. 제게 보여 주신, 누구나 가야 하는 그 길을 저는 가지 않을래요. 도와주세요.

7월 29일에 골수검사를 받으려면 6일을 기다려야 한다. 기다리는 시간이 너무 길다. 밖으로 나가 한적한 길을 걸었다. 눈물이 걷잡을 수 없이 줄줄 흘러내렸다. 길을 걷다가도 '찬송가 301장'을 부르고 또 불렀다. '지금까지 지내온 것이 주의 크신 은혜'라고 생각하니 눈물이 앞을 가렸다. 부르고 또 불렀다. '나를 위해 예비하신 고향집에 돌아간다'고 생각하니 눈물이 앞을 가렸다. 그러다가 아내에게 어떻게 말할까 생각하니 가슴이 미어지는 것만 같았다.

좋은 생각이 떠올랐다. 나와 아내는 믿음이 좋은 친구들 덕분에 1980년부터 매달(최근 몇 년 동안에는 두 달에 한 번) 일곱 부부 동반 성경모임을 가져왔다. 무려 34년 동안이나. 그 가운데 장로 친구가 하나 있는데, 그는 2006년에 의대 교수를 정년퇴임한 후 음성 꽃동네에서 내과의사로 봉사해 오고 있다. 그의 전공이 혈액암이어서 그를 찾아가기로 마음먹었다. 2013년 7월 하순경. 그날은 폭우로 산사태가 일어나 중부고속도로가 무너지는 바람에 버스로 1시간 40분 만에 갈 수 있는 거리가 무려 3시간 40분이나 걸렸다.

"넓게 전이된 것 같지는 않네."

나를 침상에 눕혀놓고 여기저기 진단한 후 의사 친구가 한 말이었다. 다행이다 싶었다.

"아내에게 말 좀 해 주게."

나는 간절한 마음이었는데, 그 때문에 먼 거리를 갔는데, 의사 친구는 반응이 신통치 않았다. 그렇다고 조를 수도 없었다. 돌아올 버스가 15분 후에 떠나기 때문에 부랴부랴 돌아왔다. 의사 친구의 진단은 내게 위로가 되었다.

며칠 후 운전 중이었다. 휴대폰이 울렸지만 받을 수 없었다. 전화벨이 옆 자리 아내의 휴대폰으로 옮겨갔다.

"골수검사 예약 전환데…."

아내의 눈이 휘둥그래졌다. 아내가 알아차렸다. 후유, 내 가슴이 뻥 뚫렸다. 이젠 살았다. 아내에게 내색은 전혀 하지 않았다.

골수검사 예약 날짜에 아내와 함께 혈액종양과 의사를 찾았다. 의사는 내 병에 관해 자세하게 설명했다. 아내가 내 병을 알게 된 터라 의사의 설명이 빠짐없이 귀에 들어왔다. 의사는 골수검사를 통해 전이 여부를 진단한 후에 처방을 내리겠다고 말했다. 그날 골수검사를 받았다. 일주일 후 의사가 골수검사 결과를 설명했다.

"골수에 전이되지는 않았습니다."

■ 저렇게 훌륭한 의술도 하나님의 은혜다!

의사는 3주 단위로 여섯 차례에 걸쳐 치료를 받게 된다고 설명했다.

치료방법을 설명하기 전에 의사는 내 몸에 자리 잡고 있는 암세포 지도를 보여 줬다. 암세포 덩어리는 맨 처음 발견된 목 왼쪽 몽우리에서 시작하여 왼쪽 어깨와 허벅지를 타고 줄지어 있고, 폐 한가운데를 비롯해 오른쪽 팔과 다리에도 몇 군데 퍼져 있었다.

의사는 치료방법을 자세하게 설명하기 시작했다. 나는 의사의 설명을 놓칠세라 메모도 하면서 정신을 집중했다. 그러는 동안 나는 가슴이 뜨거워지는 걸 느꼈다. 저렇게 훌륭한 의술도 하나님의 은혜다! 그렇다. 저렇게 훌륭한 의술은 틀림없이 내 병을 낫게 해 줄 것이다. 그 순간 마음이 편안해졌다. 불안과 염려가 한순간에 싹 사그라졌다.

나는 그 순간을 결코 잊을 수 없다. 바로 그 순간부터 투병 기간 내내, 그리고 치료가 종결되어 투병기를 쓰는 이 시간까지 나는 내 병으로 인해 단 한순간도 불안해하거나 염려해 본 적이 없기 때문이다.

의사는 치료 과정에서 환자가 주의해야 할 몇 가지 내용을 알려줬다. 그 가운데 하나는 감기에 걸리지 말라는 것이었다. 감기에 걸리면 면역력이 약해져 치료가 지연된다는 것이다. 또 하나는 암에 좋다는 각종 민간요법을 따르지 말라는 것이었다. 민간요법을 따르다보면 오히려 간이 나빠진다는 것이다.

의사는 또 치료 기간 중 환자가 일반적으로 겪게 될 두 가지 어려움을 알려줬다. 하나는 환자들이 '왜 나냐?' 하면서 자신에게 분노하고, 또 하나는 환자들이 세상으로부터의 단절로 심한 외로움을 느낀다는 것이다. 이를 극복하는 것이 치료에 도움이 된다고 했다.

■ 큰 어려움 없이 치료를 마치다

2013년 7월 초부터 치료를 위한 여러 가지 조사에 들어갔다. 드디어 8월 5일 주사를 맞고 약을 복용하는 화학요법 첫 치료가 시작되었다. 병원에서 6시간여 동안 네 가지 주사를 맞고, 그 사이 세 차례 어마어마하게 쓴 맛이 나는 약을 복용했다. 그 후 퇴원하여 집에서 5일간 약을 복용한다. 이런 식으로 3주 단위 여섯 차례에 걸쳐 치료를 받게 된다.

침대에 누워있는 동안 나를 위해 기도해 주는 믿음의 교회 가족들, 친척들, 모임이 결성된 친구들, 나에게 전화로 안부를 물어온 지인 등을 대여섯 그룹으로 나눠 첫 치료에 들어갔다는 메시지를 보냈다. 내가 이런 결정을 하게 된 것은 의술도 하나님의 은혜라고 확신하게 된 다음 죽음에 대한 두려움이 말끔히 사라졌기 때문이다.

첫 치료를 마치고 밤 10시 넘어 집으로 돌아왔다. 다음 날부터 나흘 동안 하루 세끼 약을 복용하고, 부작용이 없도록 조심하는 것이 내가 해야 할 일이다. 3주 후에 똑같은 치료가 되풀이 된다.

아내는 건강상태 기록부, 영양식단 기록부 등을 손수 만들어 놓고, 내 치료를 위해 전력투구했다. 아내는 수요일 그림 공부 하나만 스케줄에 남겼다. 아내는 일지를 써가며 밤낮으로 잠시도 쉬지 않고 내 몸에 열이 있는 것은 아닌지 신경을 곤두세웠다. 아내는 내가 열이 38도를 넘기만 하면 병원으로 달려갈 태세였다. 그러한 아내를 보고 얼마 후 별명을 하나 달아주었다 –'지극정성.'

첫 번째 약 복용이 닷새에 걸쳐 모두 끝났다. 그로부터 사나흘 뒤에 무력감과 고통이 따른다는 의사의 말을 잊지 않았다. 힘이 빠지고, 체중이 확 줄고, 내장이 온통 독한 약 기운으로 진통을 겪는 듯했다. 힘이 빠질 때는 그냥 잠을 청했다. 그러나 크게 힘들지는 않았다. 그 후 사나흘 지나니 몸이 평상시 상태로 돌아오는 느낌이었다. 남은 일주일 동안 기운을 회복해야 2차 치료에 들어갈 수 있다. 결코 감기에 걸려서는 안 된다. 면역력이 극도로 약한 상태에서 감기에 걸리면 치료 기간이 연장될 수밖에 없다고 했다. 아내의 싫지 않은 잔소리가 귓가를 떠나지 않았다.

이런 식으로 3차 치료도 마쳤다. 치료 과정에서 사실상 큰 어려움은 별로 느끼지 않았다. 두 가지 이유 때문일 거라고 생각했다. 하나는 의사의 치료를 하나님의 은혜라고 믿었고, 다른 하나는 미국에서 박사학위 논문을 쓰기 시작할 때부터 지금까지 40년 동안 계속해 온 테니스 덕분에 체력이 든든하게 뒷받침되었기 때문이라고. 어떻든 치료 과정에서 나는 단 한 끼를 제외하고 밥맛을 잃어본 적이 없다. 암 환자에게 얼마나 큰 축복인가!

1차 치료에 들어간 지 며칠 지나 〈조선pub〉으로부터 칼럼을 써달라는 청탁을 받았다. 〈조선pub〉은 〈조선닷컴〉의 신생 사이트로, 2013년 10월부터 문을 열 계획이라고 했다. 내가 얼마나 살아 있을지 모르는 처지라 별로 마음이 내키지 않았다.

사나흘 뒤 〈조선pub〉의 청탁이 생각났다. 하나님의 은혜 속에서 죽음 같은 것은 잊고 있던 터라 청탁에 응하고 싶은 생각이 들었다. 전화를 걸어 수락했다. 그러고 나서 가벼운 글들을 꾸려보았다. 글을 보냈다. 인터넷상에서 내 글들이 뜨기 시작했다. 나는『가격규제는 국민을 괴롭힌다』라는 책 원고를 거의 마무리한 상태라 〈조선pub〉은 내게 지루함에서 벗어나게 해 줄 수 있는 새로운 계기가 되었다. 그런 상태에서 쓴 칼럼이 치료 기간 5개월여 동안에 19편에 이른다.

치료 과정에서 환자들이 겪게 된다고 의사가 알려준 두 가지 어려움–'왜 나냐?'와 '세상으로부터의 단절로 느끼는 외로움'–은 나와는 사실상 무관한 것이었다. 나는 의사의 치료를 하나님의 은혜라고 믿어 걱정이 없었고, 가족과 교우들, 친척들, 다정한 친구들의 기도와 격려, 특히 기도할 줄 모른다는 친구가 나를 위해 기도했다는 격려는 큰 위로가 되었고, 〈조선pub〉 칼럼 쓰느라 외로움을 느낄 시간이 없었기 때문이다. 한 마디로 말해, 나는 즐거운 기분으로 치료를 받은 것이다.

3주 단위 세 번째 치료를 마치고 CT, PET 등 필요한 사진들을 찍었다. 이를 근거로 의사가 친절하게 설명해 주었다. 치료에 들어가기 전에 선명했던 암세포 자리가 이제는 희미한 흔적으로 바뀌어 있었다. 의사는 치료 결과가 좋다고 말했다.

"교회 가족들에게 보고를 하고 싶은데 구체적으로 표현할 방법은 없을까요?"

내가 물었다. 의사는 잠깐 생각에 잠겼다가 허리춤 양쪽에 두 손을 가져다가 떠받치며 말했다.

"90%는 치료가 되었다고 보면 됩니다."

그 순간 가슴 깊은 곳에서 환호성이 터져 나왔다. 하나님, 감사합니다!

그날 나는 대여섯 그룹에게 치료 결과 메시지를 보냈다. 그러나 '90% 치료'는 언급하지 않았다. 천기누설天機漏泄이 될까봐.

네 번째 치료 과정은 힘이 들었다. 약 복용 후 삼 일 동안 몸에서 기운이 모두 빠져나간 느낌이었다. 어떤 날은 하루 종일 꼬꾸라진 채 잠에 빠졌다. 의사는 5~6차 치료가 더 힘들 거라고 했지만 4차가 가장 힘들었다.

여섯 번째 치료를 마친 후 치료 결과를 점검하는 날 나는 아침부터 마음이 설레었다. 새로운 세계에 들어서는 느낌이었다. 3차 치료 결과가 좋았으니 6차 치료 결과도 좋을 것으로 기대는 되었지만 마음은 걱정으로 가득 찼다. 행여 치료 결과가 좋지 않으면 어쩌나. 의사 만날 시간이 어쩌면 그렇게도 길게만 느껴지는지!

드디어 차례가 되어 진료실에 들어섰다. 가볍게 인사를 마치고 나와 아내는 의사의 입만 바라보았다. 무슨 말이 떨어질까? 의사는 CT, PET사진 등을 근거로 설명을 하다가 이렇게 마무리했다.

"의학용어로 complete response입니다."

'치료 종결'이라는 뜻이라고 했다. 하나님, 감사합니다! 하나님, 감사합니다! 암을 낫게 해 주시어 감사합니다.

완치 판정은 재발 여부를 살펴 5년 후에 날 것이나 치료가 끝났다는 의사의 말은 내 몸에 날개를 달아 나를 파란 하늘로 훨훨 날아오르게 하는 힘이 되었다. 하나님, 감사합니다! 하나님, 감사합니다! 이 날은 2013년 12월 17일. 치료를 시작해서 종결까지 5개월 남짓 걸린 셈이다.

집에 돌아와 대여섯 그룹에게 기쁜 마음으로 6차 치료 결과를 메시지로 보냈다.

치료 종결 한 달 후에 가진 검진 결과 다음 검진은 3개월 후에 갖는다고 의사가 말했다. 대여섯 그룹에게 이 결과도 메시지로 보냈다.

앞에서 치료 과정을 믿음의 가족, 친척, 지인들에게 메시지로 보냈다는 이야기를 언급한 바 있다. 훌륭한 의술을 하나님의 은혜로 받아들이자 죽음에 대한 두려움이 사라졌기 때문에 메시지를 보낼 용기를 갖게 되었다고도 밝혔다. 다음은 6차 치료에 들어갈 때 보낸 메시지 내용이다.

"오늘 마지막 6차 치료에 들어갔습니다. 5차 치료는 거의 힘들지 않았습니다. 의술도 하나님의 은혜라 믿고 한순간도 염려하지 않았습니다. 저를 위한 기도와 격려에 진심으로 감사드립니다. 저는 기도의 힘을 믿습니다. 또 연락드리지요. 박동운 드림."

메시지를 보내면 보내자마자 즉각 많은 회신이 왔다. 나의 투병을 격려하는 내용들이었다. 내게 큰 위로가 되는 내용들이었다.

무엇보다도 아들딸과 며느리가 내게 준 행복 이야기를 빠뜨릴 수 없다. 치료가 끝났다고 뉴욕에 사는 딸에게 전화했을 때 딸이 던진 첫

마디 "아빠, 하나님의 은혜입니다"는 가슴 짜릿한 감동이었다. 4년 전에 결혼한 아들 부부는 매주일 집에 와 내가 필요로 하는 것이 무엇인가 꼼꼼히 살펴보고, 집안 구석구석에 손소독제를 놓아두고, 심지어 항균 효과가 좋다는 옻나무 수저와 젓가락까지 갖춰 주었다. 아내의 헌신적인 간호와 딸의 반응과 아들부부의 사려 깊은 사랑은 한 마디로, 행복 그 자체였다.

■ 하나님, 저는 왜 죽는다는 사실을 깨닫지 못했을까요?

투병 기간 중 나는 큰 깨달음을 얻었다. 그것은 내가 지금까지 살아오면서 내 자신의 죽음은 한 번도 생각해 보지 않았다는 점이다. 나는 20살 때 어머니를, 미국 유학간 지 두 달 만에 아버지를 여의었다. 30대에 사랑하는 제자를 땅에 묻었고, 40대에 가장 친한 친구를 잃었고, 재작년에 믿음 좋은 장모를 여의었고, 50대부터 지금까지 친척과 친구, 선배와 후배, 동료 교수들의 죽음을 애도哀悼하기 위해 구두가 닳도록 조문을 다녔는데도 막상 내 자신의 죽음은 한 번도 생각해 보지 않은 것이다. 참으로 바보 같은 삶이 아닐 수 없다.

그러나 투병을 마친 후 나는 달라졌다. 나는 암 선고를 받고 나서 골수검사를 받기까지 약 한 주일 동안에 내 자신의 죽음을 보았고, 그 죽음 앞에서 세상에서 생명보다 더 소중한 것은 없다는 것을 깨달은 것이다. 이를 계기로 나는 하루에도 똑같은 기도를 몇 번이나 되풀이하곤 한다.

"아버지 하나님. 저는 지금 한정된 삶을 살아가고 있습니다. 한정된 삶이 오늘 하루일지, 한 주일일지, 또는 아흔 살까지의 긴 시간일지 오직 하나님만이 아십니다. 그래서 저는 오늘 하루가 하나님이 제게 새롭게 주신 한정된 삶의 전부라고 생각하며 오늘 하루를 행복하게, 정말이지 최고로 행복하게 살아가려고 합니다. 도와주세요."

그러면 어떻게 사는 것이 '최고의 행복'일까? 그것은 '하나님의 말씀대로 사는 것'이다. 이 얼마나 케케묵은 표현인가! 목사님들은 한 차례 설교에서 이 말을 얼마나 많이 되풀이하는가? 그런데도 나도 '하나님의 말씀대로' 살자고 하다니! 사실 우리는 '하나님의 말씀대로' 살기 위해 얼마나 노력하는가? 내 경우 이 같은 노력은 반나절도 가지 못했다. '하나님의 말씀대로' 살기 위해 나는 내 자신을 낮추고, 욕심 부리지 않고, 걱정을 버리고, 남을 칭찬하고, 남을 배려하고, 남에게 베풀고, 이웃을 사랑하며 살고자 얼마나 노력했던가! 그러나 내 노력은 반나절도 가지 못했다.

그런데 지금의 나는 다르다. 죽음을 경험한 후 생명보다 더 소중한 것은 없다는 것을 깨닫고, 내 한정된 삶이 오늘 하루뿐이라고 생각하며 살아가노라니 '하나님의 말씀대로' 사는 삶이 몸에 배어 가는 것이다. 그래서 나는 내 자신을 낮추고, 욕심 부리지 않고, 걱정을 버리고, 남을 칭찬하고, 남을 배려하고, 남에게 베풀고, 이웃을 사랑하며 살아가려는 삶이 전혀 힘들지 않다. 내 마음은 근심과 걱정에서 벗어나 평온하고, 욕심에서 벗어나 텅 비어 있고, 남을 배려하고 싶은 마음으로 가득 차 있고, 하나님을 기쁘시게 하면서 아내를 편안하게 해

주고 싶은 마음으로 가득 차 있다. 이것이, 내가 죽음을 경험한 후에 오늘 하루가 내 한정된 삶의 전부라는 생각으로 살아가면서 추구하는 '최고의 행복'이다.

박동운朴東雲 약력

1941년 광주광역시 출생
광주서중과 광주제일고 졸업
전남대 문리대 영문학과 졸업
미국 하와이대에서 경제학 석사 및 박사학위 받음
박사학위 논문: Sources of Employment Growth in the Korean Manufacturing Sector, 1963-1973
전남대 경영대 교수, 단국대 상경대 경제학부 교수, 현재 단국대 경제학과 명예교수

| 저서 |

- 『최저임금제』(공저, 우아당, 1985)
- 『한국기업과 고용창출』(공저, 전경련 경제사회연구원, 1990)
- 『전환기의 중국경제』(공저, 집문당, 1992)
- 『최저임금제도의 개선방향』(대한상의, 1992)
- 『노동시장의 유연성』(자유기업원, 1997)
- 『개방경제 거시경제론-이론과 정책』(영지문화사, 1999)
- 『구조개혁과 실업대책-OECD 국가들의 경험을 중심으로』(집문당, 2000)
- 『Q&A 형식으로 엮은 시장경제 이야기』(FKI미디어, 2001; 제13회 시장경제출판문화상 우수상 수상)
- 『시장경제인가, 반(反)시장경제인가-김대중 정부의 구조개혁 평가』(자유기업원, 2002)
- 『한국 노동시장, 지금 어디로 가고 있는가-〈Q&A〉 노동시장 유연성의 국제비교』(FKI미디어, 2003)
- 『경제사회 구조와 복지』(공저, 도서출판 소화, 2003)
- 『대처리즘: 자유시장경제의 위대한 승리-구조개혁에 성공한 마거릿 대처 전 영국 수상 이야기』(FKI미디어, 2004; 제15회 시장경제출판문화상 우수상 수상)
- 『위기의 한국경제 시장경제가 돌파구다-국제비교를 통해본 한국경제의 과제와 방향』(월간조선사, 2005)
- 『대처리즘: 자유시장경제의 위대한 승리-구조개혁에 성공한 마거릿 대처 전 영국 수상 이야기』개정판(FKI미디어, 2005)
- 『21세기 한국-자유, 진보 그리고 번영의 길』(공저, 나남출판, 2005)
- 『경제정책의 방향을 돌려라-노무현 정부의 반(反)시장정책, 비판과 대안』(자유기업원, 2006)
- 『세상을 움직이는 힘-시장경제와 사람 사는 이야기』(삼영사, 2006)
- 『마거릿 대처 시장경제로 영국병을 치유하다』(살림, 2007)
- 『희망한국 이야기 더 좋은 대한민국 가꾸기』(FKI미디어, 2007; 제19회 시장경제출판문화상 추천도서상 수상)
- 『CEO정신을 발휘한 사람들』(삼영사, 2008)
- 『노동시장은 왜 유연해야 하는가-노동시장 유연성의 국제비교가 주는 교훈』Issue Paper 09-06 (한국경제연구원, 2009. 6)
- 『성경과 함께 떠나는 시장경제 여행』(FKI미디어, 2009)
- 『장하준 식 경제학 비판』(nos vos, 2011)
- 『좋은 정책이 좋은 나라를 만든다』(FKI미디어, 2012)
- 『나는 왜 자유주의자가 되었나』(공저, 에프케이아이미디어, 2013; 제25회 시장경제출판문화상 대상 수상)

| 논문 |

- 90여 편 발표